汉英韵律层级
音高突显模式研究

郭　嘉　著

南开大学出版社
NANKAI UNIVERSITY PRESS

天　津

图书在版编目(CIP)数据

汉英韵律层级音高突显模式研究 / 郭嘉著. —天津：
南开大学出版社，2024.12. —ISBN 978-7-310-06672
-8

Ⅰ.H11；H311

中国国家版本馆 CIP 数据核字第 2024MR4820 号

汉英韵律层级音高突显模式研究

HANYING YUNLÜ CENGJI YINGAO TUXIAN MOSHI YANJIU

南开大学出版社出版发行

出版人：刘文华

地址：天津市南开区卫津路 94 号　　邮政编码：300071

营销部电话：(022)23508339　营销部传真：(022)23508542

https://nkup.nankai.edu.cn

天津创先河普业印刷有限公司印刷　全国各地新华书店经销

2024 年 12 月第 1 版　　2024 年 12 月第 1 次印刷

210×148 毫米　32 开本　13.375 印张　2 插页　336 千字

定价：66.00 元

如遇图书印装质量问题，请与本社营销部联系调换，电话：(022)23508339

本著作是国家社会科学基金一般项目"汉英音系结构深层机制中的音高差比研究（17BYY037）"的研究成果。

序　言

石　锋

时光荏苒，大约十多年前，我曾为郭嘉老师的第一本专著《英语语调实验分析与探索——基于语调格局的立场》写过序言。现在她的第二本专著《汉英韵律层级音高突显模式研究》又将付印。这真是十年磨一剑。在这本专著中，凝结了郭嘉老师近十年来对英汉韵律对比分析的思考和探索，基于韵律格局的研究范式，精心设计进行了一系列实验分析，探求理论的创新，成果可观。我尤其赞赏其中的大音系学的理念设想和大语音学的研究视角。

英语属于重音语言，汉语是声调语言，可以进行韵律层级的对比分析吗？在认真梳理各家音系学理论的基础上，郭嘉老师提出的大音系理念，和大语音的视角，使得英汉两种语言的韵律层级对比实验设计、数据测算和分析处理成为可能，并顺利进行，圆满完成。

大音系学的设想可以理解为把各种音系理论统合在一起。作为声调语言的汉语和作为重音语言的英语，各自具有不同的语音特征，若只是单一关注韵律音系学的相关内容，难以展开全面的韵律音系的对比考察，需要同时关注节律音系学和韵律构词学等方面的研究内容，才能有效地进行跨语言的韵律音系对比。同时，在多层级的对比中，为了避免各自视角的差异而导致表述的分散，保持整体的一致性，需要找到一个契合点，使汉语不仅能有效地在自身内部展开词层面和句层面的语音对比，同时还能和英语的词重音和焦点重音进行比较。因此，在做汉语和英语韵律音系结构的对比时，博采各家之长，以韵律音系学的理论框架为主，兼顾节律音系学、韵律构词学等各音系层面，这就是大音系学的理念。

可能每一位语言学的学生都会有这样的困惑：语言学的派别林立，术语泛滥。每个人都可以创出一个理论（假设）架构，造出一套自己与众不同的术语系统。仅生成音系的流派就可以列出数家，再加上其他派系的各种分支。各派又有自己的术语，相互重叠交错，意义融合混杂，令人目不暇接，无所适从。看来不只是术语的泛滥，对于同一术语的定义同样大有泛滥之势。联想到学界对语言的定义竟多达 68 种（潘文国 2001），何其多也。当年赵元任（1970）举出不同学者关于"模式"的各种说法共 39 种。说明学界对这些术语"用法并不一致：观点不仅有分歧，而且不断在变化，犹如处在布朗运动中。"赵元任提出"多能性"，即不同的解决方案（应该包括不同的理论假设、术语定义）只是好坏的区分，而不是对错的问题，应该是不想陷入这些无意义的争论。

我在今年的演化语言学会议报告（2024）中，讲到"殊途同归"："如果不同学者的大方向一致，不同的理论和方法最终总会殊途同归，彼此相容。例如爱因斯坦和牛顿。因此，不仅王士元的词汇扩散和拉波夫的语言变异可以统合在一起，成为浑然一体，而且新语法学派和词汇扩散理论同样也没有根本分歧，可以相互补充，形成一个更具普遍性的综合性理论体系。"看来，郭嘉老师这个大音系学的设想，跟我讲的殊途同归的理想是不谋而合了。语言学的科学化应该是我们共同的努力方向。赵元任的"多能性"精神提倡包容开放，想来也是在寄希望于未来的殊途同归吧。

再来看这个大语音学，实际上就是当年美国学者欧哈拉提倡的语音学和音系学结合的"总和音系学"。这就是把抽象的音系结构具体化，用语音实验的方法分析音系成分构造，实现语音学和音系学的紧密结合，这是现代语音学和音系学研究的大趋势。语音学和音系学中都把"突显"作为重要概念，可以看作是这种趋同性的表现之一。在跨语言的韵律音系研究中，对不同语言的各种语音特征进行整合对比时，这种趋同性表述尤为重要。"突显"可用于对音系学进行抽象描述，也可用于声学实验的具体分析。突显性即差异性，但这种差异性又是相对的，可以采用量化的突显程度来描述其中的相对差异性。

本书的系列实验分析共分为三类。第一类是前期对比实验，第二类是主体对比实验，第三类是拓展对比实验。前期对比实验做了两组，一组是英语和汉语孤立词的音高上线和音高调域的对比分析。另一组是选出英语重音区别的双音节词对，在孤立词状态和在句中重读状态的词重音和焦点重音对比分析。主体对比实验第一组主要由 16 种声调组合的汉语双音节词和前后两种重音类型的英语双音节词的音高突显模式对比。第二组扩展到汉英基于语素结构的双音节和三音节孤立词的音高突显模式；以及相同的孤立词位于句末焦点时的音高突显模式的对比。拓展实验是基于主体实验的综合分析，包括音高、时长和音量在音高突显模式作用下的具体表现。作者用实验数据说明了力重音语言的英语和声调语言的汉语在韵律突显方面的不同表现。

很多人在研究语法，各种规则，各种构式；我们是研究语音，声调格局，韵律格局，这一切都是为了什么呢？本书说的焦点突显不同的表现，为什么会有焦点突显？其实都是因为语义。语义是语言的灵魂。为什么人类会有语言呢？因为要传递信息，用语言来负载意义。人们讨论什么是本位，什么是本体，其实，语义就是本位，语义就是本体。离开语义，一切皆无意义。没有灵魂的语言，能有什么意义呢？下面我们就可以看看韵律跟语义之间有怎样的联系。

在人类语言中，任何具有意义的成分都是负载韵律的，带有韵律特征的。音节是没有意义的，也没有韵律特征。但是，音节跟意义（概念）结合为音义结合体，都必须经过韵律赋值。音节构成英语的词，要带有重音；音节构成汉语的语素，加上声调，韵律赋值就如同画龙点睛，使音节具有了意义，成为语句的备用成分。到人们开口说话时，要把这些备用件组成语句，来传递信息，又必须会有再一次的韵律赋值，这就是语调。语调包括边界调、焦点调。这都表现为韵律突显。韵律和语义之间的关系是如此密切，可以说是如影随形，不离不弃。从中我们可以理解到分析韵律格局，研究韵律突显，对于语言学有着怎样的贡献。这也就说明了本书出版的重要意义。

郭嘉老师多年来一直锲而不舍地在语言教学和语言研究中努力探索，从一个感性的语言观察者成长为一位理性的语言研究者。她在理论思考的同时，进行系列的实验分析，付出大量的时间和精力。在这背后，是她对语言研究的执着热爱，对探索语言奥秘发自内心的追求，以及迎难而上的可贵勇气。在完成本书的理论求索和实验分析的同时，郭嘉老师还历经数年，完成了王力先生《汉语语音史》的英文翻译工作。近期也将在国际著名出版机构出版。我曾作为她的博士论文导师，对此深为感佩和欣慰。有什么比看到学生的丰硕成果更快乐的事情呢？这就是作为教师的两种快乐：一是研究之乐，一是传薪之乐。

是为序。

2024 年 10 月 9 日

前　言

汉语和英语韵律音系对比分析，应该具备以韵律音系学的理论框架为主，同时兼顾节律音系学、韵律构词学等方面的"大音系"理念。同时在实验语音分析过程中，基于"大音系"理念，也应具有"大语音"的研究视角，从韵律底层的语音个性属性到韵律表层的语音共性特征出发，全面探讨。作为语音学和音系学中的重要概念，更具包容性的"突显（prominence）"便是这种语音学和音系学中趋同性的表述之一。"突显"体现了相对性和差异性。

本书基于音高突显模式，从孤立词到句中焦点重音的韵律词，逐层考察汉语和英语相邻音节之间（或相邻韵律单位之间）的音高相对差异性。全书除绪论以外，共 7 章。第 1 章是大的理论背景介绍，梳理国外音系学、韵律音系学的发展，以及汉语韵律音系学的发展。第 2 章介绍了英语重音和汉语声调。第 3 章基于前期实验，提出了汉英韵律音系实验对比分析的基本维度。第 4 章从孤立词出发，分别对英语双音节词的两种重音类型和汉语载调双音节 16 种声调组合，以及汉语 TN+T0 四种轻声组合进行对比分析。第 5 章主要对汉英双音节词和三音节词在孤立词状态下以及句末焦点重音的音高突显进行对比分析。第 6 章为拓展研究，基于语音三要素展开实验分析。第 7 章是结论。

本书具有学术性、前沿性和拓展性，有助于从实验语音学和音系学结合的维度深入探讨汉英音系层级结构中的具体语音表征。观点新颖、研究有突破，具有较高的学术研究价值。对外语学科语言学和汉语语言研究领域，以及语音习得都具有较高的参考价值。

目　录

表目录

图目录

绪　论

　　韵律特征是人类言语交际的重要组成部分。每一种语言都有自己的韵律特征，韵律特征不同，其表达方式也会有所不同。由韵律特征所构成的韵律音系结构是语言语义表达的重要支撑手段，具有区别词义、表达情感，以及区分语言结构的功能，涵盖了语音、语义和语用等方面的内容，集中体现了后 SPE 时期节律音系学、构词音系学、自主音段音系学、超音段音系学等学派的主要特征。因此，跨语言的韵律音系对比研究是比较语音学研究的重点和难点。

　　语言之间的对比研究是语言学研究的重要组成部分。法国语言学家梅耶指出（2013：1），"进行比较工作有两种不同的方式：一种是从比较中揭示普遍规律，一种是从比较中找出历史的情况"，并进一步指出比较方法是"建立语言史的唯一方法"（梅耶，2013：13）。尽管梅耶更多侧重历史比较语言学方面的研究，但该观点对以共时研究为主的对比语言学同样适用，因为语言的历史演变和共时同存很多时候彼此交叉，构成了语言的整个宏观体系。赵世开（1985：35）强调语言对比有利于语言结构普遍现象的理论研究。许余龙（2000：1）指出"语言学的所有分支都是某一种类型的比较"。沈家煊（2012：1）指出"一种语言的特点必须通过跟其他语言的比较才能看出来"。王文斌（2017：29）强调通过语言对比探究不同语言异同的重要性，这样才能"审察所比语言之间的诸种现象及其本质差异"。语言对比研究是语言研究发展中不可缺失的重要环节，通过不同语言之间异同的对比分析，才能更好地揭示语言的基本特征、基本原理和基本规律。由于英语是典型的重音语言，汉语是典型的声调语言，分属不同的语言类型，语音对比研究一直致力于建立二者之间可以有效展开比较的维度。

周韧（2021：1-39）指出后 SPE 时期①主要分为节律音系学（Metrical Phonology）、韵律构词学（Prosodic Morphology）和韵律音系学（Prosodic Phonology），代表了从线性的生成音系学向非线性的超音段音系学的发展。经典生成音系学以 Chomsky 和 Halle 合著的《英语语音模式》*The Sound Pattern of English* 在 1968 年发表为时间点，标志着语音学的研究从结构音系学到生成音系学阶段的重要转向。*The Sound Pattern of English* 书名的简写"SPE"，被视为"生成音系学一个时代的代名词"（周韧，2021：2），为国内外所通用。作为一套描写语素线性表征的形式符号，SPE 与生成句法学类似，将音系系统分为底层和表层，底层的语音形式经过一系列推导，得出表层语音表达。

20 世纪 70 年代，越来越多的学者投入到生成音系学的研究之中。除了英语，更多的语言种类被纳为研究对象。其中，来自非印欧语系的语言，其特殊的语音特征在拓展生成音系学研究领域的同时，也尝试从新的角度解决 SPE 难以解决的一些问题，如音系规则过度生成等。自此，SPE 逐渐进入后 SPE 时期，即从线性音系学发展到非线性音系学（或"多线性音系学"）时期，研究角度也从线性的描写转向多维度的音系表征，解释语音现象的能力迅速提升。节律音系学、韵律构词学和韵律音系学，成为非线性音系学发展的三个重要分支。

在这三个重要分支中，韵律构词学和构词直接相关，"是音系

---

① 周韧（2021）采用的是当代生成音系学。因为"当代"略显笼统，本书中采用后 SPE 时期。

学和形态学的交叉学科，主要研究形态构词操作中韵律所起的作用"（周韧，2021：15）。不同于周韧对后 SPE 时期的三分，耿丽君（2020：98）认为韵律形态学是韵律音系学的一个重要分支。不管是独立出来自成一体，还是隶属于韵律音系学，韵律构词学的研究对象较为明确，涉及的界面较为清晰，因此产生的争议较少。而节律音系学和韵律音系学都和我们平常所理解的节奏相关，较易混淆，甚至混用。其实，在音系学研究中二者有较大的区别。张洪明（2014：303-327）指出韵律音系学中的音步的定义与节律音系学的二元节律对比特征相关。一种语言在韵律音系结构中是否存在音步这一韵律层级，受制于该语言在词层面是否有系统性的二元节律突显特征的对立。上述表明，音步是节律音系学必不可少的层级单位，但在韵律音系层级中不具有普遍性。

节律音系学主要研究重音或节律变化，采用节律树（见图 2.2）或者节律栅（见图 2.3）等解释重音的相关属性，研究的内容包括基于音节的节律单位的构成、节律结构的划分，以及重音（特别是词重音）的形成等（张洪明，2014：314-315）。不同于 SPE 将重音视为音段的附属物，并进行[+]、[−]的二元划分，后 SPE 时期的节律音系学认为重音是独立于音段之外的超音段成分，有着自身独立运作的规律。重音语言中，无论是固定重音还是自由重音，都有被认定为节律结构的依据。

与节律音系学研究重音语言的语音现象不同，韵律音系学致力于探索语言的普遍性，认为人类所有语言都带有韵律层级结构，从韵律底层到韵律表层自下而上，较小的韵律单位组成较大的韵律单位。人类语言韵律结构单位的构成、韵律基本单位彼此之间的关联，以及音系与句法的交互作用是该学派主要的研究内容（见 1.2）。

可以看出，节律音系学和韵律音系学的研究对象不同，节律音系学侧重研究具有重音（尤其是词重音）属性的重音语言，关注重读音节与非重读音节轻重交替所形成的节律单位和节律结构。而韵律音系学致力于探讨语言普遍性，关注人类所有语言的韵律层级、韵律单位，以及韵律与句法的接口等方面的问题。二者之间不能很好地进行区分的主要原因在于当一种语言（如英语）既是节律音系学研究的对象，又是韵律音系学研究的对象，就会在节律（韵律）的基本单位和相应的层级结构中产生重合现象，比如"音节""音步"和"韵律词"均为英语节律音系学和韵律音系学的重要层级。另一方面，当将韵律音系学的普遍语言学理论框架运用到其他非重音语言的分析时，如果不对该语言的韵律底层细加分析，韵律底层自韵律词以下的韵律单位（特别是音步）会比较容易被划分为这种语言的韵律底层，视其具有音步层级，并随之将这种语言和节律音系学联系起来，将其划分为重音语言。下表 0.1 简要梳理了节律音系学、韵律构词学和韵律音系学之间的关系。

表 0.1　节律音系学、韵律构词学和韵律音系学异同比较表[①]
（周韧，2021：33）

	节律音系学	韵律构词学	韵律音系学
研究目标	重音（尤其是词汇重音）的分布规律	韵律对形态构词的影响作用	利用音系和句法信息建立韵律单位，作为音系规则作用域
研究工具	音步、节律栅、重音参数	韵律模板、韵律阶层	韵律阶层

---

① 周韧（2021:33）采用的是"三种生成音系学理论异同比较表"，本书认为生成音系学理论涵盖的内容较多，且不同的学者归类也有不同，因此具体表述为"节律音系学、韵律构词学和韵律音系学异同比较表"，特此说明。

	节律音系学	韵律构词学	韵律音系学
涉及的音系单位	音步、音节、摩拉	韵律词、音步、音节、摩拉	语调短语、音系短语、黏附组、韵律词、音步、音节
是否是一种交叉界面研究	基本不涉及交叉界面研究	音系学和形态学的交叉学科	主要是音系学和句法学的交叉学科，也涉及语用学
主要的一些理论假设	重音参数、重音回避、抑扬律、扬抑律	音步双分规则、最小词假设	边界对应理论、严格层级假设
重要代表论著	Hayes（1981，1995），Halle & Vergnaud（1987），Prince（1983）等	Itô（1986），McCarthy & Prince（1986，2001）等	Nespor & Vogel（1986，2007），Selkirk（1984，2011）等

　　表 0.1 从研究目标、研究工具、音系单位、交叉界面、理论假设和主要论著等方面对这三种研究领域进行了简要的对比分析，有利于我们更好地理解三者之间的异同。表 0.1 表明，三者除了在音系单位层面有重合（都包含音节和音步）之外，整体而言存在较大的区别。韵律构词学属于音系学和形态学的交叉学科，比较容易与另外两种研究学派区分。节律音系学和韵律音系学的英文术语"Metrical Phonology"和"Prosodic Phonology"产生的歧义并不大，翻译成汉语以后，因为都涉及到"律"字，容易混为一谈。尽管二者都与节奏、律动等有一定的关联，但作为独立的研究学派，其研究主体和研究的主要内容各有侧重。二者除了都有基于研究对象的层级性构建（例如节律栅和韵律层级[①]）以外，存在很多其他相关研究内容的不同。节律音系学主要是研究

---

① 周韧（2021：33）采用的是"韵律阶层"，本书采用了更为普遍使用的"韵律层级"。

以词重音为主的重音等相关内容，而韵律音系学研究的主体是韵律单位以及音系—句法的接口；节律音系学所涉及的音系单位整体偏小，自下而上主要包括"摩拉①、音节和音步"，而与韵律音系学相关的音系单位整体偏大，除了与节律音系学中的"音节和音步"重合，还主要包括了"韵律词、黏附组、音系短语和语调短语"等②；节律音系学基本不涉及交叉界面，主要研究的是词重音，而韵律音系学体现了音系、句法和语用的交叉，即从韵律词及以上是音系学与句法以及语用的接口界面；此外，二者的主要理论假设也不相同，节律音系学主要是对重音进行参量设置和描写，韵律音系学主要侧重韵律边界和句法边界的对应，以及对韵律层级的制约。表 0.1 这种细分，尤其是对节律音系学和韵律音系学的细分，非常必要。正如周韧（2021：1-2）指出，这些术语和概念在不同的音系学研究领域混淆使用，用于表达不同的研究观点，导致了不同的争论或探讨。其中，汉语韵律音系学的研究也受到了一定的影响（见 1.3）。

值得注意的是，以这三类音系学分支为主的划分也并非泾渭分明，因为在当音节被确定为语音的基本单位以后（见 2.1.1.2），音系学研究好似从 SPE 的无穷尽的推导、制约、简化等各种规则和束缚中猛然释放了出来，后 SPE 时期的各类音系学研究几乎是在很短的时间内集中爆发，并迅速扩散，影响到语音学研究的方方面面。因此各类音系学分支流派的构建以及与其他分支流派的交界也是在一边建立一边调整的过程中。例如，冯胜利（2002：515）认为节律音系学是韵律构词学和韵律句法理论常借用的"周边学科"。在赵忠德、马秋武（2011）主编的《西方音系学理论与

---

① Mora 有的学者采用"韵素"，有的翻译为"摩拉"，有的翻译为"莫拉"。本书在阐述中一方面遵循其他学者的用法，其他情况下多采用"莫拉"。特此说明。

② 此处采用"主要"或者"等"进行描述，是因为不同的研究者对于节律音系学和韵律音系学的音系单位看法也略有不同。

流派》中，自第三章"生成诸流派：多维表征篇"开始，就列举了 30 多个流派，这些流派彼此之间相互影响、相互借鉴，甚至于相互融合。该书在介绍节律音系学的时候，指出节律音系学最初以研究重音为主，后扩展到语言的其他方面，并涵盖了韵律边界的相关问题（赵忠德、马秋武，2011：253），因此在列举西方音系学理论与流派中的诸多流派时，没有单独再介绍"韵律音系学"，只是在介绍 J. R. Firth 的时候，基于 Firth 的韵律音系观点进行了介绍（赵忠德、马秋武，2011：57-74；同时见本书 2.1.2.1）。但在此后，秦祖宣、马秋武（2016：109-118）对韵律音系学研究进行了较为全面的综述，并将韵律音系学视为与节律音系学并行的音系子系统。许希明（2020：96）对于节律层级结构的划分，与韵律音系学类似，将"话语"作为了节律音系层级的顶层。张吉生（2021b：44-45）对词重音和节律重音进行划分，认为词重音是线性的、词库内的、与语法或句法结构无关；节律重音是非线性的、词库外的、与语法或句法结构相关（如下图 0.1 所示）

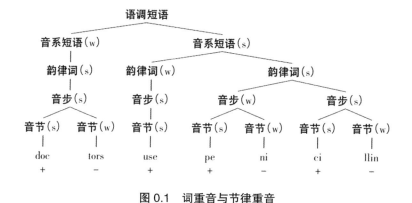

图 0.1　词重音与节律重音
（张吉生，2021b：44）

　　图 0.1 中"+"和"－"表示词库内的词重音/次重音以及非重音，体现的是词重音。而（s）和（w）分别表示重读和弱读，与

节律重音相关，最终形成语流层中的语调短语。张吉生（2022：3）指出节律音系学主要用于分析节奏（韵律）等现象。

尽管不同的研究者所持观点各异，周韧对于节律音系学、韵律构词学和韵律音系学加以区分的方法值得肯定。虽然表 0.1 没有涵盖相关的所有研究，且划分的标准也存在不同的看法，但却是一种很重要的尝试，更加表明了对后 SPE 时期的各类音系分支细化研究以及对不同的音系分支流派进行梳理的必要性。

本书采用了周韧（2021）将节律音系学和韵律音系学分开的办法。在汉英韵律音系对比中，这类划分很有必要。因为英语是典型的重音语言，因此将节律音系学所侧重的重音作为英语韵律音系结构的底层合乎情理，且有助于更好地理解汉英韵律音系的不同。因为汉语韵律音系学的底层是声调构成的音段组合，和节律音系学有着较大的区别。这样能够有效地将两种语言的韵律音系底层的异同划分出来，有利于对各自音高突显模式进行对比和阐述，从而可以基于语言事实进行探讨，避免过于陷入理论层面的争论，而无法展开深入分析。

如果说 SPE 的抽象性和概要性难以解释复杂、细微和丰富的语音现象，那么后 SPE 时期诸多学派的涌出，在解释具体的语音现象时获得了不少的成就（例如自主音段音系学、节律音系学等），但在致力于语音普遍性的探索中遇到了不少的阻力和困难（例如韵律音系学），而这种阻力和困难在跨语言研究中尤为明显。

赵元任先生曾说过"所谓语言学理论，实际上就是语言的比较"（许希明，2020：总序），这种比较包括了对语言相似性的观察和对语言差异性的审视（王文斌，2017：35）。只有对不同的语言进行系统性的比较，才有探索语言普遍性的可能。但语言对比绝非易事，因为要寻找到一个可以将具有不同特征和属性的两种或多种语言进行对比的可行性维度，无论是理论层面，还是研究方法和研究手段等方面，都面临巨大的挑战。正如赵世开（1985：

37）所指出的那样，语言对比必须尊重语言事实，不能"拿一种语言的结构硬套在另一种语言上"。汉语和英语的对比亦如此。汉英对比语言学的主要任务是对汉英两种语言进行共时和历时的对比研究，描述并解释二者之间的异同，从而推动语言和其他相关研究领域的发展（杨自俭，2004：125）。由于英语和汉语没有亲缘关系，语音系统各自独立发展（周流溪，1998：34），这都给本书的研究带来了诸多的困难。沈家煊（2012：1）指出要做好对比语言学，需要重视三个方面的内容，（1）重视内部证据；（2）证据要有系统性；（3）要具备类型学视野。这对于汉语和英语韵律音系学对比研究尤为重要。

首先，在对汉语和英语韵律音系结构进行比较的过程中，英语韵律底层必然涉及到与重音相关的"音节"和"音步"等韵律单位，而这正是节律音系学研究的主要内容。与此同时，汉语是否有词重音，是否具备"音步"这一层级目前在国内外的研究中难以形成定论（见1.3）。为了更为客观科学地进行研究，我们需要尽量避开将节律音系学的主要概念和理念运用到汉语韵律音系研究中。因此如何客观地对汉语韵律底层进行描述，是本研究的难点之一。更为具体地讲，我们可以直接采用重音来描述英语，如果没有足够的依据证明汉语是重音语言，那么应该怎样对汉语进行描述，而这种描述同样也适用于英语，从而能够对这两种语言进行有效的对比。

其次，由于韵律音系学研究的主要内容之一是韵律与句法的接口，必然会涉及到由音节与音节构成的基本韵律单位（例如韵律词）的构词的形成，这又与韵律构词学相关①。同时，韵律与句法的接口必然会涉及到与句重音相关的焦点重音（见2.1.2.2）。句

---

①　因为韵律构词涉及到的问题太多，本书在第5章对汉语和英语双音节词和三音节词的语素结构进行了词层面和句层面的实验分析和探讨。更多的研究将在今后展开。

层面的焦点重音和词层面的语音声学表现如何能够进行比较，才能形成韵律音系层级的有效探讨，也是需要深入思考的问题。

如上所述，如何找到一个契合点，使汉语不仅能有效地在自身内部展开词层面和句层面的语音对比，同时还能和英语的词重音和焦点重音进行比较；更为重要的是，在多层级的对比中，尽量保持阐述的一致性，避免研究视角各异而导致表述过于分散，亦是本书研究的难点。在作为声调语言的汉语和作为重音语言的英语韵律音系对比中，由于各自特殊的语音特征，如果只单一关注韵律音系学的相关内容，难以展开全面的考察，需要同时关注节律音系学和韵律构词学等方面的研究内容，才能有效地进行跨语言的韵律音系对比。因此，在做汉语和英语韵律音系结构的对比时，应该具备以韵律音系学的理论框架为主，同时兼顾节律音系学、韵律构词学等方面的大音系学的理念。而在采用实验语音的方法对汉语和英语的韵律音系进行对比分析的过程中，基于大音系的理念，应该同时也具有大语音的研究视角。

语音学和音系学是研究人类语言声音系统的两个重要领域，各有侧重。前者主要研究语音的产出、语音的声学特征以及语音的感知；后者主要研究语音的组合、音变的发生以及儿童音系获得等方面的内容（张吉生，2021a：450）。在人类语音研究的很长一段时间内，语音学和音系学不分彼此，主要描写语音特征。20世纪初，结构音系学（Structural Phonology）强调音位的重要性，研究音位的分布、对比和配列，音系学逐渐独立出来，发展成为一门独立的学科。20世纪60年代，生成音系学取代了结构音系学，而后SPE时期为音系学的独立发展添加了新的生命力。纵观SPE和后SPE时期音系学的发展，主要体现了三个特点：推导（从底层到表层的推导）、层级构建（节律层级、韵律层级、韵律构词层级等的构建），还有以优选论为代表的制约。21世纪以来，认知语言学的发展，促成了认知音系学的兴起，该学派认为语音具有心理表征，从而把象征心理表征的音位和话语中的语音实现联系起来（席留生、黄春迎，2020：67）。其中，认知音系学的主要代表人物 Lakoff 将认知音系学分为语素层面——音位层面（词层面）——语音层面，将语音和音系再次联系起来，体现了储存于大脑中的语素与语音序列之间的对应关系（赵忠德、马秋武，2011：462-463）。

自音系学从语音学的分离，到语音学和音系学的再次结合，历经·个多世纪的发展。但这并不是一个封闭的循环，而是螺旋式的循环上升。在再一次的结合过程中，引入了实验语音的重要分析方法，旨在更为客观科学地分析音系现象。而语音学和音系学的紧密关系，也可以从 Trask（1995）撰写的《语音学和音系学词典》（*A Dictionary of Phonetics and Phonology*）和陈桦、史宝辉（2021）编著的《语音学与音系学新发展研究》中得到印证。

基于跨语言对比研究视野的新描写主义（见 3.1）进一步推动了语音学研究和音系学研究的结合。新描写主义强调应该关注抽象的音系表征和具体的语音表征二者之间的关系。前者是"一个具有抽象和离散特点的层次"，而后者涉及生理和声学事件，"是一个更具体、更能量化为语音连续统的层次"，音系规则将二者联系起来，"这些规则以音系表征作为底层，把相应的语音表征推导出来。"（李行德、张洪明，2021：317-323）。将抽象的音系构建科学化，使音系级的声学研究成为可能，同时实验语音分析可以得到更严谨的音系理论的指导，是现代语音学和音系学研究的新动向。值得注意的是，语音学和音系学的结合并不是再一次让二者合为一体，而是强调语音学和音系学并非完全独立、互不影响，二者之间彼此联系又相互区别。

新描写主义强调语音学和音系学虽然各自独立，但同时又相互联系，因此两者之间必然会有一些趋同的趋势。作为语音学和音系学中都有的重要概念，"突显（prominence）"便是这种趋同性的表现之一（见 3.5.1）。这种趋同表述的必要性，在跨语言的韵律音系研究中，对不同语言繁杂的语音特征进行比较和归纳时，尤为重要。"突显"不仅限定于对某种语音现象的描述，也被用于客观地描述不同语言的某种韵律状态；可用于对音系学进行抽象描述，也可用于声学实验的具体分析。正如 Lehiste & Fox（1992：422）所指出的那样，"突显"是一个"更具包容性的术语"。Hyman（2009：215）将世界的语言划分为带有词层节律结构的重音原型语言，如英语；以及带有词层音高特征的声调原型语言，如汉语，并在 Hyman（2019：60-75）建议采用突显（prominence）来避免词重音和句重音中的重音和重读难以下定论的争执，这样"重音重读（stress-accent）""音高重音（pitch-accent）""重读（accent）"或"词重读（word accent）"就可以被概括为一个更普遍的术语"位置突显（positional prominence）"。语音学角度的"突显"更好理解，主要表现为"发音时肌肉更用力而形成的一个或多个音节比其他音节更响亮、音高更高、音长更长等"（冉启斌、段文君等，2013：52）。

　　音高、音长和音强作为三个重要的声学参量，对韵律分析都起到了重要的作用。但研究发现，不同的声学参量对不同的语言所起到的作用不同。例如江荻（2011：73-80）认为汉语在词层面是音高语言，英语是音强语言。如果能够对这三种参量都同时进行分析是最好不过的事情，但鉴于韵律音系学致力于探讨语言韵律层级的普遍性，涉及到跨语言的研究，而不同语言特定的语音特征会对韵律层级的构建产生巨大的影响，涵盖的内容过于广泛，如果同时对这三个声学参量展开研究，势必会因为研究内容过多，分析的数据过于庞大，导致顾此失彼。因此先从一个重要或者必要的声学参量着手，一步一步详细分析，然后再拓展到其他声学参量是更为可行的办法。

　　鉴于语音特征的不同，哪一个声学参量是汉英语言对比最需要优先考虑的呢？以往的研究表明，虽然在词层面还不能完全确定哪一个声学参量对这两种语言的作用更大，但是学界普遍认同在词层面，音高是汉语和英语两种语言重要的声学参量；而在句子层面，音高在韵律中的重要性在学界几乎达成了共识。更为重要的是，由于汉语声调中音高所起的绝对性作用，因此在汉语和英语韵律音系的比较中，音高是首选的声学参量①。因而汉语和英语无论在词层面还是句子韵律层面，相邻音节的音高突显是本书研究的重点（见 3.5.2）。

相邻音节的语音突显体现了相对性和差异性。本书采用相对突显以涵括音系和语音两方面相邻音节的差异，进行汉语和英语韵律音系对比分析（具体阐述见 3.5）。受到石锋（2013，2021）语调格局和韵律格局的启发，音高突显模式由两个维度构成，一是音高调域比，体现了相邻音段音高调域（即音段内部音高最大值—音高最小值）之间的变化；二是音高起伏度，体现了相邻音段音高的高低起伏（相邻音段间音高值的异同）。相邻音节间无论是音高调域宽窄变化，还是音高高低起伏，都具有相对性，即某一个音节比相邻音节音高调域更宽，或者音高值更大。还需要说明的是，音高高低起伏和音高调域宽窄变化并不是一分为二的，二者相互依存、彼此作用。在实验分析的时候，细分为两个维度，是为了能更为具体地观察到差异性和相对性。与此同时，基于第4章和第5章的研究，在第7章本书提出了"音高突显度"，对汉语和英语孤立词状态下和焦点重音状态下相邻音节的音高突显进

---

① 本书 3.2、3.3、第 4 章、第 5 章均做的是基于音高的分析，从研究语料的一步一步修订中也可以看出每一次的实验设计中都会发现前面章节语料设计的一些不足之处，并不停的修改和完善。因此，先基于一个重要的声学参量（比如汉语和英语的音高）的对比分析，逐渐形成一个整体研究框架，再增加其他声学参量的比较，是更为可行的方法。虽然可能只观察到了一个声学参量的维度，但因为这一声学参量在两种语言的韵律层级中都很重要，因此研究的发现具有代表性，结论也具有说服力，同时也有利于对另外的声学参量的进一步研究分析。在本书第 6 章中，做了音高、时长和音强（幅度积）的拓展实验。

行进一步深入分析和划分（见图 7.1—图 7.6）。

　　本书的韵律深层机制还包括了孤立词。虽然在平时的言语表达中很少只是采用孤立词表述，但是孤立词的研究是所有韵律研究的基础，是韵律层级构建的地基原材料。没有原材料，就无法打地基。并且很多关于节律重音的分析以及汉语韵律的分析都是基于孤立词的研究。Roach（2007：87）强调了研究孤立词的必要性，认为考察孤立词的重音表现比研究语流中的词能更好地考察重音位置和重音等级等。与此同时，目前国内外，对从孤立词到语流中的韵律词的关联性研究甚少。因此，本研究的音系深层机制包括了孤立词、从孤立词到句中韵律词的音高声学表现，主要考察以韵律音系学为主的后 SPE 音系研究范围内（1）汉语和英语双音节词（见 3.2、第 4 章、5.3.1）和三音节词（见 5.4.1）孤立词状态下的音高突显模式对比；（2）韵律和句法的接口：汉语和英语双音节词和三音节词在孤立词状态下和焦点重音（宽焦点和句末窄焦点）状态下音高突显模式的异同（见 3.3、5.3.3、5.4.3）；（3）焦点重音：汉语和英语韵律词在句末窄焦点情况下宽焦点和窄焦点的音高突显模式的异同（见 5.3.2 和 5.4.2），形成从孤立词状态、孤立词与韵律句法接口的层级性研究。第 6 章为基于音高的拓展研究，对 3.2 以及 5.3 实验进行了音高、时长和音强的综合分析。

　　全书除绪论外，共有 7 章，分为两个部分。绪论统领全书，是本书的基本理论、研究思路和研究方法的整体介绍。第 1 章到第 3 章为第一部分，阐述本书所涉及的主要理论和研究背景，其中前两章侧重介绍与本书相关的重要理论。第 1 章做了大的理论背景介绍，梳理了国外音系学及韵律音系学的发展和主要内容，以及汉语韵律音系学的发展。同时也介绍了本书研究的缘由。第 2 章具体介绍了英语重音和汉语声调。英语重音侧重英语重音的二重性，这是本书中韵律深层机制划分的主要依据。汉语声调主要阐述了汉语声调在声学分析中的两个基本维度，这两个声学基本维度是本书音高突显模式的基础。最后对英语的重音和汉语的声调进行了对比分析，探索对二者进行韵律层级比较的可行性。第 3 章在新描写主义语音和音系结合研究的基础之上，先介绍了两个前期对比实验，在这两个前期对比实验的基础之上，提出了汉英韵律音系实验对比分析的基本维度——韵律单位维度（音节）和声学对比维度（音高突显模式），为后面的主体对比实验奠定基础。本书第一部分呈现了从宏观理论到英语和汉语具体的语音特征，再进一步具体到本书的研究对象和研究方法的过程，帮助读者更好地理清本书的前因后果、来龙去脉。由于涉及的相关研究较多，所以每章节主要侧重于对与本书研究相关的理论和理念进行阐述。

第二部分包括第 4 章到第 7 章，其中第 4 章到第 5 章是实验主体部分。第 4 章从孤立词出发，分别对英语双音节词的两个重音类型和汉语载调双音节 16 种声调组合，以及汉语 TN+T0 四种轻声组合进行对比分析；第 5 章在第 4 章双音节研究的基础上，对汉语和英语双音节词和三音节词在孤立词状态下以及句末焦点重音的状态下进行对比分析。第 6 章为拓展研究，以语音三要素对两组实验进行了分析。第 7 章是全文的结论。

本书有部分内容已以论文的形式单独发表在不同的期刊。在这些年的研究积累中逐步充实和完善，有的增强了理论部分的构建，有的展开了更进一步的深入讨论，有的增加了实验被试，有的根据本书的整体安排适当进行了删减。在以往研究的基础上，更多的是近些年的一些新的思考和探索。在最初研究构想的基础上，全书有机结合在一起，突显内在统一的联结思路。希望对感兴趣的读者提供有价值的借鉴。

第一章　音系学及韵律音系学的发展

1.1　国外音系学及韵律音系学的发展[①]

　　如绪论中所述，国外韵律音系学与节律音系学、韵律构词学等有较大的关联，韵律音系学的发展深受其他音系学研究的影响。因此本章节在简要概述国外音系学发展的基础上，较为详尽地阐述韵律音系学的发展。之所以采用"国外"，而不是"英语"，是因为其中对非印欧语系的研究拓展了韵律音系学的研究范围，使其蕴含对人类韵律音系普遍性的探索。

　　音系学从语音学独立出来，始于结构主义学派对于音位概念的确定。结构主义学派的主要代表人物 Ferdinand de Saussure 肯定了音位的重要性，而以 Arne Jacobsen 为首的布拉格学派认为音位是能区别意义的单位，并由此建立了结构主义音系学。音系学研究开始逐渐发展成为一门独立的学科。正如李行德、张洪明（2021：318）所指出的那样，"音系规则的结构性、深层性和抽象性，代表着人类语言组织里一个独立的层次"。然而与此同时，结构主义以音位为中心而产生的线性排列，因不符合人类思维加工模式而遭到质疑（席留生、黄春迎，2020：65）。

　　Chomsky 的转换生成语法为语音和音系领域的研究开辟了新的研究视角，他所提出的 generative phonology 由吴宗济先生

---

　　① 关于韵律音系学初期的一些基本理念见 2.1.2.1 关于 J.R.Firth 的简介。另见赵忠德、马秋武（2011:57-74）。

（1980：44）翻译为"生成音系学"，被国内普遍采用（王嘉龄，2000：227①）。生成音系学的兴起与迅速发展影响巨大且深远。不同于结构主义提出的音位是音系的基本单位，生成音系学受益于Jacobsen 提出的音位区别特征的观点（包智明、侍建国等，2015：18-19），并将之推广到整个音系研究，探索语音表达式的规则和语言普遍性之间的关联。其基本操作表现为"底层形式经过一系列规则的有序推导过程得出表层形式"（尹玉霞、钱有用，2022：176）。SPE 最大的贡献是建立了"一套完整且系统的特征赋值"以及"一套线性结构的规则系统"（张吉生，2022：5），主要包括以下几个方面，（1）区别性特征的研究，即语音二元对立特征的研究；（2）表达、表达层级及其规则，例如音段配列（元音、辅音等如何配列形成轻重不同的音丛），以及语音底层和表层的关系（底层的语音特征如何通过语音规则，形成表层的表达式）；（3）制约（王洪君，2008；包智明、侍建国等，2015 等）。

尽管以上三个方面是以线性描写为主，但也为后 SPE 时期的自主音段音系学、节律音系学、词汇音系学、韵律音系学等提供了重要的观察角度和思考维度。首先，后 SPE 时期也关注语音的特征对立，如重音语言中重读音节和非重读音节的特征对立；其次，关注音段的配列或组合，只是这种组合主要建立在音节的基础之上，如英语的单词由重读音节和非重读音节组合而成，汉语的单词由不同的声调组合而成等；最后，生成音系学中语音底层和表层的关系直接影响到了节律音系学和韵律音系学的层级观。值得注意的是，早期的 SPE 强调语法的重要性，把语音视为语法的子系统，因此语音是隶属于句法的，而音系范畴则是普遍语法的一部分（胡伟、李兵，2018：680）。由于 SPE 忽略音节在音系中所起到的作用，导致依然片面地采用线性的方式分析超音段成

---

① 王嘉龄（2000:227）还对 generative phonology 的另外几种翻译版本进行了介绍。

分。直到后 SPE 时期，音系研究才日益独立。但是 SPE 这种关于音系和句法的思考，在一定程度上启发了韵律音系学对韵律—句法接口的思考，并促成了韵律音系学和句法功能学的结合，形成了焦点—重音理论（见 2.1.2.2）。

因为生成和推导的可延展性，生成音系学自创立以来体现出了蓬勃生机，在不断创新中稳步发展。但与此同时，SPE 中的线性分析方法过于抽象，难以解决很多问题。20 世纪 70 年代中期迎来了音系学研究的另一个重要转向，从底层形式的抽象性转向语音表达的层级结构性，为 SPE 生成模式遇到的问题提供了较为行之有效的解决方案。

在研究英语的基础之上，这一时期学界对英语以外的其他语言现象展开分析，而其他语言中不同于英语的语音特征，拓展了音系学研究的范围，为完善音系系统的构建提供了多维视角。其中，Leben（1973）和 Goldsmith（1976）在对声调语言的声调系统进行详尽研究的基础上，分别提出超音段理论和自主音段理论，后来多统称为自主音段理论，包含超音段成分。该理论突破了 SPE 线性序列的分析框架，认为声调不是音段的固有特征，而是能独立于音段的超音段成分。该理论同时还强调了音节作为音段的基本组成部分的重要性。此外，同一时期的 Liberman（1975）和 Liberman & Prince（1977）提出的节律音系学也注意到重音的本质并非是具体音段（如音节）的固有特征，而是一种结构性的、相对化的强弱对立关系。节律是决定重音类型的主要特征，主要通过节律树（metrical tree）或节律栅（metrical grid）来表示（见 2.1.1.2）。以上理论最重要的贡献在于，（1）确定了音节的重要性；（2）确定了声调和重音不是附属于音段之上的辅助性语音表达特征，而是独立于音段的语音特征。这为韵律音系研究奠定了重要的理论基础。这一阶段被视为开启了非线性音系学（Nonlinear Phonology）研究的大门。

值得注意的是，汉语的声调研究和音节研究对于西方音系学产生的影响。汉语音节中声、韵、调的分立影响了西方韵律单位层级结构的构建，因此汉语音韵学的音节层级结构具有语音普遍性（徐通锵，1998：2；刘俐李，2004：45）。

20世纪80年代，作为当代音系学的重要研究领域，韵律音系学在美国兴起，其主要代表人物包括 Selkirk、Nespor 和 Truckenbrodt 等。彼时，音系学已经成为一门较为完善的独立学科，并开始探索与其他学科的接口问题。韵律音系学认为韵律层级是句法和音系的接口（interface）；和语法结构的层级性一样，韵律结构也是从韵律底层到表层、由从小到大按照层级排列的一系列韵律单位构建而成，体现其内在的关联性。为了与句法成分对应，音系学家提出"韵律成分"（prosodic constituent）的概念，以期解决音系与句法之间的接口问题。与此同时，韵律音系学逐渐发展成为同节律音系学、词汇音系学和自主音段音系学并行的音系子系统（秦祖宣、马秋武，2016：109）。

此外，在音系学研究由 SPE 时期发展到后 SPE 时期的过程中，还出现了另一派重要的研究分支。由于 SPE 在从底层推导出表层形式的过程中，很多时候出现的规则过于随意和繁杂，制约条件（constraints）应运而生。如 Prince & Smolensky（1993）提出优选论（Optimality Theory，简称 OT），关注制约条件的交互作用，并对规则加以限制。优选论包括标记性制约条件和忠实性制约条件，制约条件具有普遍性，但制约条件的等级排列则因语言不同而各异（马秋武、洪薇，2008：1）。优选论在20世纪90年代以来运用广泛，对句法学、构词学和韵律音系学等相关研究影响深远。

1.2　韵律音系学的主要研究内容

1.1 对 SPE 和后 SPE 时期的语音学和音系学的研究进行了简要概述，介绍了几种具有代表性的音系学流派产生的原因、这些流派对已有研究的传承和突破，以及对后来研究的影响。我们可以看到尽管这些流派彼此之间研究的侧重点各有不同，但又息息相关，后 SPE 时期的各种思考角度和探索路径都多多少少受到 SPE 的影响。因此形成一个大音系的观念，会更有助于研究的开展。侧重于探索语言普遍性的韵律音系学研究更需要这种大音系观的视野。张洪明（2014：304）将韵律音系学定义为：

韵律音系学研究人类语言韵律结构单位以及这些单位之间的关系，这些韵律单位是音系规则作用的辖域，因此韵律音系学也是关于音系与语法如何交互作用的理论。

韵律音系学认为任何语言都不能仅凭单个音素或某个音段独立发音得以实现，人类所有语言都带有层级结构，较小的底层韵律单位构成较大的表层韵律单位，从而将语流中的话语组成具有系统性的韵律结构，具有区别词义、表达情感、体现形态以及区分语言结构的功能，是人类大脑思维的系统性语音显现。其研究主要包括两方面的内容，一是韵律结构（包括韵律单位的界定），二是音系与句法的交互。

在韵律音系学发展的过程中，不同的研究者从自身的研究视角出发，构建了不同的韵律结构。目前学界普遍采用的韵律结构主要有两种，一种是 Selkirk 提出的五级单位韵律结构，如下图 1.1 所示：

语调短语	intonational phrase (IP)
音系短语	phonological phrase (PhP)
韵律词	prosodic word (Wd)
音步	foot (Ft)
音节	syllable (Syl)

图 1.1　Selkirk 的韵律层级（Ⅰ）（Selkirk，1984：26）

　　作为韵律音系学的重要代表人物，Selkirk（1980，1984，1986 等）一系列研究系统性地阐述了语法规则和语音表达的映射关系和途径，其五级单位的韵律结构中（见上图 1.1），最小的韵律单位是音节，最大的韵律单位是语调短语，二者之间包括音步、韵律词、音系短语三个韵律层级。但这类分类过于简单，无法体现同一韵律层级中不同韵律单位彼此之间的关系。Selkirk（1986）进一步采用更为具体的方式呈现同一层级中韵律成分之间的关系，见下图 1.2。

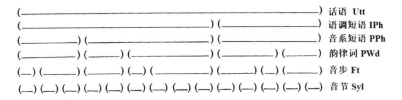

图 1.2　Selkirk 的韵律层级（Ⅱ）
（Selkirk，1986：384）

　　图 1.2 比图 1.1 中的韵律层级多了一层，表层增加了"话语"层级，体现了语流中言语的重要性。与此同时，相同的韵律层级内部韵律单位之间，以及不同的韵律层级也呈现出大小不一的韵律边界，进一步细化了韵律内部的结构组成，同时完善了韵律结构的整体性。图 1.2 也清楚表明各层级韵律结构具有独立性，不同的韵律层级之间是平行的，而且可以同时出现。大一层级的韵

律单位包含小一层级的韵律单位。图 1.2 接近于节律音系学中节
律栅对节律层级的划分。

另一种重要的韵律层级的构建是 Nespor & Vogel（1986, 2007）
提出的八级单位的韵律层级。如下图 1.3 所示。

U (υ)　　　话语 Utterance
I (ɩ)　　　语调短语 Intonational Phrase
PPh (φ)　　音系短语 Phonological Phrase
CG　　　　黏附组 Clitic Group
PWd (ω)　　韵律词 Prosodic Word
Ft (F/Σ)　　音步 Foot
Syl (Σ)　　音节 Syllable
Mora(μ)　　韵素 Mora

图 1.3　韵律层级线性结构图
（Nespor & Vogel，1986：16，参见赵永刚，2018：28）

图 1.3 表明 Nespor & Vogel 的韵律层级结构图比 Selkirk
（1986）多了"韵素"（即莫拉）和黏附组两个层级，莫拉是整个
韵律结构的底层，而黏附组涵盖了更为广泛的韵律构词和韵律短
语等方面的内容。王洪君（2008：249-250）介绍了 Stavropoulou
（2002）对 Selkirk（1984）和 Nespor & Vogel（1986）的比较，指
出 Selkirk（1984）采用的术语多与语音学相关，而 Nespor & Vogel
（1986）采用的术语多与音系学相关，因此 Nespor & Vogel 并不是
对 Selkirk 研究的进一步完善，而是研究目的各有不同的独立研
究。Selkirk 的韵律层次基于表层语流的韵律属性，是"纯韵律单
位"；而 Nespor & Vogel 的韵律层级兼顾了语法、韵律两方面的考
量，是"句法韵律单位"。

为了更好地与句法结构进行比较，韵律层级结构通常也可以

采用类似于句法结构的树形图的方式，如下图 1.4 所示，从而和句法研究更好地契合。

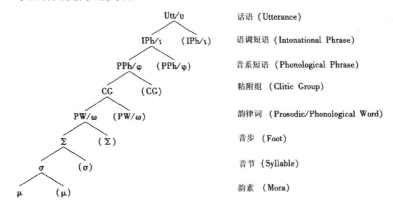

图 1.4 韵律层级结构树
（参见张洪明，2014：304）

和 SPE 一样，图 1.1—图 1.4 均表明，韵律音系学也致力于尽可能采用简单的韵律单位构建其结构。根据图 1.4，韵律词可以被视为词层面和句法层面重要的接口，韵律词以下的层级通常对应词层面的音系学范围，而韵律词之上的三个层级和句法结构相对应（赵永刚，2018：28）。不同于 Vogel 认为韵律结构与形态句法结构之间的映射关系可以构拟韵律成分，秦祖宣、马秋武（2016：110）指出"某韵律成分只能通过与之相关的音系现象来界定，而它与形态句法结构成分之间的映射关系只是这之后分析的结果，决不能事先用于论证该韵律成分的存在"。与此同时，赵永刚（2018：37）也指出句法结构和韵律结构的差异主要体现在两点，一是构成成分的界定和切分，二是韵律结构不具有递归性。这种递归性的缺少，使得韵律结构比句法结构更加简单直观。而 Zhang（2017：203）根据具体的语料分析，对韵律结构不具有递归性，提出了不同的看法，这将在后面介绍严格层级假设时进一步阐述。

虽然各位研究者划分韵律层级的标准各有侧重，构建的韵律结构的层级也各有不同，但都认同了韵律是从小到大按照层级排列的一系列韵律单位组成的系统性结构。

把语音和语法联系起来一直是西方语言学研究的传统（潘文国，1997：147），韵律音系学也不例外。音系与句法的交互是韵律音系学研究的一个重要研究领域。这种音系—句法交互作用主要包括两种理论，一种是直接参照理论（Direct Reference Theory，简称 DRT），另一种是间接参照理论（Indirect Reference Theory，简称 IRT）。其中，直接参照理论认为音系规则的运作与句法信息直接相关，通过各个音系成分之间的 c-统制（c-command）或者 m-统制（m-command）关系进行管辖（government）；而间接参照理论就是韵律层级理论（Prosodic Hierarchy Theory，简称 PHT），认为音系表征和句法表征之间不存在同构关系，在二者之间存在一个按照一整套不同层级组织在一起的韵律成分所构成的表征层次，即韵律结构（赵永刚，2018：24-26），韵律结构由韵律层级和韵律成分共同构成。其中，韵律单位彼此的关系和韵律边界是韵律层级理论研究的主要内容。

就像一个硬币的两面一样，任何一个音系规则的推导都需要进行制约的管辖。韵律音系学也同样关注韵律的制约。其中，Selkirk（1984）提出的严格层级假设（Strict Layer Hypothesis，简称 SLH）是重要的制约原则之一：

a. 韵律层级结构中，任何非终端韵律单位 X^P 都由一个或几个低一层次的韵律单位 X^{P-1} 组成；

b. 任何韵律单位都完全包含在直接统制它的上层韵律单位中，为其组成部分。

（张洪明，2014：305）

以优选论的制约条件为基础，严格层级假设主要包括层级性（layeredness）、中心性（headedness）、穷尽性（exhaustivity）与非递归性（nonrecursivity）四个制约条件。其中，"层级性"和"中心性"作为严格分层假设的内核，是两条普遍原则（张洪明，2014：305-306）。这些制约条件进一步界定了语言中的韵律结构层级关系。Zhang（2017：203）基于大量汉语方言汉语连读变调和其他跨语言事实，对韵律层级不具有递归性提出质疑，并对 SLH 进行了修订：

　　c. 不同韵律层级之间的韵律结构不可递归（语言共性），但某一相同韵律层级内的韵律结构允许递归（语言特性）。（张洪明、尹玉霞，2017：627）

　　值得注意的是，尽管韵律音系学一再强调其研究的重点是音系与句法的接口，但是在汉语韵律音系学研究中，关于二者之间具体是怎样进行接口、彼此之间具体是怎样关联的，以及除了句法以外，是否还有更多跨学科的接口等方面的研究并不多见。Zhang（2017）认为"直接参照理论"和"间接参照理论"无法解释汉语所有的韵律音系，提出了韵律句法敏感模型，见下图 1.5。

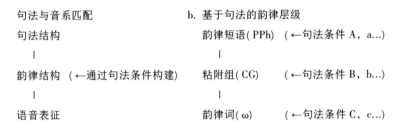

图 1.5　韵律句法敏感模型
（张洪明、尹玉霞，2017：626-627）

　　同时进一步将 Nespor & Vogel 的八级韵律层级单位从节律信息维度、形态句法信息维度和语义语用维度进行三分。见下图 1.6。

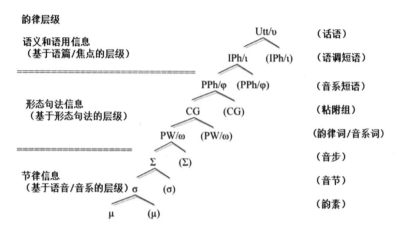

图 1.6　韵律层级①
（Zhang，2017：202；张洪明、尹玉霞，2017：627）

　　图 1.6 将八级韵律层级分为三个维度。其中音系短语以上层级（包括语调短语和话语）是基于语篇和焦点的韵律层级，与语义和语用相关；音步和语调短语之间的层级（主要包括韵律词、黏附组和音系短语）是基于形态句法的韵律层级，与形态句法信息相关；韵律词以下的层级（主要包括韵素、音节、音步）是基于语音和音系的韵律层级，与节律信息相关。

　　图 1.6 清晰表明韵律音系学与节律音系学、形态句法学和语义语用学相关，相信随着越来越多的语言纳入韵律音系的分析，也会有越来越多其他音系学的相关领域纳入考量的范围。因此将韵律音系学放置于一个大音系的范畴，更有利于增强其普遍语言学研究的意义，同时也能更为客观地对不同语言的语音事实进行描写。

---

　　① 韵律层级图在 Zhang（2017）英文原著中是树形图，而在张洪明、尹玉霞（2017）的评介中则采用的是线性图。为了和句法的树形图保持一致，本研究沿用了 Zhang（2017）英文原著中的树形图。

1.3 汉语①韵律音系学概述

1.3.1 汉语韵律音系学的发展状况

在 1.1 和 1.2 对国外韵律音系学发展的主线以及韵律音系学主要研究内容进行简要概述后，1.3 将具体介绍汉语韵律音系学的发展、主要研究内容及研究现状。1.3 之所以采用"汉语韵律音系学发展"，而没有像 1.1 那样标明"汉语音系学及韵律音系学的发展"，是因为一方面汉语的韵律音系学直接受到了国外韵律音系学的影响，没有类似于国外音系学和韵律音系学那样从 SPE 到后SPE 时期延续发展的过程，同时现代汉语音系学也未经历过 SPE那样系统性的构建。

现代汉语韵律音系的研究主要借鉴了以英语为主的韵律音系学的研究，其中最主要的原因在于国际上的韵律音系研究始于英语。自提出韵律音系学以来，英语的韵律音系分析结合了节律、语调以及生成句法等领域的研究，呈现出从点到面，从微观到宏观层层推进的构建。基于乔姆斯基的线性观，非线性音系学提出了以音节为基本单位的多线性观，肯定了音节在英语语音中的重要性，为随后英语韵律单位的确立、自主音段音系学、节律音系学、CV 音系学等奠定了研究的基础。

不同于汉语古代《切韵》和《广韵》中对汉语语音研究的系统性和自主性，现代汉语音系学和韵律音系学研究一直处于较为被动的调整中。不断地吸收以英语为主的西方音系学研究的各种理论，然后不断地把这些理论应用到汉语相关领域的研究中。刚把汉语中某个语音现象分析得有些眉目，国际上又出现了新的音系理论，于是又匆匆转向用新的音系理论来研究汉语中的相关内

---

① 本书研究汉语普通话与英语对比，为了行文简洁，汉语普通话简称为"汉语"。

容。因此现代汉语语音学和音系学研究整体特点是研究的点很多，但是面不够，较为完善的系统性研究更少。刘俐李（2007：10）指出能统摄全局的韵律理论的难以操作和实证研究的各自为政是汉语韵律研究亟需面对的问题，这一看法依然适用于现今的汉语韵律音系研究。

按照英语轻重音交替的发音规则，基于 Selkirk（1984）和 Nespor & Vogel（1986/2007）的韵律层级构建，英语自然话语的韵律音系结构从底层到表层依次划分为：韵素（mora）→音节（syllable）→音步（foot）→韵律（音系）词（phonological word）→粘附组（clitic group）→音系短语（phonological phrase）→语调短语（intonational phrase）→韵律（音系）话语（phonological utterance）（张洪明，2014：304，参见图1.4）。在此基础上，发展出了韵律句法学、语义韵律学等前沿研究，并对世界上不同语言的韵律音系研究产生了深远的影响。汉语韵律音系学正是深受其影响的研究之一。

在具体介绍汉语韵律音系学的研究之前，本书对2000—2022年汉语韵律音系学的发展做了统计分析。见图1.7。

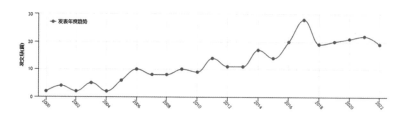

图 1.7　国内历年发表"韵律音系"研究的趋势（2000-2022）

图1.7通过知网检索"韵律音系"，从2000年到2022年上半年在国内核心和重要期刊上检索到262篇相关研究，其中学术期刊论文125篇、学位论文94篇（博士论文36篇、硕士论文58

篇)、会议论文 7 篇(国内会议 6 篇、国际会议 1 篇)。此外,学术辑刊 23 篇、特色期刊 13 篇。图 1.7 清楚表明,自 2000 年以来国内"韵律音系"研究的整体发展趋势是逐年增加,其中 2006 年和 2009 年发表的相关论文接近 10 篇,而从 2011 年至今,每年发表的相关论文的数量都在 10 篇以上,2016 年到 2022 年 6 月之间,每年基本都在 20 篇及以上,其中 2017 年发表的论文篇数最多,接近 30 篇。因此可以看出,韵律音系的研究近些年在国内持续受到关注。

接着,本书对发表这 262 篇相关研究的期刊进行检索。发现国内"韵律音系"相关研究大多都发表在 cssci 核心期刊(如《当代语言学》《语言科学》《中国语文》《外国语》等)以及一些重要的学术期刊(如《南开语言学刊》(c-集刊)《韵律语法研究》《语言研究集刊》《当代外语研究》(c-扩)等),还有大学学报(如《南开大学学报》《中央民族大学学报》《上海外国语大学学报》等)。表明"韵律音系"研究持续得到学界的关注,发表论文的质量整体偏高。

最后,本书进一步从学科的角度进行分析。研究得最多的是有关汉语以及汉语方言相关的韵律音系研究,高达 201 篇,占所有论文的 70.77%。而关于国外韵律音系方面的研究和介绍的论文只有 55 篇,占 19.37%(这其中还不排除有跨语言对比的研究)。这表明,国内在了解国外相关研究方面做得远远不够。此外,还有少量的几篇研究和言语技术相关。整体而言,目前国内对国外韵律音系学做系统性的研究和介绍不足,因此国内对于国际上韵律音系学研究内容的了解不够充分,但同时关于汉语韵律音系的研究却越来越多。目前对国外韵律音系方面的研究及介绍和汉语及汉语相关方言韵律音系研究发展的失衡,如实地反映出汉语韵律音系学研究发展的现状和研究困境。

1.3.2　汉语韵律音系学研究的理论源流

现代汉语韵律音系研究的发展稍晚于汉语语调研究。由于受汉语声调的影响，关注语调的"大波浪"与声调的"小波浪"二者之间关系的研究更为多见。随着英语韵律音系学理论的逐步引入，汉语语调研究逐渐让位于汉语韵律音系研究，并逐渐成为汉语韵律音系研究中的一个次层级，属于汉语韵律层级结构中的语调层级，并与焦点重音紧密结合。正因为这一点，汉语韵律音系的功能研究先于形式研究，在这过程中，功能研究或多或少影响到了形式研究，因而汉语韵律音系的形式描写和功能分析常混合在一起。

起步较晚的现代汉语韵律音系学研究，一直处于学习借鉴英语韵律音系学研究的过程中，不断地吸收以英语为主的西方音系学的各种理论，然后把这些理论或套用或借用到汉语相关领域的语音研究中。基于数十年或主动或被动的采纳和调整，本书归纳出汉语韵律音系研究中两种主要研究视角："英律中用"和"中律中用"，并对其基本观点进行简要概述。

1.3.2.1　汉语韵律音系学研究中的"英律中用"

"英律中用"是自汉语韵律音系学研究初期以来形成的主要研究视角，并仍对现在的汉语韵律音系研究产生着重要的影响。"英律中用"主要是指对英语韵律音系研究方法的直接或间接运用。该研究视角基本上全面接受了英语韵律层级的划分方式，将其运用到汉语的韵律研究中，多采用直接把英语韵律的诸多概念应用到汉语韵律分析中（冯胜利，2002；叶军，2014；庄会彬，2015 等）。例如，冯胜利提出的汉语音步的三分法，将汉语句法结构中的二字组、单字组和三字组词直接对应为英语韵律单位中的"标准音步""蜕化音步"和"超音步"（冯胜利，2009：2-3），对早期的汉语韵律音系的研究产生了重要的影响。这一研究视角具有代表性的研究成果就是直接肯定了音步在汉语中的重要性，即汉语也是建立在轻重交替的基础之上。冯胜利（2016a：449-473）在多年的研究基础中采用了英语韵律学重音研究的方式构建汉语韵律句法的结构层级，并直接提出了北京话是重音语言。

端木三（2014：294）认为韵律音系学理论和重音理论"终究可能会合并为一"，因此他借用了英语节律音系学的概念（如音步）来研究汉语的重音，并肯定了汉语重音的普遍性。王洪君（2008：315-332）提出"句法韵律枢纽"，认为"句法韵律枢纽"是"句法单位和音系单位的最小交汇单位"，肯定了音节在汉语中的重要性。王洪君（2008：271-272）指出汉语的音步由音节数目决定，遵从"二常规，一三可容，四受限"的原则。沈家煊（2017：3-19）虽然不认为汉语具有词重音，但认同音步是基本的汉语韵律单位，并且依据汉语双音字是从单音字衍生而来的观点，认为汉语单音节是汉语韵律的基本音步。许希明（2020：104-106）也认同音步在汉语的存在，并提出声调音步观，但他认为汉语的音步是建立在节奏的基础之上。

与此同时，汉语的重音是左重还是右重一直存在争议。林茂灿、颜景助等（1984：57-73）支持"后重/右重"论，认为汉语词的末字重于前字。王志洁、冯胜利（2006：3-22）采用声调对比法，通过建立相同发音、相同声调而不同重音类型的"最小差别对"或"近似最小差别对"来判定重音位置。

这种直接将汉语的韵律结构和英语的音系韵律单位的对应，虽然在当时容易理解，但因其忽视了汉语作为声调语言，"一字一音一义"的本质语音特征，在后来的研究中引起了较大的争议（江荻，2011；张洪明，2014 等），至今争论的各方都在寻求基于汉语本身语言特征的解决方案。虽然这些争论和尝试尚不能完全解决汉语韵律音系学所面临的问题，但均进一步推动了汉语韵律音系学的发展。

整体而言，汉语韵律音系学研究的早期阶段采用 "英律中用"的研究视角，将大量的英语韵律音系学的相关理论和研究术语用于汉语韵律音系分析，为汉语韵律研究打开了一扇大门。因为是直接的套用，便于研究者快速吸收和学习，因此汉语韵律研究得以迅速发展。但正因为是直接将研究英语韵律音系的方法嫁接到汉语上，忽略了汉语本身的特征，因此在之后对汉语的进一步分析中，出现了较多牵强附会之处。

1.3.2.2 汉语韵律音系学研究中的 "中律中用"

随着汉语韵律音系学的发展，越来越多的研究表明"英律中用"的研究视角无法解释汉语韵律音系研究中的诸多问题，"中律中用"的研究视角逐渐受到关注。"中律中用"强调构建遵循汉语语音特征的汉语韵律音系学的重要性。基于汉语以声调为主的语音特征，认为汉语应该具备自身的韵律层级，如江荻（2011：77）指出 "汉语词重音的物理实验很可能是一项伪命题，因为汉语是'基频—音高—声调'语言"，"不存在类似英语利用'振幅—音强—重音' 材料的对比重音"。张洪明（2014：310）直接指出汉语没有音步这个韵律层级，因此汉语没有词重音。

基于"中律中用"的汉语韵律层级构建的另一个特点是，如上所述，其整体受语调研究的影响较大，韵律层级多和语调层级相结合。例如，Tseng（2010：185~186）采用"阶层式多短语语流韵律架构"（Hierarchical Prosodic Phrase Grouping，简称 HPG），研究汉语字调、韵律短语句调、语段开始、延续与结束等方面的内容，如下图 1.8 所示。

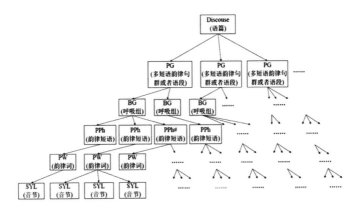

图 1.8 阶层式多短语语流韵律 HPG 韵律单位架构图
（参见赵永刚，2018：33）

图 1.8 中，HPG 韵律结构中最底层为音节，然后是韵律词以及韵律短语，没有把音步归为汉语韵律层级。与其他常见的韵律层级单位有所不同，该韵律结构中韵律短语以上则为呼吸组、语段。在 HPG 韵律单位架构图中，汉语字调和语调在语流中的变化受到上层语篇韵律制约，且各韵律单元均有模块声学模型（modular acoustic models），包括 4 项声学参数（基频走势；音节时长组型；音强分布；停延与停顿结构）（刘俐李，2007：8）。

石锋、王萍（2014：9）提出汉语的韵律层级，认为汉语韵律层级分析应采用"多级二分"的方法，根据对声调调域的分析，提出汉语韵律系统分为三个层级，包括词汇调（单字音、连读音）的层级、语调基式、变化模式（语言学调节、副语言学调节）。并提出了汉语韵律层级内部和整体层级的结构构建，见下图 1.9 和图 1.10。

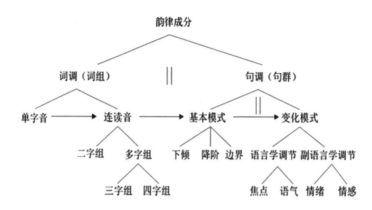

图 1.9   汉语韵律层级系统内部的构成要素及相互关系
（石锋、王萍，2014：10）

图 1.10 汉语韵律层级形成从字调域——词调域——句调域——句群调域的层级式结构，和以重音为基础的英语韵律音系学的结构层级的构建理念类似，只是前者自上而下是从小的韵律单位到大的韵律单位，后者刚好相反，最小的韵律单位位于韵律的底层。

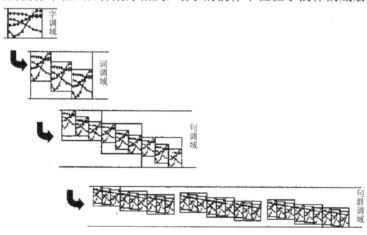

图 1.10   汉语韵律层级系统的结构框架
（石锋、王萍，2014：10）

　　与国外的韵律层级划分较为接近的是张洪明（2014：314）的汉语普通话韵律层级结构树（见图 1.11），认为汉语韵律结构中缺乏韵素这样的韵律成分，因此采用了不同的韵律层级结构。

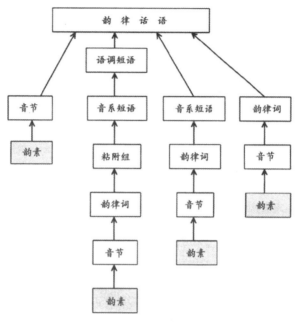

图 1.11　汉语普通话韵律层级结构树
（张洪明，2014：314）

　　图 1.11 中阴影所标注的韵律单位（如"韵素"），在汉语普通话的韵律层级结构中缺乏。与 1.2 中图 1.1 和图 1.3 不同的是，图 1.11 呈现出韵律层级单位的平行性，以及韵律单位与韵律话语层级之间的关系，比如单一的音节层级在语流对话中可以直接作为话语，即在上一层韵律单位缺失的情况下，下一层韵律单位可以直接和韵律话语层级对接。

　　图 1.11 的这种划分可以清楚呈现出不同语言的韵律结构存在共性（如所有语言都有音节、韵律词、音系短语、语调短语、话

语等），但又有个性（如汉语中不存在韵素）。与此同时，尽管韵律层级的构成遵守严格分层假设，图 1.11 的划分也同时体现了汉语韵律层级的单一性和复杂性。单一性表现在其底层为以音节为音段的单一固定模式；复杂性体现在它可以是单层级的，也可以是多层级的，这完全取决于说话者发音的具体语流音段长短，是不确定的、多变的、复杂的，体现了真实言语的繁杂性。

　　沈家煊（2017：15）提出汉语大语法观，认为不同于英语的语法和韵律通过横向模块之间的界面保持联系，汉语的语音、语法、语义三个层面是通过纵向层面之间投射对应关系保持联系。如下图 1.12。

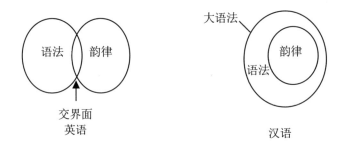

图 1.12　英语和汉语的"韵律语法"
（沈家煊，2017：3）

　　图 1.12 表明，英语的语法和韵律相对独立，有一个交界面（interface）将二者联系在一起，因此语法和韵律存在交互作用。而汉语的语法是"大语法"，韵律本身隶属于"大语法"，是（大）语法的一个子集。

　　此外，周韧（2018：110）指出"汉语非轻声词汇并不具备语言学意义上的词重音"。许希明（2020：47）将汉语构词成句中某个或某些音节的突显视为声调语音系统中的"破碎模式"，并指出"声调作为汉语节奏的内部系统，绝不会因为某些载调音节的趋强或趋弱而演变为一种重音语言"等。

以上都可视为"中律中用"中具有代表性的观点。

秦祖宣、马秋武（2016：111）认为韵律层级观大致可分为两类：韵律层级共性观和韵律层级类型观。前者认为人类所有语言具有一个相同韵律层级，后者否认人类语言具有相同的韵律层级。"英律中用"属于韵律层级共性观，而"中律中用"则属于韵律层级类型观。"英律中用"体现了汉语语音学家致力于将汉语纳入韵律普遍类型学的努力，"中律中用"强调了汉语韵律学应建立在汉语自身语音特点的必要性，二者的思考和探索以及二者相互之间的交锋都对汉语韵律音系学的发展和多维度的考量起到了促进作用（郭嘉，2023b）。

1.3.3　汉语韵律音系学研究的挑战及展望

1.3.3.1　汉语韵律音系学研究的挑战

借鉴了英语韵律音系深层机制研究理论的汉语韵律音系研究在两个方面遇到了挑战：一是理论层级的构建，二是韵律单位的确定。其中，后者直接影响到了前者，从而导致受制于英语韵律音系研究的结构分析，无法有效地脱离出来，难以形成自身的韵律音系研究体系。如果汉语与英语两者之间韵律音系结构的深层机制没有梳理清楚，将会对汉语以及汉语方言的韵律音系研究造成偏离。如上所述，"一字一音一义"的汉语中是否有词重音，即汉语韵律音系结构深层机制中是否有英语词重音中轻重交替的基本韵律单位音步，在汉语韵律研究中历经了从无到有，再到被质疑的过程，体现了汉语韵律音系学的发展。目前关于汉语韵律音系类型的争论可以帮助我们从多方面审视汉语韵律的音系结构。

如1.3.2.1和1.3.2.2所述，"英律中用"和"中律中用"之间争论的焦点在于汉语是否是重音语言，即汉语是否有词重音，词层面是否有轻重交替的音步这一层级。作为英语音系学研究的重点，重音是英语韵律学研究的重要超音段语音表征之一。克里斯特尔（2004：337）的《现代语言学词典》对重音的解释为在语音上"用力发出一个音节"，同时对重读音节和非重读音节进行了明确区分，"前者比后者突显（记音时在上角加短竖线标记[']）"。很显然，克里斯特尔此处定义的重音是词重音，其首要任务是标记语音突显，并有自身的符号标记系统，便于区分和习得。同时，英语的词重音具有相对性，是相邻音节之间的相对语音突显。

　　而以声调为语音特征的"一字一音一义"的汉语中是否有重音，即汉语韵律音系结构深层机制中是否有音步，是当前汉语韵律音系学争论的焦点。

　　王志洁、冯胜利（2006：19）通过大量的语料研究表明，"带调左重组同无调轻声词同时体现北京话最小单位的词汇重音"。而高名凯、石安石（1987：68）则认为汉语没有词重音，刘现强（2007b：59）认为汉语重音只是在语用层面，即信息层面起作用，与词汇义没有直接关系。

　　值得注意的是，虽然音步在汉语韵律深层结构中并没有被完全确认，但是目前大多数学者很自然地接受了汉语韵律音系中存在着类似于重音标记的音步这一深层机制。吴为善（2003）、王洪君（2004）认同汉语中音步这一层级。赵永刚（2018：38）把汉语的韵律层级结构分为凸显和不凸显两类，前者包括音节、韵律词、音系短语、语调短语和话语，后者包括韵素、音步和黏附组。杨国文（2016：37-38）认为汉语音步基于音节数目不同，英语的音步基于重音，但杨国文（2021：88）中没有采用音步这一层级，认为汉语韵律单位层级的构成为音节—韵律词—韵律短语—语调短语。而张洪明（2014）、周韧（2018）等则不认同音步在汉语韵律音系中的存在。这些争论有助于帮助我们更好地审视汉语韵律的音系结构。

更为重要的是，英语的多音节词中，每一个音节不一定都有意义，词重音按照一定规律落在某个音节上。而汉语的每一个音节都有意义。端木三（2014）划分重音语言是根据句法（如动宾结构等）来划分，并且提出韵律句法中汉语的重音与句法结构紧密相关，脱离句法，重音无法独立存在；而英语的重音整体是独立于句法和语义之外的。由此可见，无论是语音事实，还是理论层面，目前将汉语规划为重音语言都缺乏足够依据。

1.3.3.2　汉语韵律音系学研究的展望

如上所述，如何有效地对英语（重音语言）和汉语（声调语言）进行对比分析，从而有力地推动汉语韵律音系学研究的发展，是现今汉语韵律音系研究面临的挑战和难题。杨军、张娜等（2010：22）指出由于英汉语音系层级不一致，韵律句法映射的英汉对比研究首先需要找到一个可以展开比较的音系层面。本书认同该观点，认为首先必须寻找到英语和汉语的可以进行比较的维度，这样才能更为客观地探讨汉语韵律音系学的相关问题。

人类发音所遵循的两个基本原则——省力原则和经济原则，从根本上就决定了人类说话时不会一直以同样的力度发出声音（很快就会声带疲惫），也不会一直喃喃低语（言语双方会听不清楚）。因此轻重交替（无论是词层面的还是句层面的）是人类发音的共性，只是不同语言中轻重交替的频率和相对程度各有不同。那么是否只要一种语言的韵律音系深层机制中存在着轻重交替，就可以等同于这种语言属于重音语言呢？研究表明，二者没有必然的逻辑关系。因为虽然都表现为语音层面的重音和相关声学参量的突显（如音高提升，调域拓展，音强加强和时长延长等），词层面的重音和句层面的重读是属于不同的研究范畴。前者是形式语言学研究的内容，与语言自身特征相关；后者是功能语用学研究的内容，与语言的使用者相关。由于词重音不一定是每个语言都有的特征，但是基于语调层面的句重音却是语言的共性，而句重音和语调息息相关，因此将英汉两种语言的韵律音系置于大音系的维度进行比较，更具有可行性。

许希明、沈家煊（2016：643-656）从语用的功能角度出发，认为重音和声调同属音系内部的同一音层，它们都受制于较高音层重读的控制，因此汉语属声调重读型语言，而英语属重音重读型语言。该研究指出重音和多音词是英语音系的内部属性，而声调和单音字是汉语音系的内部属性，重读是两种语言的外部证据和共性特征。2019 年由剑桥大学出版的《词重音和重读研究》论文集中（Goedemans etal, 2019），从语音声学分析的角度建议采用语音"突显"来避免重音和重读的混淆和冲突。

赵永刚（2016：28）指出汉语韵律结构的接口研究需要结合最新的理论成果，对汉语普通话和各方言等方面的语料加以分析，并对人类语言机能的合理性和普遍性提出充分的解释。正如前面提到的，因为受声调的影响，"大波浪加小波浪"的声调与语调关系的研究在汉语语音研究中早于汉语韵律音系学的研究，由此汉语韵律音系的功能研究先于形式研究，并或多或少影响到了汉语韵律音系学的研究，使得汉语韵律音系中的重音现象和重读现象混淆在一起，难以区分，从而导致汉语韵律音系学产生了相关术语的争论。从汉语自身的语音特征出发，避开重音的讨论，而从重读的视角展开研究，也许是解决汉语韵律音系学当前问题的较好的研究思路和方法。

本书第 1 章介绍了英语韵律音系学对汉语韵律音系学的影响，同时基于韵律层级共性观和韵律层级类型观，将目前汉语韵律音系研究归纳为"英律中用"和"中律中用"两种研究视角。"英律中用"视角以英语韵律音系学的研究为基础，直接套用或借用其相关术语和表述，描述汉语的韵律成分以及韵律特征，认同重音在汉语韵律音系中的重要性，致力于将汉语纳入普遍重音类型学的研究范畴，而忽略了声调在汉语中的重要性。由于"英律中用"并没有从汉语的韵律成分来界定汉语的音系现象而遭到了质疑，促进了"中律中用"研究视角的发展，重视汉语语音特点，尝试建立汉语自身的韵律层级。但因为"中律中用"研究视角并没有更为有效地对重音和重读进行系统性分析，因此需要进一步的找到更好的研究的突破点。

　　基于对汉语韵律音系学理论源流较为全面的阐释，本书提出汉语韵律音系的后续研究需要找到与英语韵律音系结构可比较的维度，将两种不同音系类型的语言放在同一维度进行比较，才能更好地构建汉语韵律音系结构。相关内容将在第 2 章、第 3 章进一步阐述。

第二章 英语重音和汉语声调的相关研究

第1章主要介绍了国外音系学及韵律音系学的发展，以及汉语韵律音系学的发展和遇到的挑战，相关讨论主要集中在汉语是否有音步，即作为典型声调语言的汉语是否有类似于英语这样的词重音，汉语是否属于重音语言，亦或如何理解重音语言。既然在传统观点中原本属于不同语音属性的重音和声调在近些年的研究中频频放在一起讨论，必然有其背后潜在的原因，需要我们进一步去思考和探索。因此有必要对英语的重音和汉语的声调的起源、发展和流变展开深入探讨。第1章介绍了本书大的研究背景，第2章将聚焦于英语和汉语各自具有代表性的语音特征——重音和声调。由于汉语韵律音系学深受英语韵律音系学的影响，那么作为英语节律音系学和英语韵律音系学重要的特征之一，英语的重音研究必然影响着汉语韵律音系学的发展。因此第2章更多侧重对英语重音（词重音、句重音以及二者之间的关系）的介绍，汉语主要做了声调概述、实验分析的两个基本维度，以及汉语声调与英语重音异同的相关讨论。

2.1 英语重音

重音是节律音系学和韵律音系学研究的重要超音段语音表征之一，是英语语音学和音系学研究的重点。Roach（2007：85）认为重音是指发重读音节时比发非重读音节时，肌肉更加用力，且比非重读音节听感上更为突显。虽然肌肉具体用力的情况难以测量，但整体表现为经由肺部发出的气流更为活跃，导致声门下压力更大。周韧（2021：3）指出重音通常指在发音时，用力发出某个音节，帮助该音节在听感上更为突显。张吉生（2021b：43）表明重音是指一个音高或音强或时长的突显形式落在某个音节上，承载重音的音节叫重读音节，而不承载重音的音节叫非重读音节。

语言学家对重音的研究源于对诗歌节律的研究。早在文艺复兴时代，莎士比亚著名的十四行诗便由抑扬格（前弱后强的两个音节构成一个音步）构成。刘现强（2007a：13-15）指出，英语曾出现过三种"节奏观"，分别是音量观、重音观（非时间观）和时间观。其中，重音观认为重音是英语节奏的主要特征，这一观点在后来的研究过程中逐步得到印证和确立。王洪君（2008：115）指出节律学一直是西方传统诗学研究的重点。诗歌节律中提出的音步、抑扬格、扬抑格等术语对英语重音研究深有启发。但正因为英语重音多源于诗歌，因此词层面的重音和句层面的重音自一开始就彼此影响，相互混淆，这不利于英语重音研究的进一步发展，更为跨语言的重音研究带来争议。

重音通常可分为句重音和词重音（许高渝、王之光，2002：53）。由于国际上的重音研究，以及与重音紧密相关的韵律研究，主要基于英语重音的研究，因此有必要对英语词重音和句重音研究的缘起与发展进行梳理，并找到厘清二者具体研究内容的可行方法。

2.1.1　英语词重音的研究流变

重音作为语音概念的出现，最早出现在由多音节构成的语言中（如英语、法语、俄语等）。作为典型的重音语言，英语的重音研究对其他语言的研究产生了深远的影响。同时，音节作为重音的基本单位，对于英语重音的研究至关重要。但对音节重要性的确立并非一蹴而就。伴随着音节作为英语音系基本单位的确定、否定、再肯定的过程，音节以及其承载的重音概念才逐渐在英语语音学以及音系研究中达成共识，并带动了重音类型研究的发展。

2.1.1.1　英语词重音研究的初期阶段：词重音的单向性研究

英国著名语音学家 Daniel Jones 是系统性研究英语重音的先驱之一。在其《英语语音学纲要》(第 9 版，1975) 一书中，重音被表述为发一个音或音节时所需要的力度。该书将词重音分为主重音、次重音和非重读音节，并给出了一些英语合成词以及一些带有词缀的词的重音规律。而音节，作为重音的基本语音单位，在英语语音系统的形成阶段，得到了语音学家的认可。

在语音学作为一门学科进行系统性研究的初期阶段，有两家学派对英语重音的研究做出了重要贡献。一是以研究音位学为基础的美国描写结构主义，该学派侧重于语音形式，将语音和句法隔离开来，又被称为自主音位学 (见绪论和 1.1)。二是以 Chomsky 为代表的生成音系学，该学派认为语音和语法相对独立但又彼此关联。Chomsky & Halle (1968) 认为语音不能脱离于语法自主独立存在，并从语法和音段配列两个维度入手，探索英语词重音的基本规律：如根据语法构词，将单纯动词、形容词的重音位置归为一类，名词、派生词归为另一类等；同时根据音质音段在音流中的配列，区分轻重音段 (短元音 V 为轻音段，长元音 VV 以及复合元音 VC 为重音段) (王洪君，2008：17-18)。尽管这两家学派在理念上分歧较大，但是均否定了音节在重音中的重要性，而是以词、词首音丛、词尾音丛、元音、辅音等概念为基础，将重音看作语音流中元音、辅音的配列，"即由长度相当于音位的音段所组成的配列流" (王洪君，2008：19)。英语的词重音可表达为强音丛-VVC 或弱音丛-VC 等。整体而言，英语的词重音分为 4

级（主重音、次重音、再次重音、弱重音）[①]（克里斯特尔，2004：
338）。由于生成音系学对于重音的多值特征的描写，以及相关规
则的设定，导致重音分析过程过于繁琐（赵忠德、马秋武，2011）。
生成音系学用特定矩阵片段（即音段，segment）代替音位，音位
对立主要表现为语素底层表达的不同（胡伟、李兵，2018：680）。
无论是早期基于音节的重音研究，还是后来基于元音和辅音的音
段配列，主要侧重于从线性层面探讨音段与音段之间的关系。以
形式化的规则进行推导，并归纳普遍性特征。这种研究视角忽略
了音节的重要作用，本质上是以元音为主的一种单向划分和分析。
如上所述，整体而言，在 SPE 时期，重音被看成附属于音段的
成分。

2.1.1.2　英语词重音研究的发展：词重音的相对性研究

生成音系学发展到后期，其理论模式难以涵盖繁杂的语言事
实，其中也包括重音方面的规律。音节的重要性再一次突显。以
音节为语音单位，可以涵盖元音和辅音的各种配列，有利于对细
琐的语音事实进行描述和分析。Kahn（1976）和 Kenstowicz（1994）
均肯定了音节在音系学研究中的重要地位。对音节重要性的肯定
有力地推动了重音研究的发展。由此，从生成音系学把音流看作
单一线性结构（元音和辅音的线性配列）发展成多条线性结构（如
声调自成一线、重音自成一线、鼻音自成一线等），后来统称为非
线性音系学，以便和生成音系学提出的线性音系学更好地加以
区分。

非线性音系学中的节律音系学提出了基于音节的音步重音
类型。张洪明（2014：308）阐述了词内音节与音步的关系，认为
音节"是重音语言中组成词内音步的单位，有内部的直接成分结

[①] Roach（2007:87-88）认为分为主重音、次重音和非重读音节就可以，虽然可能有第
4 层级，但不用分得过细。

构"。节律音系学认为重音独立于音段成分之外，遵循独立的运作规律。音步具有二分的性质，是由强弱交替组成的语音联系，构成一种节律单位，称之为"节律音步"（metrical foot），简称为"音步"（周韧，2021：5）。音步的图示如下。

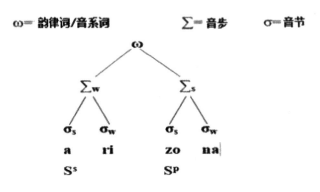

图 2.1　单词 *àrizóna* 的节律树形图
（参见黄小萍，2002：60）

许希明（2020：92）指出音步是英语重音研究的重要研究成果，"一个节律音步只能指派一个重音，它以词重音为基础"。许希明（2021：653）探讨了重音与重音节和轻音节的关系，认为重音与重音节不是等同关系，而是匹配关系，重音与轻音节不是固化关系，而是动态关系。张吉生（2022：124）认为英语词重音体现为一个形态词"必须有一个，最多也只有一个音节具有最高的节律突显"。音步确定了重音的二元性（轻与重的对立）和相对性（轻与重只是相对的概念）。重音和音步紧密相连，互为依存。

对于英语的单音节词，音系学研究也倾向于在单音节的底层增设一个空位的轻音，形成轻重交替。这为韵律音系学中莫拉概念（mora，音节以下的轻重对立）的提出奠定了基础，同时推动了节律音系学以及重音类型研究的发展。其中最具代表的研究是 Liberman（1975）提出的节律树和 Liberman & Prince（1977）提出的节律栅。

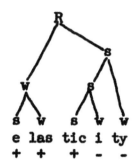

图 2.2　节律树
（Liberman，1975：225）

图 2.2 中，符号"+"表示对重音成分的承载，"–"表示轻音。树形图中自下而上 s 最多的是一级重音。王洪君（2008：118）指出"节律树模式揭示了独立于音质成分外的节律结构—多层次的轻重对比。但树形图中节奏单位的界限、主重音的位置等都不够直观"。因此，目前多采用节律栅，如下图 2.3。

```
                        *                   2行
( .      )        *    .        *    . )         1行
( *  ) ( *     * ) ( *    * ) < * >         0行
  o   r   i   g   i   n   a   l   i   t   y
```

图 2.3　节律栅①
（参见王洪君，2008：118）

图 2.3 中，0 行是重音承载单位（Stress Bearing Unit，简称 SBU），第 1 行是音步层，第 2 行是词层（周韧，2021：5）。不同于图 2.2 的是，图 2.3 中不仅仅采用*符号表示对重音成分的承载，同时用.符号表示轻音，这样相邻*和.交替就形成了重和轻的交

---

① 节律栅的很多符号是在后面的研究中逐步添加完善而成。（赵忠德、马秋武，2011：258；张洪明，2014：314；周韧，2021：5 等）

替，从而更好地体现了重音的相对性，以及英语重音轻重交替的音步层级。此外（）表示节奏单元边界，<>表示节律外成分，上下不同的行表示不同的节律层级。节律栅能一目了然地看出横向的轻重交替和纵向的节律层级，以及具体的节律单位的分布，且具有拓展性，可以与某些参数配合，表达不同语言的节律结构（王洪君，2008：118），例如按照先强后弱，就是左重型重音类型，即扬抑格（trochee）；按照先弱后强，就是右重型重音类型，即抑扬型（iamb）。

由于音步的基本概念是最小的轻重交替，例如英语的双音节词由轻重两个音节构成，自成一个音步。同时，很多关于音步分析的例子也多以英语词重音为基础，例如有界音步的划分（王洪君：2008：119）。节律重音是在词重音的基础上发展而来，音步是英语词重音以及节律重音的重要组成部分，同时也是韵律构词中重要的基本单位（见绪论表 0.1），因此本章节把英语音步的发展放在了词重音研究部分进行介绍。

非线性音系学在重音研究中意义深远。节律栅以及音步概念的提出，有利于语音从底层到表层语音韵律层级的构建，同时开启了以参数描写语音的方式，促使重音类型研究蓬勃发展。另一方面，超音段重音研究逐步引起学界的关注，除重音的词汇意义之外，学界也越来越多地关注到重音的语用功能，即实际交流过程中的语音强调意图。

2.1.1.3　重音类型学研究的兴起：重音的普通语言学意义

传统语音学多将重音语言的类型进行二分：自由重音（free stress）语言和固定重音（fixed stress）语言，这种分类的依据主要基于词重音是否有规律可循。例如英语的重音并非总是落在固定的位置上，词首、词中和词尾的音节均可指派重音，因此被称为"自由重音"；同时，英语重音位置的变化可以改变词的组合性质，具有区分词义的区别性意义。而法语和土耳其语中主重音通常落在最后一个音节上，捷克语、芬兰语主重音落通常在第一个音节上，斯瓦希里语主重音通常落在倒数第二个音节上，因此这些语言属于固定重音语言。

非线性音系学对音步的确立，促进了重音类型研究的多元发展。作为节律音系学的重要代表人物，Hayes（1980）指出不同的语言可以有不同的重音系统，主要由以下几条参数决定：（1）音步是左重（left dominant）还是右重（right dominant）；（2）主重音位置是否与词界有关；（3）在主重音位置与词界有关的重音系统中，主重音是位于词的左边界还是右边界；（4）在主重音位置与词界相关的重音系统中，音步的构建对音节轻重是否敏感（参见杨彩梅，2008：39-40）。Hayes 的重音参数理论对节律音系学的影响巨大。例如 Jensen（1993：92）进一步指出英语重音的主要参量包括（1）英语重音音步最多两分；（2）英语重音音步表现为左重，只有词末音节音量敏感；（3）英语重音音步结构的方向是从右至左；（4）英语词的树形图为右分支，只有在分支存在的情形下表现为强。周韧（2021：7）进一步将 Hayes 的四个属性表述为（1）音步是左重还是右重；（2）音步是从左至右还是从右至左；（3）音节重量敏感还是音节重量不敏感；（4）有界还是无界。此外，Hyman（2014：61）归纳了 9 个词重音的特征，其中必要性（每个词必须有主重音）、唯一性（每个词只有一个主重音）和边沿性（词重音应该靠近词界）具有普遍性（张吉生 2021b：44）。现今，重音类型学致力于在普遍语言学层面对尽可能多的语言进行重音类型分析。

Altmann（2006）"重音类型模型"（Stress Typology Model），将语言分为重音语言和非重音语言，并将英语划分为重音语言中的重音不可预测语言，而汉语被划分为非重音语言中音高层级下面分属的声调语言。

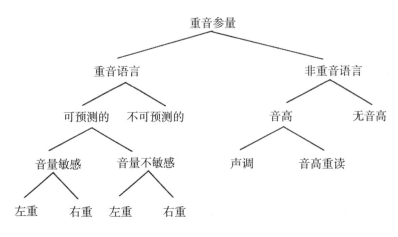

图 2.4   重音类型
（Altman，2006：31 ）

图 2.4 中，Altmann & Vogel 首先构建的是以重音参量为标准的大框架，然后以重音为标准，分为重音语言和非重音语言。其中，重音语言内部按照重音是否可预测进行划分，而非重音语言内部按照是否是音高语言来划分，分类的标准虽然不在同一范畴，但显示出致力于将不同的语言归为同一语言体系的尝试。重音是否可测，亦或是否敏感，逐渐成为重音类型学研究的主要领域。

Hyman[①]（2009：213-238）基于属性驱动（property-driven）探讨"词—韵律"音系类型系统，将重音原型和声调原型作为该系统的两端，而位于二者之间的系统中间阶段是混杂的、难以界定的或尚未确定的语言类型，并指出不存在凭借单一的线性维度就能确定的韵律系统的连续统。

---

① Hyman（2009）同时探讨了"音高—重音"语言是否存在，并认为"音高—重音"语言不是一种语言的原型，而有可能是"词—韵律"系统中的中间阶段。由于本书关注的是汉英对比，没有对"音高—重音"语言进行探讨。

a. 连续统

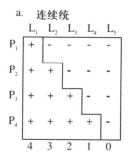

图 2.5-a　语言类型多维连续统（Ⅰ）

（Hyman，2009：232）

b. 决定-选择

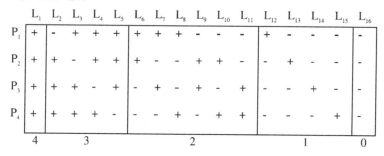

图 2.5-b　语言类型多维连续统（Ⅱ）

（Hyman，2009：232）

图 2.5-a 中 P_1-P_4 大体体现了重音的四个属性（强制性 obligatoriness、终极性 culminativity、个体性 privativity、节律性 metricality），L_1 代表最接近重音语言，以此类推。根据重音的四个属性，将语言是否属于重音语言进行等级排序。如果四个属性彼此独立，就需要采用图 2.5-b 中的"决定-选择（pick-and-choose）"过程，进行不同的组合。

Hyman 基于属性驱动进行的"词—韵律"二分，对于跨语言研究影响较大，也是本书决定将孤立词的分析作为跨语言韵律层级对比分析的（见 3.2、3.3、第 4 章、第 5 章）理论依据之一。

Gordon（2002）在优选论的基础之上，采用节奏栅进行制约，将语言大体分为固定重音语言（language with fixed stress）、两个交替重音语言和三个交替重音语言。并根据对音量的敏感程度，对多种语言的重音类型进行了重音因子类型（factorial typology）分类，将重音系统分为重音敏感型系统（weight-sensitive systems）、重音不敏感系统（weight-insensitive systems）和词汇以及形态层面的重音系统（Gordon，2016），可以归纳如下图 2.6。

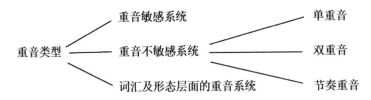

图 2.6 Gordon 重音系统分类
（参见 Gordon，2016：175-214）

近些年，基于莫拉对语言重量敏感类型的探讨越来越深入。Ryan（2019）探讨重音的范畴化和连续性，将语言整体分为以音节为主的语言，以莫拉为主的语言和位于音节—莫拉语言之间的连续统，见下图 2.7。

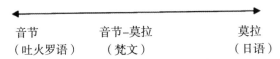

图 2.7   重量敏感类型区间
（Ryan，2019：138）

Ryan 基于重量敏感的程度，将语言划分为连续统，纯音节语言和纯莫拉语言位于连续统的最两段，中间的语言或朝音节语言靠拢，或朝莫拉语言靠拢。

由莱顿大学的 Rob Goedemans、特拉华大学的 Jeffrey Heinze 以及康涅狄格大学的 Harry van der Hulst 创立并维护的重音类型数据库 Stress Type 2（ST2）则是国际上重音研究的集大成者，收录了近 700 种语言的重音及重读类型，几乎涵盖了世界上所有语言的大类型，无论是从语言记录，语音类型研究，还是习得研究都极有参考意义，体现了最新的重音研究成果和前景（郭嘉等，2020：96-103）。

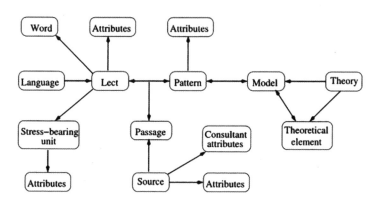

图 2.8　ST2 数据关系结构图[①]
（郭嘉等，2020：101）

2.1.2　英语句重音的研究流变

非线性音系学的发展不仅有助于拟构语音的内在结构，同时将语音与句法和语用联系起来，推动了句重音研究的进一步发展。

句重音是指句子中被强调的部分，它在不改变词义的情况下提高了其突显程度（Lehiste，1970：150）。英语句重音研究并不晚于英语词重音研究。很多英语重音的研究始于 16、17 世纪的公众演讲，侧重于语用层面的语音重读（Cruttenden，2002）。早在

[①] 本书中大多数英文文献的图均翻译为汉语或英汉对照。但因为 ST2 涉及到语言编码等方面的内容，故保留了英语，有利于读者更好理解。

20 世纪初，Jones 在他著名的著作《英语语音学纲要》(*An Outline of English Phonetics*) 中提出了句重音位置的一般规律和若干例外规律 (参见 Jones，1975：262-273)。生成音系学最早的研究也多涉及句重音，Chomsky & Halle 提出"复合词左重，词组和句子右重"以及"重音碰撞规则"等，将英语的句子按词重音以及句重音的规则，划分出不同的重音等级，以符合说话人的语感 (王洪君，2008：12-13)。端木三 (2007：3-4) 将 Chomsky & Halle 的"复合词重音规则"和"主重音规则"合并为"辅重规则 (Non-head Stress)"。

Chomsky et al (1956) 在《英语的重音与音渡》(*On Accent and Juncture in English*) 一书中指出英语的句重音是在词重音基础之上的轻重对比，从深层看只有重/非重两级对立 (王洪君，2008：11)，体现了句重音的相对性。Cruttenden (2002：18) 提出了句重音的四个等级：(1) 音高突显程度最高的主重音；(2) 音高突显程度第二的次重音；(3) 通过长度和响度来突显的第三重音；(4) 非重读音节。

王洪君 (2008：258) 指出韵律层级中的语调段主要表现为句重音和语调两个方面。因为语调涉及到更多言语以外的因素，不是本书研究的内容。本书将集中讨论句重音，以便和词层面的语音表现对应。冉启斌、段文君等 (2013：52-61) 指出，传统意义上的句重音是与词重音相对应的重音表达形式，是在交际中说话者为了强调言语的某一部分，而对该部分进行了语音上的强调。可见，虽然词重音和句重音都关注语音的强调，但二者的起源、发展、研究内容均有很大的不同。

整体而言，句重音的发展得益于功能语言学以及焦点信息理论的发展，是韵律音系学、句法学和语用学的交界。

2.1.2.1　句重音的语用表现：功能重音的信息分布场

在 1.3.3.2 中已经提到，人类发音所遵循的两个基本原则——

省力原则和经济原则，从根本上就决定了人类说话时不会一直以同样的力度发出重音。轻重交替是人类发音的共性，只是不同语言中或者不同的交际环境中，轻重交替的频率和相对程度各有不同。

功能语言学一直致力于将理论语言学的内容和社会语言学（或语用学）内容相结合。早期功能语言学研究主要包括布拉格学派、哥本哈根学派和伦敦学派，这三大学派基于 Saussure 的音位理念展开研究。其中，以 Jacobsen 为代表的布拉格学派建立了结构主义音位学，认为音位能区别意义，对后来的系统功能语言学的创始人 M.A.Halliday 产生了较为深远的影响。以 Louis Hjelmslev 为代表的哥本哈根学派，认为语言的本质是符号，最小单位是法素，类似于"音位"单位，因此该学派又被称为语符学派。在这三大学派中，伦敦学派对韵律音系的贡献最大，主要代表人物包括 J.R.Firth 和 M.A.Halliday 等，强调系统（system）和语境（context）的重要性（赵忠德、马秋武，2011：54）。作为伦敦学派创始人，Firth 的研究主要涉及语义学和音位学，并将二者结合起来，采用韵律分析的方法开创了功能韵律音系学①。Firth 打破了基于音位单位的传统意义上的语音描述，关注语言的多系统性维度，强调结构和系统的重要性，认为语言受到社会环境的影响，因此应该在一个更高的层级全面系统地描写语音材料，同时，发音单位横向组合（syntagmatic）和纵向聚合（paradigmatic）同等重要。"韵律分析的提出成为语音学界的一座里程碑"（赵忠德、马秋武，2011：58）。整体而言，功能韵律音系学将语言作为交际工具，研究语音完成各种交际功能的方式和途径。

---

① J.R.Firth 创立的韵律分析及韵律音系学观点虽新颖，但是并没能阐述清楚，在当时没有得到重视。但对后面的研究者启发甚大（赵忠德、马秋武，2011:57）。由于 Firth 的整个大的研究背景是基于功能学派，因此本书将 Firth 的韵律研究称之为功能韵律音系学，和后来的韵律音系学（见 1.1 和 1.2）相区分。

第一次世界大战之前，布拉格学派开创了"信息结构"的研究，并提出主位（theme，听话人已知部分）和述位（rheme，听话人未知部分）以保持句子的连贯性，后来发展为功能句子观（Functional Sentence Perspective）。从信息功能角度来看，句子主要由已知信息和新信息构成的信息结构组成（Bloor & Bloor，2001）。Firbas（1992）提出"交际动态度"，分析语言成分对推动交际所做贡献的程度，将句子成分视为传递言语信息的分布场，每个分布场都有自己的功能，因传递信息的重要程度的大小，每个分布场在口头表达中的韵律突显各有不同。因此，句重音更侧重言语的语用功能，从语音感知转化为交际传递。它不仅是言语的外在重要语音表征，也是表达信息的有效手段。陈倩、周卫京（2014：5）指出话语者之间传递的信息蕴藏在人与人交际的言谈之中，因此话语表达的方式是信息成功传递的关键所在。

功能句法学派另一个重要的贡献是焦点概念的提出。言语交际中的语音功能、句法功能以及语用功能逐渐结合起来。

2.1.2.2 句重音的语音表现：焦点重音的语音突显

随着语音学和音系学的发展，越来越多的研究表明，在言语交际中，根据交际方式和交际目的，语句中通常会有焦点存在，每一个焦点相当于功能句法学派的分布场，都带有特定信息的语言成分。在言语交际中，句子焦点借助语音形式得以实现。

"焦点"是说话者"在信息传递中最关注的信息"（克里斯特尔，2004：144）。焦点被认为携带新信息或强调信息的那部分话语，具有特殊的交际用途，帮助说话者和听话者之间更为有效地传递信息。作为语句的语义中心，焦点承载了说话者期望传达的核心内容，可以通过句法、语义以及语用等方面加以体现（贾媛、李爱军等，2008：54）。

Halliday（1967）和 Halliday & Greaves（2008）将"焦点"概念引入句法研究，并将主位和述位发展为"旧信息""新信息"，二者通过不同的语音手段来表现。其中的"新信息"与"焦点"的概念相近。焦点逐渐成为音系学、句法学、语音学、话语分析等各语言学科共同关注的话题。

　　根据不同的分类标准，焦点可以分为不同的类型。从形式上来说，依据焦点实现的句法单位的大小（焦点辖域），可以分为宽焦点（broad focus）和窄焦点（narrow focus）（Ladd，1980；Lambrecht，1994等）。当焦点位于整个句子时，通常被视为宽焦点，而当焦点位于单个词或某个音段时，则被视为窄焦点。Lambrecht（1994）进一步关注焦点的结构，根据不同的句法单位将焦点分为"谓语焦点、句子焦点和论元焦点"。徐烈炯、潘海华（2005）根据焦点话语突显性和认知对比性，将汉语焦点分为自然焦点[+突出-对比]、对比焦点[+突出+对比]和话题焦点[-突出+对比]。自然焦点通常情况下位于句末，和语序有着密切的关系，从焦点辖域来看，自然焦点可以归为宽焦点。对比焦点则可以位于句子中的任何位置，并借助语音手段来实现。而话题焦点往往用于话题的引入。后两种焦点通常强调句中的某个成分或者音段，多归为窄焦点。更多的国内外关于焦点研究的介绍，可以参阅李爱军、袁一（2019：1-4），尽管该篇论文以实验分析为主，但前面的文献综述部分从各个层面对焦点和针对焦点的实验分析进行了较为详细的分类介绍和阐述。

　　此外，还有根据焦点的宽窄和是否有标记性对焦点重音加以区分，宽焦点可被视为中立焦点、常规重音或普通重音，焦点投射范围大。窄焦点可被视为非中立焦点，包括对比重音、信息焦点重音等句中任何成分均可携带此重音，但焦点投射范围小（田方，2020：72）。这两种分类可以整体理解为宽焦点重音（无标记重音）—窄焦点重音（有标记重音），形成从最窄的（标记性最强的）到最宽的（标记性最弱的）焦点重音连续统（continuum）。本书第5章、第6章和第7章关于焦点重音的实验分析，采用了宽焦点和窄焦点进行对照分析。

　　焦点与语音的关系一直是研究的重点。焦点部分在语言交际中往往需要借助韵律因素的语音突显来完成。因此，焦点和重音虽分属不同的领域，前者是功能句法的一部分，后者属于韵律音系的研究范围，但将二者结合在一起，正好体现了句法和韵律的接口界面。从韵律－句法接口来研究焦点和重音，为信息的语义突显以及表达提供了新的解释。一个句子中的某些信息需要强调时，它就成了这个句子的核心，也是听感上最重要的部分，称之为"焦点重音"。如上所述，句子往往有一个焦点域，但焦点域中的元素并非都是重读的，焦点域中最突出的部分就是句子的焦点重音。早在研究句法时，Chomsky & Halle（1968）提出核心重音规则，通常句子的最后一个实义词承载了该句的核心重音，以及核心重音指派规则（NSR）。Bolinger（1972：633）指出在更大的语调模式中相对更为突显的重读强调的是言语信息而非语言结构，并提出"相对语义权重（relative semantic weight）"的观点，认为语音和情感的突显决定了语句的重音状况。Gussenhoven（1984：25）提出"语句重音分派规则"，指出如果一个焦点域中同时有谓语及其论元成分，那么重音就落在论元成分上。同时，Gussenhoven 将焦点定义为一个二元变量，可以将句子的全部或部分标记为[+焦点]，即所有句子都有焦点，并提出"焦点即重音（Focus-to-Accent）"理论，用音高重音来标记句子中在语音上最突显的部分（即焦点）。Zubizarreta（1998：38）基于前人的研究，进一步提出焦点韵律对应原则（Focus Prosody Correspondence Principle，简称FPCP），指出短语中焦点标记的组成部分（F-marked constituent）应包含该短语中节奏最突显的词。端木三（2007：7-8）提出"信息—重音原则（Information-Stress Principle）"，认为"信息量大的词有重音，信息量小的词无重音"（端木三，2014：299）。陈桦、王馨敏（2015：13）指出重音的重读规则主要包括实义词项重读、核心重音重读、新信息重读、对比特征重读，而这些重音的重读规则都适用于焦点重音。解宏、石锋（2019）分析了言语信息结构中的韵律编码。

王洪君（2008）指出音系研究不仅仅是研究韵律自身的单位和韵律标记，并强调要生成合乎语感的音流，离不开词汇、句法的作用。周韧（2021）指出韵律音系学中，韵律单位是音系和句法交叉接口界面的主要体现。目前，语音学领域普遍接受了"焦点—重音理论"，句法焦点的词或成分，会以音高重音的形式在口语中表现出来，形成焦点重音。

2.1.2.3　句重音的基本类型：基于语用的二分法

如上所述，句重音是不同于词重音的语音突显模式，是说话者为了交际而有意识地对某些句法成分进行语音强调。通常，句重音比词重音层级更高，包括与句法相关的常规重音，与语义相关的语义重音，与语用相关的焦点重音（王洪君 2008：273）。和词重音类型划分标准的复杂细化一样，句重音的分类也繁杂多样。基于语言自身的句法特征、发音者的意图和听者的感知，可以把句重音主要分为两类：自然重音（如原始重音、常规重音、语法重音等）和语用重音（逻辑重音、强调重音、感情重音、心理重音、语势重音、语义重音等）。

自然重音即常规重音，是指在没有上下文的情况下，句子中表现出来的重音结构，并且可以通过句法、音系或者节奏规则进行预测和解释，这种重音对语句意义的表达基本没有贡献。在自然重音中，全句重音多落在最后一个实词上面。王洪君（2008：274）认为常规重音是"无标记的短语重音和句重音"，这里的"无标记"是指说话人不特意强调句子的某个成分，也没有听话人已经预知的某些信息。自然重音与宽焦点重音一致，具有无标记性。

语用重音指重音指派受到说话人对语义和语境的理解，以及个人态度等主观因素的影响，并非总是落在固定位置上，因此不可预测。语用重音可以因为信息的重要程度或说话意图而加以削弱或迁移，并在听感上有明显的重读突显，从而使语句中各信息单元的重要程度得以确定。语用重音与窄焦点重音一致，具有标记性。

2.1.3　英语重音研究的发展：英语重音的二重性

2.1.3.1　英语重音二重性研究的必要性

2.1.1、2.1.2 分别从英语重音研究的起源及发展，词重音研究中音节重要地位的确定，以及句重音研究中焦点重音的语音突显等方面，对英语重音研究进行了梳理。以往的研究中多分别对词重音和句重音进行研究。但随着英语重音研究的发展，尤其是现代韵律音系学的发展和重音类型学研究的深入，有关词重音和句重音关联性的探讨逐步成为重音研究关注的内容。虽然词重音和句重音均表现为某个音段比相邻音段语音更为突显，但区分词义的词重音和实现交际功能的句重音却有着本质的不同。本书中所指的英语重音的二重性，主要侧重于词重音和句重音的关联性。

值得注意的是，英语词重音的研究和句重音的研究并非泾渭分明。相反，二者常有交集，不易区分。例如，英语诗歌中节奏重音的体现也是基于英语词重音的轻重交替特征，音步概念的提出不仅对单词以上的韵律层级产生影响，同时也对词内的相邻音节的关系产生制约。因此对两种重音加以区分，有利于厘清其不同的研究范畴。

首先，词重音和句重音的研究主体不同。英语词重音是英语语言本身附着的语音特征，是词内相邻音节的轻重关系。作为英语的固有属性，词重音是可以脱离个体使用者而单独存在的客观语言特征。由此，英语词重音的主要研究目标，是更为客观有效地对词重音进行描写和归类。句重音的发展历程截然不同。在研究句重音的过程中，对句重音进行客观语音描写只是一种手段，而对句重音的主观言语功能分析，才是主要目的。根据功能句子观和焦点重音理论，语言在使用过程中的特征之一，是语言使用者通过语言所展现出来的表现力。李洪儒（2018：6）指出"表现力是语言单位的性质之一，与情感评价范畴和人的情感表达密切联系"，从语言的哲学层面阐述了语言的客观性与言语的主观性之间的关系。词重音体现出语言的客观性，而句重音则是言语的主观表达和表现力的充分体现。词重音和句重音中的重音所指各有不同。

其次，研究者们发现对词重音和句重音中的"重音"术语的混用，会导致研究阐述不清，理解偏误。克里斯特尔（2004：337）从语音学层面对 stress 进行定义"语音学用来指用力发出一个音节"，重读音节比非重读音节语音更为突显，因此英语的词重音整体是二元并存的相对突显形式，即[+重，-轻]或者[-轻，+重]，词重音中的重音具有相对性，是相邻音节中的语音相对突显。而英语的句重音明显不同于词重音。克里斯特尔（2004：2）对 accent 的基本阐述之一是"使语流中的某个词或音节突出的强调方式。经常谈及的是重读的音/词/音节/短语/句子的重读模式"，因此 accent 更侧重于句重音。根据该定义，stress 以音节为语音承载单位，而 accent 的语音承载单位是任一音段，可以小至一个音位，大至整句话；accent 没有 stress 这类系统性的标注符号，句中焦点重音的语音突显取决于发音人的意图，是语言功能信息观中焦点所承载的语音突显，具有不确定性；同时，句重音虽然也表现为某个音段比相邻音段语音更为突显，但是并非是二元并存的形式。句中所重读的音段有可能和没有重读的音段形成对比焦点，也有可能和全句话做比较，凸显话语主题，甚至于全句话都重读，因此可以是一元、二元，甚至是多元的并存形式。正如王洪君（2008）指出英语中的句重音和焦点重音等特征，只能通过词重音实现，并且不会对词重音产生改变。

　　但很多时候，这两个术语在英语研究中并没有全然的加以区分。例如克里斯特尔也有互用的时候。虽然在语音层面将 stress 定义为词重音，但在音系学层面，克里斯特尔不仅采用 stress 表达句重音 sentence stress，以及节律音系学中的重音音步 stress-foot（克里斯特尔，2004：337-338），同时也从语音声学层面采用 accent 表述词重音 word accent。Cruttenden（2002）也并没有对 stress 和 accent 做更多的区分。这种互用（或者混用）在英语重音研究中尚且可行，因为英语句重音是建立在词重音基础之上。但在其他语言研究中，却带来了困扰和争议。例如，汉语中多将 "stress" 和 "accent" 都翻译为 "重音"，是导致汉语是否是重音语言的争论原因之一。王洪君（2004：22）将 accent 翻译为重征，但因为 "重征" 的表述较为模糊，采用的人不多。许希明、沈家煊（2016：643-656）指出 stress 为重音（词重音），accent 为重读（句重音），尝试对重音的二重性加以区分。

　　最后，是来自声学实验的支撑。声学仪器的使用有助于真正了解重音的语音属性。以往的研究中主要是对英语词重音和句重音分别进行研究分析，但是对二者之间 "重上加重" 的相关研究鲜有涉及。近几年随着实验语音学的发展，相关研究逐步出现。句重音和词重音都是英语韵律的重要组成部分，因此，有必要从词层面和句层面考察英语重音的二重性声学特征（见本书 3.3、5.3.3、5.4.3）。

2.1.3.2　英语重音二重性研究的展望

　　2.1.3.1 对英语词层面的重音和句层面的重读进行了区分，前者指较小的基本节律单位，而后者泛指较大的节奏单位。重音的基本特征大致可以概括为：（1）词内某一音节的突显；（2）具有语法和词汇意义；（3）具有底层标记，可以预测；（4）作为超音段音位，具有狭义上的抽象特征，受到重读的控制；（5）具有可分析的语音内容，与音强、音长和音质有直接关系，显示出词汇性质，但与音高有间接关系。重读的基本特征大致可以概括为：
（1）话语某一音节的突显；（2）体现话语成分中的突出焦点；（3）
具有语用功能；（4）不可预测；（5）作为超音段音位，具有广义
上的抽象特征，对重音有控制作用；（6）与音高密切相关，且与
重音的语音表征有叠加关系（参见许希明、沈家煊，2016：643-
656）。刘现强（2007b：58）表明，英语重音具有区别性特征，在
词汇、句法层面都能表现出来。

基于以上分析，研究从语音内部特征和外部环境，对英语词
重音和句重音加以比较，如下表 2.1。

表 2.1 英语词重音和句重音的比较

	语音内部特征						
	语音表征	稳定性	作用	预测	位置	标记	层级
词重音	词层突显	稳定	区别词义	可预测	相对固定	底层标记	单层级
句重音	词层突显 话语层突显	不稳定	强调语义	不可预测	不固定	底层标记 表层标记	单层级 多层级
	语音外在环境						
	语言范畴	语言指向	语言载体	主客观	语言宿主	存在状态	习得
词重音	形式语言	语言特征	孤立词	客观特点	与说话者无关	规则约束	可预判习得
句重音	功能语言	言语特征	语流音段	主观能动	与说话者相关	自主表达	不可预判习得

表 2.1 表明，无论从语音内部特征还是语音的外部环境，词
重音和句重音的语音特征差异甚大，句重音比词重音所涉及的范
围要广，两种重音之间既有交集又有区别。近几年，有学者开始
对重音的二重性进行探讨。主要表现为以下两种办法：第一种办

法是音系—语用的结合。如果要对英语的词重音和句重音进行词重音和句重读的区分，首先需要对英语词内相邻两个音节的轻重关系进行更为精确的描述，从而和语流音段的重读区分开来，但这并非易事。van Heuven（2019）采用（+S+A）、（+S-A）、（-S+A）和（-S-A）对 stress 和 accent 进行区分。在跨语言的研究中，同处于语音重读情况下的词层面语音特征和句层面的语音表现之间的区分尤为重要。Hyman（2009：213-238）基于"词—韵律"将世界的语言划分为带有词层节律结构的重音原型语言以及带有词层音高特征的声调原型语言，其中英语是词—重音语言，汉语是字—声调语言。英语前后音节轻重交替的音高语音表现和汉语前后音节音高调域宽窄交替有所不同。在韵律音系研究中，如何在句重音的大背景下有区别性地描写各自词内的语音特征，是目前研究的难点。句重音是人类言语的主观表达，因此具有语言的共性和普遍性。而词层面的音节特征是个体语言的客观语音特征。如何对这种特殊语音现象的二重性进行客观描述，是今后比较语音学研究的方向。

有的学者尝试着进行双重保留，即保留词层面的语音特征的同时也保持句层面的语音表现。许希明、沈家煊（2016）认为只有在重读（句重音）的层面才能对英语和汉语进行可比性分析，因此从音系角度和语用角度对这两种语言进行了二重性划分，将英语划分为重音重读语言，汉语归为声调重读语言。这样既保留了英语重音的二重性，同时也保留了汉语字调的音系特征，并能将这两种语言放在同一维度进行比较分析（见表 2.5）。

第二种方法是语音突显的声学分析。到目前为止，尽管重音和重读较好地帮助大家区分了词义的重音和语义的重读之间的关系，但尚没有从根本上解决问题。因为词重音本身也具备重读的语音特征，重读音节和非重读音节的表述也是大家惯用的区分英语词重音的一种方式。一些语言学家从语音声学和感知层面出发，提出语音"突显"的概念，尝试将二者结合起来。Hyman（2019：60-75）提议采用"positional prominence"分析带有声调的非洲语言，从而避免"stress-accent""pitch-accent""accent"或者"word accent"等概念的争议；许曦明（2008：15）采用"突出"，指出重音体现在重读音节相对的"突出"，"'突出'可以解释为比邻近的单词或音节用的气力较大，或者说，从肺部呼出的气流较强"。

英语词重音和句重读的异同，都表明英语重音具有二重性这一客观事实。伴随着现代语音学的发展，传统意义上的词重音和句重音需要更好地理解并加以区分，这对英语韵律研究、汉语韵律研究、语言类型学研究和二语习得研究均具有重要意义。

2.2　汉语声调

2.1 主要介绍了英语最为重要的语音特征重音以及英语重音的二重性。之所以将英语重音的介绍放在了汉语声调的前面，是因为如第 1 章所述，韵律音系学主要起源于英语，汉语韵律音系学受英语韵律音系学的影响颇深。而英语的韵律音系学又深受英语节律重音研究的影响，因此有必要先把英语的重音进行整体梳理，有利于更好地展开汉英的对比研究。

声调的研究涉及到方方面面，一直以来得到了广泛的关注，成果显著。关于声调的研究主要包括以下三个方面的内容，一是声调的演变，包括声调的起源、发展、声调与声韵母的脱离、以及连读变调等方面的内容；二是声调与语调的二分，即字调和句调的关系，以赵元任先生的"大波浪"和"小波浪"以及"橡皮筋"为代表，学界进行了大量的研究；三是汉语韵律层级结构的构建中，声调作为汉语的超音段特征所发挥的作用。根据绪论和第 1 章强调的基于韵律音系学的大音系概念，本书对声调的这三个方面都会有所涉及，例如根据研究，随着汉语单音节演变为双音节，乃至多音节的过程，声调有可能历经从无到有再到无的过程，而汉语也有可能从声调语言演变为非声调语言（徐世梁，2019a：38-39）；本书研究的是相邻音段与音段之间的音高声学表现，汉语音节与音节之间必然会涉及到连读变调的音高声学表征；句调，即语调，原本就是韵律层级的表层结构等。因涉及的内容过多，但篇幅有限，难以一一详细阐述。因此关于汉语声调的一些讨论将在后面实验分析的具体章节中展开，例如汉语声调连读变调的分析（4.4 等）；语调虽然也与句中的强调重音有关，但侧重的情感因素更多，不是本书研究的重点，本书将对焦点重音进行重点考察，见第 5 章、第 6 章。本章节中，2.2.1 对汉语声调简要概述，2.2.2 具体阐述汉语声调研究的两个基本声学维度，为后面章节的声学实验奠定基础。

2.2.1　汉语声调概述

声调是人类语言重要的语音特征，是承载于音节之上的超音段特征。世界上的声调语言主要分布在亚非二洲，其中汉藏语系里包含了大批声调语言（周流溪，1998：42）。张吉生（2021a：459-460）指出人类语言约有 60%-70%都是声调语言，主要分布在非洲和东南亚。不同的声调加在相同的音段上所表达的意思随之变化。潘悟云（2019：2）指出"人类语言中声调系统是最稳固的结构，很难借用"。

国内外关于声调的研究都经历了从边缘到主流的转变。后 SPE 时期声调的重要性日益突显。其中，Leben（1973）的《超音段音系学》（*Suprasegmental phonology*），强调声调的独立性。Goldsmith（1976）的《自主音段音系学》（*Autosegmental phonology*）指出声调与音段分属不同的音系层级，并将带有声调的音系成分称之载调单位（Tonebearing unit，简称 TBU）。声调与载调单位的连接主要体现在以下三点：

  a. 声调从左到右一对一地与 TBU 连接；

  b. 剩下的 TBU 与最后的一个声调连接；

  c. 剩下的声调与最后的一个 TBU 连接；（尹玉霞，2016：87）

  且不同的声调有各自的调型，主要包括 H（高平调）、L（低平调）、HL（升调）和降调，如下图 2.9 所示。

图 2.9　声调的基本调型
（尹玉霞，2016：87）

  由于有了音系单位，声调也从边缘、附属性研究迅速成为音系学研究的重要内容之一。关于非洲的声调和汉语声调的异同，可以进一步参阅王洪君（2008：222-247）和江荻（2011：73-80）。

  汉语的一个音节通常由三个部分组成：声母、韵母和声调。早期的中国音韵学研究，声调多附属于韵母。侍建国（1997：36）指出"古代韵图的结构，通常把声母列为横坐标，把韵腹连同韵头和声调列为纵坐标"。声调的重要性之所以在早期并没有得到足够的认识，与声调的历时演变有关。

  汉语声调的成因一直是汉语语音学家致力研究的课题。严学宭（1959：42）指出声调区别词义的功能是汉藏语系的共同特征，并根据现代汉藏语系的语音特征判断，原始汉语没有声调。松紧元音消失和声母清浊分化是声调产生的主要成因。江荻（2011：77）指出"东亚语言从无声调语言到有声调语言的过程，实际是放弃浊阻音特征并促使音高语法化和声调发生的过程"。

  中国古代没有声调的说法，采用的是"四声"（平、上、去、入）的说法，后赵元任先生将其统称为"声调"（赵元任，2007：

27-28；江荻，2011：74）。潘悟云（2019：1-17）从外因和内因进行分析，认为声调产生的外因是语素结构简化。东汉（25-220年）以后，人口流动频繁，导致音节简化为 CV[C] 的单音节结构，由于表义的语音手段减少，需要新的语音补偿手段，声调便是其中的语音补偿手段之一。到了隋朝（581-618 年）的时候，《切韵》中声调独立，与声母、韵母分立（刘俐李，2004：45）。而声调产生的内因取决于声母与韵尾的发声态。徐世梁（2019a，2019b）指出声调的合并与分化因时而异。平上去人四个独立声调的出现，最早可以追溯到南北朝时期（420-589 年）。后来因为声母的清浊，分为八个调，四声八调成为汉语方言最具代表的语音特征之一。与此同时， 随着词汇的多音节化，语素的组合承担了更多的表义功能，声调又向合并的方向发展。再后，清浊对立的消失导致了汉语声调的第二次分化，形成了现代汉语声调中的阴阳分调。

李永宏（2016：117）基于音位负担量的计算方法，对北京话①的音位功能负担展开研究，发现北京话声韵调三者的比例关系为 0.98：1：0.69，而音位的平均负担量的比例关系为 1.7：1：6.5，其中声调音位数量少，但平均负担量最高，声母次之，韵母最小。曹文（2018：113）指出汉语普通话有约 40 个韵母，20 多个声母，但是声调却只有 4 个，因此声调的功能负担最重。声调对于汉语语音和音系研究的重要性毋庸置疑。

不同的研究者从不同的角度对声调进行定义，Ladefoged（2015：265）认为声调是对词义产生影响的音高变化，强调了音高的变化状态。彭泽润（2006：97）指出声调语言中词的音高能够改变词的意义。徐丹（2017）认为声调是用音高区别词义。王余娟、黄贤军等（2021）指出声调承载于音节之上，主要表现为

---

① 李永宏（2016）中北京话韵母 38 个，声母 22 个，声调 4 个。

调型的不同，用于区别词汇意义等。整体而言，这些定义均体现了声调的两个基本特征，（1）声调是通过音高体现的，可以测得相关的调值；（2）声调具有区别词义的作用。与此同时，这些定义或理解具有普遍意义，例如可以用于非洲声调，也可以用于汉语这类东亚声调，表述一个较为广泛的概念。

赵元任先生认为汉语的字调是因为声带松紧，在一个字音持续发音过程中，元音的基本音高变化而形成的各种腔调（赵元任，2007：27-36）。陈保亚、严智（2019：38）认为以汉语为代表的声调语言主要体现为音节内部的音高变化。江荻（2011：74）认为汉语声调是一种应用于单音节语素或（词），能区别词汇意义的超音段要素，其物理属性为音高（单位时间内声带振动的频率），高调来自高频率，而低调则来自低频率，并总结如下，（1）声调附载于音节之上，每个音节都可能有固定的声调；（2）声调的高低和升降与音段音素密切关系；（3）声调的边界止于音节边界。这是目前对汉语的声调较为精准且详尽的定义。

2.2.2 汉语声调的两个基本声学维度

如何对汉语声调展开研究一直是汉语语音研究的重点。从前对声调的研究主要是调类的分析和描述，如古人最初称声调为"宫商角徵羽"（刘俐李，2004：45）。到了近代，对汉语声调的具体描述、分类以及赋值成为研究的重要内容。吴宗济（2008：167-168）对声调相关术语，如"调形""调型""调势""调域""调阈""过渡调""轻声""轻读""调符""本调"和"变调"等进行了界定。基于本书的研究内容，现将"调形"、"调型"、"调域"进行介绍。吴宗济（2008：167）认为作为语音描写的依据，调形是指"声调在语图上的曲线形状，指这些曲线的升、降、平、曲，起伏高低的形态"，属于语音范畴；而作为设定音系规则的依据，调型是指"由各个调形归纳出来的成规律的声调模式",属于音位范畴;调域则是"一个说话人的声调频率高低活动的范围",体现了声调音高的空间分布。熊子瑜(2008:976-982)从调类、调形和调值对汉语声调进行描述,认为汉语普通话有四个基本调类(阴平、阳平、上声和去声);调形即声调的形状,即平调、升调、曲折调和降调,体现的是音高的整体运动趋势;调值即声调的具体数值,分别为55、35、214和51,体现了音高的整体空间分布。调形和调值都受制于调类。根据以上阐述,调形是对声调音高的整体描述,可以小至单字调,也可以大至句子、段落,是对音高走势的大致描写。由于本书研究的主体是汉语普通话双音节词和三音节词作为孤立词和韵律词的音高声学表征,虽然也会考察调形的高低起伏的形态,但更侧重"声调模式"的调型研究,与此同时,调域和调值紧密相关,因为根据调值,可以测算出调域的大小。刘俐李(2004:46-54)将20世纪声调理论研究分为音高观、音位观、自主音段说、优选论等几个阶段,并强调调值研究是声调理论研究的基础。

汉语绝大多数音节都有固定的声调(即字调的调形),通常采用赵元任先生的五度值,包括阴平、阳平、上声和去声,且每个声调都有自己相应的调值55、35、215和51,以及相应的调形高平、高升、曲折调和高降调。如下图2.10所示:

图2.10中,汉语普通话五度值体现了声调的三个主要特征:(1)每个声调都有自己的具体调值(55、35、215和51);(2)每个声调都有自己的调形;(3)每个声调都有自己的调域,即在五度值里面空间分布的范围。在图2.10中我们可以看到,阴平是高平调,但调域窄(几乎肉眼看不到),阳平中升,自身的声调调域也较窄(2),上声虽然是曲折调,但由于是低降高升,因此自身的声调调域较宽(3),而去声高降,自身的声调调域宽(4)。

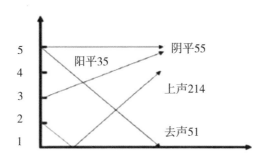

图 2.10 汉语普通话声调五度值

除了赵元任先生基于语音实验提出的五度值以外，国际上更多采用的是 H 和 L 值的音系赋值方式。张吉生（2022：159）指出当代音系学研究中，鉴于汉语的特殊性，有的研究添加了 M 值。并将赵元任先生的五度值和另外两种汉语赋值的方式进行了简要对比，见下表 2.2。

表 2.2　汉语声调特征赋值[①]
（张吉生，2022：159）

声调	a.赋值	b.赋值
阴平[55]	HH	H
阳平[35]	MH	LH
上声[21(4)]	ML	L
去声[51]	HL	HL

表 2.2 表明，赋值 a 和赋值 b 的不同主要体现在两个方面，（1）赋值 a 和五度值更接近，每一个声调采取两个值描述，而赋值 b 除了 LH 和 HL 这种对立明显的采用了两个值来表述，其他的阳平和上声都只采用了一个值；（2）赋值 a 中阳平和上声的声调起始值采用的是 M 值，而赋值 b 均采用了 L 值。因此，整体而

① 赋值 a 见 Chen（2000:24），赋值 b 见 Yip（2002:180）（参见张吉生，2022:159）

言，赋值 a 与实际调值更接近；赋值 b 更侧重声调的对立，更侧重声调结构的偶值性（张吉生，2022：159）。

Yip（2002：53）将汉语声调分为调域和调型两个维度进行赋值，见下图2.11：

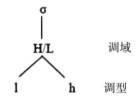

图 2.11　汉语声调特征赋值
（ Yip，2002：53，参见张吉生，2022：160 ）

图 2.11 中音节直接与调域相连（或者与阴调①H 相连，或者与阳调 L 相连），调域再与调型（包括[l]和[h]两个值）相连。Yip 的划分虽然简单，但体现了调域和调型两个维度。尽管音系层面的调域和实验分析的调域有所不同，但也有一定的关联性。王洪君（2008：233）指出阴阳域范畴可以有生理、物理或者感知方面的依据，也有系统意义的价值，统称为"调域"。

桥本万太郎（1985：84）强调声调调值研究的重要性。指出声调的基本声学表现是"音高的升降一沿着时间之轴线而发生的音高变化"，并以[（±）高]、[（±）降]作为声调调值考察的两个重要维度。其中[（±）高]被视为声调的音高特征，[（±）降]被视为声调音高的转换特征。桥本万太郎从声调音高波形图的角度出发，提出的声调考察的两个维度，为现代实验语音分析汉语声调奠定了基础。[（±）高]是声调的起止状态，是相对固定的音高值，[（±）降]是音高的动态变化，是声调内部或者相邻音节的相对升降动态变化，体现了声调的音高走势。刘俐李（2004：46）也指

---

① 通常阴调类是高调，阳调类是低调（王力，1983:4）

出声调音高的变化是滑动的，而非音阶音高的跳动变化。这种声调音高走势变化，在汉语双音节及以上的声调组合中尤为重要。因为汉语单音节字调虽然也有调值的高低起伏，但整体是相对固定的赋值。陈保亚、严智（2019：37）指出汉语的很多音高变化都发生在词层面上。王士元（1987）采用七对区别特征描写声调，与桥本万太郎的基本观念一致。七对区别特征包括曲、高、央、中、升、降、凸，其中"高、央、中"描写音高特征，"曲、升、降、凸"描写音高的动态变化。

王洪君（2008：230）进一步从两种维度对汉语声调进行描写，一是"区分单音高值的最小单位声调特征"，二是"区别意义作用的组合单位调型的模式"。所谓调型，是指"最小的、有区别意义作用的音高曲线"（王洪君，2008：225）。区分声调特征与调型两级单位，有利于对不同声调更好地展开分析（王洪君，2008：232）。叶军（2014：42）指出要研究汉语音节的音高，应该考虑高低和调型两方面。张吉生（2022：144）指出声调语言中的音高表现为不同调值和调型。

赵元任先生指出声调的平均曲线和范围是研究声调的主要内容，曲线是指音高的高低起伏，而范围则是指"不同声调之间和升降调内部的音高范围"（赵元任，2007：738），即音高调域。无论哪一种对汉语声调的赋值，基本上都是基于汉语声调五度值进行的分类。如上所述，汉语声调五度值整体可以快速、直观、准确地判断出每个声调的调形和调域，可以判断出一个声调的大致音高高低起伏和音高调域的宽窄变化。

石锋（2013）提出的语调格局中采用音高对汉语普通话语调进行分析时，关注音高"调型曲线的起伏格式及其所表现的各词调域本身的宽窄和相互之间的位置关系"（2013：79），并提出了音高起伏度的概念。石锋（2021）提出的韵律格局在音高起伏度的基础之上，进一步采用了调域比的相对化计算方法，以探讨相邻韵律单位的音高调域突显程度。音高起伏度描写相邻韵律单位的音高调型的高低起伏的相对突显差异，可以较为直观地观察到相邻音节的音高运动趋势；而音高调域比主要探讨相邻韵律单位音高分布范围的相对突显，可以量化相邻音节之间音高调域相对的差异程度。音高起伏度和音高调域比这两个维度整体涵盖了音高运动的横向发展和纵向拓展，适用于汉语和英语相邻音节的音高声学对比。更为重要的是，音高起伏度和音高调域比是从音高赫兹值转化为音高半音值，再转换为音高百分比的归一化值，从而能将汉语的声调音高和英语的重音音高放在同一量度（音高百分比）进行可行性比较。因此本书采用音高起伏度和音高调域比的计算方法，考察汉语和英语相邻音节之间音高起伏突显和音高调域突显的声学表征，并将这两种突显统称为音高突显模式。需要特别说明的是，音高高低起伏和音高调域宽窄变化并不是一分为二的，二者相互依存、彼此作用。在实验分析的时候，细分为两个维度，能更为具体地观察到差异性和相对性。关于音高突显模式的具体介绍见 3.5，具体计算方法见第 4 章和第 5 章。

2.3　关于英语重音与汉语声调的讨论

重音的研究最早始于英语这种"字音一体（通常看到字母就能读出音）"的印欧语系，因为这种语言中的词本身就是由一个或多个音节组成。单音节词中自然只有一个被重读的元音，多音节词则分成了重读音节、次重读音节、弱读等。与此同时，英语的重音不仅是读音的表现，同时还具有区别意义的特征，同样的一组音丛，如 present，主重音落在第一个音节的韵核还是第二个音节的韵核，意思各有不同。那么汉语是否存在英语这样的轻重音交替呢？作为"音字异体（通常看到字并不能读出音）"的象形文字，每个字均由一个音节构成，如"书 *shu1*"，该字不管你读得有多重或多轻，也不会改变这个字的基本意思，如要改变该音丛的意义，则需借助于声调，因此可以读作"熟 *shu2*"、"暑 *shu3*"和"树 *shu4*"等。随着西方重音以及节律研究的引入，重音这个概念逐渐出现在汉语韵律的研究中。因为汉语虽然是一字一音节，但是通常是以双音节词、三音节词、四音节词的形式出现，形成一系列的音丛，自然就会出现潜在的节奏交替。但这种节奏交替是否就是轻重交替，目前学界难以形成定论。

在传统语音学研究中，英语重音与汉语声调关联性并不大，分属于不同的语音类型。Saussure 的《普通语言学教程》从共时层面将人类语言分为"两极（三类）"，其中的"两极"分别是以汉语为代表的单音节孤立型语言，以及以英语为代表的多音节屈折型语言（何丹，2007：203）。Altmann（见图 2.4）明确将英语划分为重音语言，而汉语为非重音语言中的声调语言。Hyman（2009：215）指出重音和声调具有本质上的不同，重音是结构属性（structural property），其音节在节律层级中根据重轻相对关系排列（这种轻重的对立可以通过语音获得）；而声调是特征属性（featural property），体现的是音高的相对对立，具体见下表 2.3。

表 2.3　重音和声调特征比较
（参见 Hyman，2009：216 ）

	形式	功能	系统	音高负载	层级	作用域
重音	结构属性	对比	横向组合	音节	词	输出词
声调	特征属性	区别	纵向聚合	莫拉	底层表达	输入语素

值得注意的是，尽管声调和重音分布于不同的语言类型，具有"对立"性，但这种"对立"性并不证明二者没有"可比"性。比如在 Hyman 的连续统划分中，虽然将重音语言和声调语言视为"对立"的分布，其他各种语言依据其自身的韵律特点位于连续统

不同的位置，或者向声调语言靠拢，或者向重音语言靠拢，正是这种渐进的融合性，使声调和重音具备了某种相似性和可比性。因为连续统的划分必然是按照某种规则或者参量对这些语言进行划分和排列。这种可比性可以从语音和音系两个层面得以论证。

首先，英语重音和汉语声调均能区分词义，只是通常前者作用于两个及以上的多音节，而后者作用于单音节。在音系层面，黄良喜、黄颖思（2018：85-102）认同重音和声调具有相似性，主要体现在三个方面：（1）声调音高和重音都可能是深层标记的一部分；（2）提供最小韵律词的条件类似；（3）重音和声调均有扩展（spreading）现象。许希明（2020：前言）也指出英汉语音对比的音系基础是重音和声调，并认为二者是两种语言语音系统的"纲"，而语音微观则是"目"。

将汉语的声调和英语的重音更为紧密地联系在一起主要体现在声调的历时演变研究中。彭泽润（2006：114）认为随着声调数量的减少，以及声调的区别作用随着多音节词的增加而逐渐降低，最终可能演变成类似英语的轻重音类型。徐世梁（2019a：39）从汉语方言连读变调模式出发，认为因为汉语方言连读变调模式的程度比较高，导致单字调失去独立性，存在以后变成重音型语言的可能性。

以上的研究倾向于声调向重音靠拢。也有学者主张声调论，认为声调决定了重音。许希明（2019：71）根据汉语的声调在英语中被翻译成 tone，尝试将汉语的声调归为"狭义声调"，英语的音调①归为"广义声调"，并同时指出英语的声调/音调指多音节的音高变化，特指语调的一部分，是语调的替换词抑或分析单位。

在非线性音系学研究声调的过程中，曾提出了关于声调和重音关系的重要概念，即声调—重音连接律（Tone-Stress Alignment），

---

① 许希明（2019：71）把英文的 tone 理解为音调。

表明声调和重音虽属不同的系统，但彼此之间有对应关系，"声调必须和有重音的音节连接（边界调除外）"（端木三，2014：290）。这一观点也是认为汉语具有重音的重要依据之一。但由于非线性音系学研究的声调以非洲声调为主，江荻（2011：75-76）认为非洲声调更应被理解为非洲重调，在多音节中有某个或某几个音节突显，因而类似于英语的"重音"，不同于汉语的单音节声调。

张吉生（1994：56）指出，人类的语音与解剖学和生理学紧密相关，不同的语言之间的语音必定有相同之处。虽然汉语和英语属于不同的音系，但有可能拥有相同的语音音段表征（如音节的结构基本相似，见3.4）和声学表征（如音高突显，见3.5.2）。通常，语音作为语言的物质外壳，包括音高、音长、音强和音色四个声学参量，其中音高指声音的高低，是声波在单位时间里振动的频率。刘芳芳（2012：345）指出"由于人具有调节声带松紧的能力，所以同一个人发的声音也会有高低之分，由此就产生了"相对音高"，"汉语的声调和英语的重音都是由相对音高决定的"，因此从声学分析而言，二者在音高层面具有可比性，同时也具有相似性。黄良喜、黄颖思（2018：87）指出语音表现的相似主要源于语音的基本物理属性，即气压的变化所表现出的语音音段与超音段的音高、音强、音长的变化。这个基本规律适用于所有语音，包括声调和轻重音。

随着韵律音系学和实验语音学的发展，声调和重音的可比性得到了进一步的证实，即二者均反映语言的韵律特征，同属超音段特征。徐通锵（1998：1）认为重音是词的超音段语音特征，声调是字的超音段语音特征，二者的共同点在于"使其所控制的音段能够成为对现实进行编码的基本结构形式"。许希明（2020：前言）指出声调和重音是汉英"两种语言系统赖以存在的节奏基础"。

黄良喜、黄颖思（2018：97）对于重音和声调进行了较为详细的对比，认为二者都可视为韵律的体现（manifestation of prosody），由此提出语言韵律元素假想[①]（prosodic essence conjecture）。该假想指出音高、音强、音长等语音声学参量体现了不同语言的韵律差异。虽然音高、音强和音长都对韵律产生重要影响，该研究以音高作为参量，认为语言通过［曲拱］和［音高］两种不同元素组合来体现韵律。语言韵律如果能区分平行与曲折，就具有[曲拱]属性；语言韵律如果能够区分音高，就具有[音高]属性。

在语言韵律元素假想中，声调被定义为"在正常发声状态下，固定地以音高体现的韵律系统"，重音被定义为"不限定以音高、音强或时长体现的韵律系统"（黄良喜、黄颖思，2018：97），进而根据两个韵律元素进一步划分出四种韵律类型。

表 2.4　四种韵律类型
（黄良喜、黄颖思，2018：98）

［音高］＼［曲拱］[②]	有	无
有	标准汉语	日语
无	英语	夏威夷语

在表 2.4 中，汉语被归为［+曲拱，+音高］[③]语言，英语被归为［+曲拱，-音高］语言，值得注意的是，这里的［-音高］并不是指韵律特征不通过音高体现，而是指韵律差异可通过或音高、或音强、或时长的方式来体现。关于英语不完全靠音高进行归类这一点，沈家煊（2017：10）也指出，虽然语音实验表明音节都

---

① 原文的表述是"语言节律元素假想"。黄良喜、黄颖思（2018：86）指出 prosody 另一常见的中文翻译是"韵律"，由于觉得"韵律"容易联想押韵规则以及诗律，故采用了"节律"。根据本书对节律和韵律的阐述（见绪论），采用了"韵律"的表述，特此说明。

② [曲拱]适应的范畴包括音节、字、词，甚至更大的单位。（黄良喜、黄颖思，2018：98）

③ "+"或者"-"是本研究添加，原文中用"有"和"无"来阐述，特此说明。

具备有音高的声学表征，因此所有语言都有音高。但这并不等同于不必区分声调与重音。二语重音习得研究表明，汉语母语者通常无法听辨或者感知英语词重音。张吉生（2022：124）在对重音进行定义的时候也认为三个声学参量不是必须都同时体现出突显。

刘现强（2007b：58）指出，英语重音具有区别性特征，在词汇、句法层面都能表现出来。2.1.3 在讨论英语重音的二重性时指出句层面的重读具有语言普遍性。因此虽然汉语是否有词重音目前在学界还处于讨论之中，但是汉语具有句子层面的重读得到了普遍的认同。许希明、沈家煊（2016：643-656）在对英语和汉语探索可比较的维度时，从重音和重读两个层面，提出汉语是声调重读语言，英语是重音重读语言（即本书 2.1.3 的英语重音的二重性）。分析如下表 2.5：

表 2.5　英语和汉语节奏层级
（许希明、沈家煊，2016：653）

英语	汉语
重读（语用功能）	重读（语用功能）
重音（音系类型）	声调（音系类型）
词重音	词声调
多音词（重音可预测）	单音字（声调可预测）

与此同时，关于声调的二重性，或者音高的二重性的探索也在逐渐发展中。郭承禹、江荻（2020：623-639）从社会语用层面对声调提出了新的假设，即"社会群体约定"假设，认为声调是"同一社会群体约定的范畴化音高形式"，是"同一地域内同一语言的使用群体，以单音节词的音节或组合音段可能呈现的多样性自然音高为基础，将某些随时间进程的高低曲折等音高变化形式约定为载义的或可别义的心理感知模式"。其中，自然音高属于词

层的声调，社会音高属于句层的句调，从自然属性和社会属性层面对声调进行了新的划分。

正如许希明（2020：47）所言，"既拥有声调又拥有重音的一种混合韵律系统也难以成立"，第 1 章、第 2 章的研究均表明，要想把二者等同起来，或者把二者归为同一语音系统，无论是音系层面，还是语音层面都有相当大的难度，目前难以寻找充分的依据。但是否声调和重音就泾渭分明，不具有可比性呢，在本章节对二者的分析中我们可以看到，作为超音段特征，二者无论是从音系层面还是语音层面，都还是具有可比性。

第三章 音高：汉英韵律音系学声学对比分析的基础维度

第 1 章、第 2 章对本书整个大的研究背景进行了较为全面的阐述，介绍了本书相关研究的背景和现状。第 3 章基于新描写主义所强调的语音学和音系学的结合，先介绍两个前期对比实验，并结合前期对比实验，阐述本书汉英韵律音系对比的基本韵律单位以及所采用的研究方法，为第 4-6 章的对比实验分析提供基本的研究框架。其中，3.1 引言部分将基于新描写主义探讨实验分析对于音系研究的可行性，3.2 和 3.3 基于 3.1 的基本理念介绍了本书前期展开的两个音高方面的对比实验分析，一个是关于汉语和英语词内相邻音节的音高探讨（见 3.2），另一个是基于英语双音节重音最小对比对词重音和焦点重音的探讨（见 3.3）。其中，3.2 的实验是第 4 章汉语和英语双音节词音高突显模式的前期实验，3.3 是第 5 章汉语孤立词和处于句末焦点的韵律词的关联的前期实验。在 3.2 和 3.3 的基础之上，本书探讨了英汉韵律对比中音节作为韵律基本单位的可行性（见 3.4）和音高突显模式的相关内容（见 3.5）。

3.1 引言

语音学和音系学的分合一直是语言学研究的关注点。19 世纪末 20 世纪初，随着音位概念的确立，音系学从语音学中分离，成为一门独立的学科，历经 20 世纪前半期的结构主义音系学和后半期的生成音系学以及后 SPE 时期，主要内容涵括音段音系学和超音段音系学。虽然结构语言学派促使音系学从语音学中分离出来，但关于语音学和音系学分合的讨论一直没有停止过，并对国内的语音学和音系学研究产生了较大的影响。早在 20 世纪 90 年代，《国外语言学》等期刊翻译了若干国外学者关于音系学与语音学关系的思考。其中，王嘉龄翻译的基廷（Keating）的研究发表在《国外语言学》，石锋翻译的奥哈拉（Ohala）的学术报告发表在《国外语言学》，宫齐翻译的赖福吉（Ladefoged）的研究发表在《暨南学报（哲学社会科学版）》等。

胡伟、李兵（2018：685）认同生成音系学派的观点，语音特征具有普遍性的声学参数，音系特征用于标注音系矩阵片段，因此二者任务不同，应避免混淆。基廷（1988）指出音系学和语音学是两门独立的学科，言语的音系描写与语音描写之间关系复杂。例如，由于语音研究提供的备选特征数目过于庞大，不可能以语音材料为起点开始对特征的探求，需要凭借音系证据加以分析等，因此二者之间尤其需要展开协作研究（王嘉龄译，1988：53-57）。

随着 SPE 和后 SPE 时期诸多的推导和制约使得音系学研究逐渐偏离现实生活中真实的语音现象，需要进一步科学地证实音系学研究的客观性，实验语音分析对音系相关研究的重要性日益凸显。语音学和音系学在经历过合、分以后，再一起走向了合。但这一次的合与最初的合意义不同，最初的合是指语音学和音系学作为一个整体出现，第二次的合是实验语音学作为语音学的重要部分日益完善的基础之上，运用实验语音学的研究方法，对音系学的理论进行论证，抑或音系学的理论构想指导实验语音学的研究分析，二者彼此独立，同时相向互补。

国外语音学和音系学的结合研究具有一定的传统。吴宗济

（1980：44）介绍了 Jacobsen 基于声谱分析的成果，提出著名的"区别性特征"，至今影响深远。赖福吉（1988/1992）认为音系学理论的任务之一就是解释语音现象。基于语音学与音系学接面的语音自然类划分，应当包括基于语音听觉或生理特性的语音特征。音系特征应具备多值的等级特征，与偶分特征①相互补充，可用于解释大多数的语音模式（宫齐译，2002：94-99）。奥哈拉（1991）认为语音学和音系学从一开始就不应该分离（石锋译，1992：1-11）。赵忠德、马秋武（2011：433—434）将 Ohala 的实验研究归为实验音系学，通过实验分析将音系学理论实验化，旨在把"音系描写与被观察到的行为联系起来。"②

　　正如包智明、侍建国等（2015：13）指出的那样，语音是"语言的物质外壳"，而我们之所以能够对语音现象作出判断，是因为掌握了语言的音系结构，因此语音学和音系学是"两个不同层次却又有关联的范畴"。马秋武、赵永刚（2017：40）指出音系学关注语言的概念符号系统，而语音学主要是分析这些概念符号系统的物理属性。张吉生（2021a：449-465）基于不同语言的音系事实，对音系和语音二者的关联性进行分析，指出"语音单位与音系范畴各司其职，既不同又互补"，其中"音系以语音为基础"，而"语音描写以音系范畴为目的"。如果说第一次的合是整合，作为整体的一部分；那么第二次的合是一种结合，是一种跨学科和研究领域的探索，而这种结合在跨语言的语音学和音系学研究中尤为重要。正如前 2 章所述，由于不同语言中各自的语音现象，使得采用相同的音系理论和音系规则难以达到较为统一的结论，这时候最好的方式之一就是进行实验语音分析。在这种研究背景下，新描写主义理论应运而生。

---

　　① 即二元特征（binary features）（吴宗济，1980：44）。
　　② 国外语音学和音系学结合的其他相关研究还可见王嘉龄（1996：29-33）。

尽管将实验语音学和音系学研究相结合的探索出现得比较早，例如王嘉龄（1996：31）就具体指出，二者应该在以下几个方面加强协作：（1）音系学能为语音现象做出解释；（2）（实验）语音学可以为音系学的一些假设和分析提供量化证据；（3）音系学与语音学二者之间接面和映射问题的探讨。此后王嘉龄（2000：227-230）将实验语音学和生成音系学相结合，发现了汉语轻声的调型，肯定了语音学和音系学共同决定了汉语轻声调型的音高。王洪君（2008：251-263）采用（声调）音域、高音线、低音线、停延、语调段等声学手段描写普通话韵律单位层级，并指出"汉语韵律单元起始处明显的标志是音域加宽"（王洪君，2008：254）。但在近些年随着音系学研究的进一步发展，将（实验）语音学和音系学研究结合在一起展开研究一直存在着较大的阻力，原因有很多，一方面汉语音系学的探索自身还在构建当中，另一方面实验研究有难度，实验方法有待完善，实验结果和音系学抽象的语音构建之间存在差距等。但是，与此同时，（实验）语音学和音系学研究相结合的重要性也日益凸显，新描写主义在这种研究背景下应运而生。

胡建华（2018：475）将新描写主义的研究内容归纳为四个方面，"一是重视语言学理论工具的建设，二是强调跨语言比较，三是注重微观语言事实以及显性或隐性结构的细颗粒度描写，四是力求通过微观描写、刻画和分析来揭示语言的共性与个性"。具体到语音学和音系学的研究，主要可以概括为以下两方面内容：

第一、如何通过语音学的具体研究方法考察抽象的音系现象是新描写主义重要的研究内容之一。李行德、张洪明（2021：317-318）强调音系表征（phonological representation）和语音表征（phonetic representation）的重要性，认为"抽象的音系表征和具体的语音表征是任何语言理论都必须关注的"，前者是"能区别语义的最小离散单位的序列，即音位（phoneme）的序列，或者区别特征（distinctive feature）矩阵的序列"，是一个"具有抽象和离散特点的层次"；后者是"比较接近发音生理和听觉感知层次的表达式"与生理和声学事件密切相关，是一个"更具体、更能量化为语音连续统的层次"。与此同时，音系规则将两种不同表征层次联系在一起，"这些规则以音系表征作为底层，把相应的语音表征推导出来"。张吉生（2021a：454-455）对语音学和音系学的关系做了较为恰当的比喻，认为语音与音系的关系可以理解为 Saussure 提出的言语与语言的关系。语音如同言语，具有个体性，通常具体的语音描写缺乏，需要通过音系范畴才能看到其系统性以及事物的本质。语音的产出和语音描写可以因人而异，但"任何具体的语音描写最后通常要落实到一个抽象的音系范畴"（张吉生 2021a：455）。当代语言学研究中，对语音学和音系学的有效结合，是新描写主义理论的研究基础。

　　第二、新描写主义理论关注跨语言的比较研究，强调在跨语言对比中，不同的语言有各自不同的语言特质（如汉语的声调，英语的重音），应该"不限于特定的理论分析框架"，主张以"理论为工具而进行的描写"（胡建华，2018：475）。沈家煊（2017：17）指出语言研究要面向真实的语言，而无需"一律用一个模型做参照系"的观点，与新描写主义理论的观点不谋而合，均肯定了语言研究中需要有大视野观。语言分析要具象，但语言视野要宏观。

　　这对于本书的研究尤为重要。正如在前面绪论中所提到的，汉语和英语韵律音系的对比研究不仅仅与韵律音系相关。在英语韵律底层的研究中必然涉及到与节律音系学重音相关的"音节"和"音步"等，而在汉语是否具有词重音，是否具备"音步"这一层级的问题在目前国内外的研究中难以形成定论的情况下，如何更为有效地对二者进行对比，单凭韵律音系学或节律音系学都难以解决这个难题。与此同时，句法焦点和语义重音又是功能韵律音系学研究的重点。基于上述，在无法采用单一的理论框架进行分析的情况下，"大音系"的理念更有助于语言对比研究的有效进行，即能够尊重语言的个体语音特征的客观事实，同时又能致力于寻找更好的研究方法进行语言普遍性的探索。

目前国内将语音学和音系学结合起来进行研究已经有初步的成果。石锋（2013）的语调格局和石锋（2021）韵律格局通过实验分析的方法，探索汉语的韵律规律。黄良喜、黄颖思（2018）也通过语音和音系两个层面，认为语言通过两种不同元素的组合（［曲拱］和［音高］）来体现韵律等。本书先进行了两个前期对比实验（3.2、3.3），进而提出汉英韵律音系研究的基础声学对比维度。

3.2　前期对比实验 1：汉英双音节词音高声学表征对比初探

3.2.1　研究背景简介

韵律音系学是研究人类语言韵律结构单位以及这些单位彼此之间关系的学科，任何语言都不能仅凭单个音素独立发音得以实现，韵律音系结构是语音语义表达的重要支撑手段。韵律音系研究始于英语，Selkirk（1984）、Nespor & Vogel（1986）等对英语韵律层级的构建启发了世界上其他语言的相关研究，现代汉语韵律音系研究是受其影响较深的研究领域之一，并引发了不同的观点。一方面，冯胜利（2007，2016b 等）在多年研究基础上采用英语韵律重音研究的方式，建立汉语韵律句法的结构层级。王洪君（2008）认同英语中音步这一说法，但认为汉语是松紧型而不是重轻型音步；端木三（1999，2014，2016等）肯定了重音在汉语的普遍性。另一方面，江荻（2011：77）指出汉语是"基频—音高—声调"语言。张洪明（2014：309）直接指出汉语没有英语韵律层级中的音步这一层级。周韧（2018：110）指出"汉语非轻声词汇并不具备语言学意义上的词重音"。前者体现了汉语语音学家致力于将汉语纳入语音普遍类型学研究的努力，后者则强调了汉语韵律学应建立在汉语自身语音特点的必要性，二者均促进了汉语韵律学的发展。但是英语韵律音系以及现代汉语韵律音系二者之间系统性、科学性的比较研究并不多见。本研究从语言内部的构成出发，对两种语言语音声学表征展开分析。

在研究汉语双音节词的时候，需要考虑声调组合，而在研究英语双音节词的时候，有必要考虑重音类型。英语双音节词通常是指带有一个重读音节和一个非重读音节的词，它可以很好地体现英语韵律中的轻重交替。

声调和重音的相似之处在于它们二者都可以由声学特征（基频）和感知特征（音高）来表现。Büring（2016）指出，突显的音节在声学上会有多方面的表现，比如时长和音强，但较为明显的表现在于音高的变化。

3.2.2　实验说明

3.2.2.1　实验语料

本实验中的语料为双音节词。英语的语料选自 *Cambridge Essential English Dictionary*，该词典多为常用的核心词。在这本词典中，英语双音节主要有三种重音类型：重+轻、轻+重、次重+重。本研究从中选了12个词，如表3.1所示。

表 3.1　英语双音节词三种重音类型语料

重音类型 1	重音类型 2	重音类型 3
重+轻	轻+重	次重+重
barber	absorb	backyard
budget	admire	midday
famous	belief	
image	career	
journey	foresee	

作为"一字一音"的汉语，声调对汉语语音的影响深远且长久。四个声调的不同组合也会带来不同的语音表现。为了尽可能地排除外在因素的干扰，目前的实验固定了词末声调。去声作为51 的高降调，语音表现稳定，因此研究分析词末声调为去声的双音节词 TN+T4 声调组合情况（见下表 3.2）。

表 3.2　汉语双音节词 TN+T4 声调组合语料

声调组合 1	声调组合 2	声调组合 3	声调组合 4
T1+T4	T2+T4	T3+T4	T4+T4
声调 *sheng1dia4*	前后 *qian2hou4*	写字 *xie3zi4*	绿树 *lv4shu4*
包办 *bao1ban4*	颜色 *yan2se4*	百货 *bai3huo4*	善恶 *shan4e4*
医院 *yi1yuan4*	合适 *he2shi4*	洗菜 *xi3cai4*	种地 *zhong4di4*

3.2.2.2　被试者及录音情况

本研究中四位英语发音人是美国威斯康星大学麦迪逊分校四位大一和大二的学生，两男两女，年龄在 18-20 之间，英语发音标准，吐词清楚。四位汉语发音人均为北京人，也是两男两女，录音时在美国威斯康星大学麦迪逊分校上大一和大二（他们只在美国学习了 1-2 年），年龄在 18-20 之间，普通话标准，吐词清晰。八位发音人均以正常速度朗读测试词。每个单词读两遍，取两遍的平均值。研究中使用 Praat 语音软件对英语语音进行切分和数据提取，Mini Speech Lab 语音软件进行汉语数据提取，并结合 excel 进行数据计算和分析。

3.2.3 英语双音节词首末音节音高声学表征分析

3.2.3.1 英语双音节词首末音节音高调域分析

音系学中多使用 H、H*、L、L*、H%和 L%来描述英语词重音的音高变化模式，语音学中则是多采用音高调域进行研究。音高调域是语音表现重音突显的一种有效手段。Hirschberg & Pierrehumbert（1986）采用音高调域来描述语调模式，认为音高调域决定语调曲拱的表现。音高调域也应用于不同语言的比较研究，尤其是二语习得和语音产出领域。四位英语发音人英语双音节词三种重音类型的音高调域值如下表 3.3.

表 3.3 英语三种重音类型首末音节音高调域值（单位：赫兹）

重音类型	发音人	M1	M2	F1	F2
重+轻	barber	16/13	7/6	42/12	57/28
	budget	13/12	6/15	47/29	15/7
	famous	20/5	25/8	80/7	67/74
	image	7/11	7/14	45/18	32/30
	journey	6/7	10/17	83/20	78/80
轻+重	absorb	12/14	5/29	29/84	16/21
	admire	10/11	8/17	14/83	56/87
	belief	4/12	10/21	50/54	36/48
	career	4/8	24/27	38/61	49/54
	foresee	10/14	6/17	71/78	37/62
次重+重	backyard	8/12	9/10	55/75	13/87
	midday	12/15	16/15	63/56	46/43

　　表 3.3 清楚的呈现了英语三种重音类型首末音节音高调域的异同。重音类型 1 中，多数重读音节_{音高调域}＞非重读音节_{音高调域}，其中 F1 发音人所有的重读音节_{音高调域}＞非重读音节_{音高调域}。M1 中只有"image"和"journey"表现为重读音节_{音高调域}＜非重读音节_{音高调域}，但这两个单词首末音节的音高调域相差很少（7＜11，6＜7）；F2 中的"famous"和"journey"也表现为重读音节_{音高调域}＜非重读音节_{音高调域}，同样这两个单词首末音节的音高调域相差甚微（67＜74，78＜80）。四位发音人中只有 M2 的表现有所不同，首先是 5 个单词中有 3 个单词表现为重读音节_{音高调域}＜非重读音节_{音高调域}，且这三个单词首末音节的音高调域相差较大（6＜15，7＜14，10＜17）。整体而言，重音类型 1 中，重读音节_{音高调域}＞非重读音节_{音高调域}。

　　在重音类型 2 中，无论是男性发音人还是女性发音人，所有重读音节_{音高调域}＞非重读音节_{音高调域}，表现出了明显的一致性。在重音类型 3 的两个单词中，四位发音人表现各异。"backyard"所有的发音人都表现为重读音节_{音高调域}＞次重读音节_{音高调域}，但在"midday"中，只有 M1 表现为重读音节_{音高调域}＞次重读音节_{音高调域}，而其他三位发音人都表现为重读音节_{音高调域}＜次重读音节_{音高调域}。

　　为便于进一步对比分析，我们采用[+−]表示首末音节的相对突显。重读音节的音高调域采用"+"，非重读音节/次重读音节的音高调域采用"−"。

表 3.4　英语三种重音类型首末音节音高调域突显对比

重音类型	发音人	M1		M2		F1		F2	
重+轻	barber	+	−	+	−	+	−	+	−
	budget	+	−	−	+	+	−	+	−
	famous	+	−	+	−	+	−	−	+
	image	−	+	+	−	+	−	+	−
	journey	−	+	−	+	+	−	−	+

续表

重音类型	发音人	M1		M2		F1		F2	
轻+重	absorb	−	+	−	+	−	+	−	+
	admire	−	+	−	+	−	+	−	+
	belief	−	+	−	+	−	+	−	+
	career	−	+	−	+	−	+	−	+
	foresee	−	+	−	+	−	+	−	+
次重+重	backyard	−	+	−	+		+	−	+
	midday	−	+	+	−	+	−	+	−

　　表 3.4 清晰的呈现了英语不同重音类型的音高调域差异。显然，英语不同的重音类型，音高调域表现各异。只有在重音类型 2 中，四位发音人才表现出高度一致，均为"－＋"模式，即重读音节_{音高调域}＞非重读音节_{音高调域}，而重音类型 1 和重音类型 3 都各有例外。同时，对重音类型 2 中单词的构词方式进行分析，发现他们多数是由前缀和词根构成的派生词，这或许可以解释为何四位发音人音高调域表现高度一致。整体而言，英语双音节词三种重音类型的音高调域模式表现为重读音节_{音高调域}＞非重读音节_{音高调域}。

3.2.3.2　英语双音节词首末音节音高上线分析

表 3.5　英语三种重音类型首末音节音高上线值（单位：赫兹）

重音类型	发音人	M1	M2	F1	F2
重+轻	barber	114/98	130/124	246/115	235/196
	budget	100/88	138/134	258/136	228/93
	famous	120/101	153/132	292/214	238/245
	image	108/105	141/136	266/234	226/217
	journey	109/103	138/128	302/228	258/256

重音类型	发音人	M1	M2	F1	F2
轻+重	absorb	108/103	132/142	218/205	242/203
	admire	105/104	136/130	247/299	268/271
	belief	106/103	136/139	282/252	238/223
	career	106/101	152/135	287/251	272/223
	foresee	109/110	133/130	287/317	265/241
次重+重	backyard	101/102	130/127	293/261	232/246
	midday	113/103	144/133	280/245	259/217

表 3.5 表明，英语双音节词不同重音类型首末音高上线的高低起伏趋势各有不同。在重音类型 1 中，只有 1 个单词（F2 的"famous"）的重读音节_{音高上线}＜非重读音节_{音高上线}，其他均表现为重读音节_{音高上线}＞非重读音节_{音高上线}。与音高调域不同，重音类型 2 中，四个发音人在音高上线方面没有表现出和音高调域那样的一致性和重读音节占主导。首先，音高上线的最大值并没有出现在重读音节（末音节）中，20 个单词中有 14 个单词的音高上线的最高值均出现在词首的非重读音节上，即重读音节_{音高上线}＜非重读音节_{音高上线}；其次，和音高调域中所有发音人所有单词的重读音节_{音高调域}＞非重读音节_{音高调域}不同，在音高上线中，有 6 个单词表现为重读音节_{音高上线}＞非重读音节_{音高上线}（分别是 M1 的"foresee"，M2 的"absorb"和"belief"，F1 的"admire"和"foresee"，还有 F2 的"admire"）。重音类型 3 中也整体表现为重读音节在音高上线中没有占主导，有 6 个单词表现为次重读音节_{音高上线}＞重读音节_{音高上线}。与此同时，首末音节的音高上线相差不大。和英语音高调域一样，用"+"代表重读音节的音高上线，"-"代表非重读音节的音高上线，得到下表 3.6。

表 3.6 英语三种重音类型首末音节音高上线突显对比

重音类型 \ 发音人		M1		M2		F1		F2	
重+轻	barber	+	−	+	−	+	−	+	−
	budget	+	−	+	−	+	−	+	−
	famous	+	−	+	−	+	−	−	+
	image	+	−	+	−	+	−	+	−
	journey	+	−	+	−	+	−	+	−
轻+重	absorb	+	−	−	+	+	−		
	admire	+	−	+	−	−	+	−	+
	belief	+	−	−	+	+	−	+	−
	career	+	−	+	−	+	−	+	−
	foresee	−	+	+	−	−	+	+	−
次重+重	backyard	−	+	+	−	+	−	−	+
	midday	+	−	+	−	+	−	+	−

表 3.6 英语双音节的三种重音类型中，整体而言，首音节_{音高上线}＞末音节_{音高上线}，在重音类型 1 中表现尤为明显。在重音类型 2 和重音类型 3 中，受到重读音节在末音节的影响，个别单词表现为末音节音高上线大于首音节音高上线。即音高上线整体由首音节决定，不受重音位置的影响。

3.2.4 汉语双音节词首末音节音高声学表征分析

3.2.4.1 汉语双音节词首末音节音高调域分析

在对英语双音节词的音高调域和音高上线进行分析的过程中发现，整体而言英语双音节词的重音表现有一致性，即重读音节_{音高调域}＞非重读音节_{音高调域}，首音节_{音高上线}＞末音节_{音高上线}。同时发现，音高调域和音高上线在英语重音类型中表现不同，音高上线和首音节相关，整体不受重音的影响。接下来，对汉语双音节词 TN+T4

声调组合进行分析。

表 3.7　汉语双音节词 TN+T4 四种声调组合音高调域值（单位：赫兹）

声调组合	发音人	M1	M2	F1	F2
T1+T4	声调	6/24	8/30	13/105	19/86
	包办	4/36	5/33	23/46	20/81
	医院	9/55	4/34	23/53	20/86
T2+T4	前后	30/29	5/26	40/42	33/65
	颜色	42/35	19/40	14/41	60/90
	合适	15/37	20/49	50/61	29/52
T3+T4	写字	15/54	19/28	14/50	74/117
	百货	24/31	17/36	49/34	73/81
	洗菜	11/44	11/45	15/37	25/43
T4+T4	绿树	59/46	52/24	36/53	62/74
	善恶	60/26	66/13	50/40	81/64
	种地	56/68	51/35	37/50	72/62

　　表 3.7 显示，在 T1+T4 声调组合中，所有首音节_{音高调域}＜末音节_{音高调域}。因为在 T1+T4 声调组合中，首音节为平调，调值为 55，末音节为高降调，调值为 51，末音节的字调自带明显的音高突显，从而导致首音节_{音高调域}＜末音节_{音高调域}。T2+T4 和 T3+T4 声调组合整体与 T1+T4 类似，大多数首音节_{音高调域}＜末音节_{音高调域}（M1 的"前后"、"颜色"和 F1 的"百货"除外），由于这两种声调组合的首音节分别是阳平 35 和上声 214，其自身的字调音高突显小于末音节高降调的音高突显，因此首音节_{音高调域}＜末音节_{音高调域}。但 T1+T4声调组合有所不同。在该声调组合中，首末音节都是去声，都是高降调，在相同高降调的组合中，首音节的高降调占了主导，12个单词中有 8 个单词表现为首音节_{音高调域}＞末音节_{音高调域}。同表 3.4

和表 3.6 一样，采用"+"代表汉语双音节词中音高调域更为突显的音节，"−"代表汉语双音节词中音高调域较为不突显的音节，得到表 3.8。

表 3.8　汉语双音节词 TN+T4 四种声调组合音高调域突显对比

声调组合	发音人	M1		M2		F1		F2	
T1+T4	声调	−	+	−	+	−	+	−	+
	包办	−	+	−	+	−	+	−	+
	医院	−	+	−	+	−	+	−	+
T2+T4	前后	+	−	−	+	−	+	−	+
	颜色	+	−	−	+	−	+	−	+
	合适	−	+	−	+	−	+	−	+
T3+T4	写字	−	+	−	+	−	+	−	+
	百货	−	+	−	+	+	−	−	+
	洗菜	−	+	−	+	−	+	−	+
T4+T4	绿树	+	−	+	−	−	+	−	+
	善恶	+	−	+	−	+	−	+	−
	种地	−	+	+	−	−	+	+	−

表 3.8 更为清晰地表明，汉语双音节词 TN+T4 的四种声调组合中首末音节音高调域的声学表现主要分为两种情况，T1+T4、T2+T4 和 T3+T4 的音高调域整体表现为首音节_{音高调域}＜末音节_{音高调}域，而 T4+T4 声调组合表现明显不同，整体趋势为首音节_{音高调域}＞末音节_{音高调域}。

3.2.4.2　汉语双音节词首末音节音高上线分析

在前面，我们讨论了汉语双音节词 TN+T4 四种声调组合的音高调域，并指出音高调域在汉语双音节词首末音节音高表现中的重要性。接下来，我们继续探讨汉语双音节词 TN+T4 四种声调组合首末音节音高上线的表现。

表 3.9　汉语双音节词 TN+T4 四种声调组合首末音节音高上线值
（单位：赫兹）

声调组合	发音人	M1	M2	F1	F2
T1+T4	声调	145/131	151/153	275/282	275/290
	包办	132/131	162/162	268/262	282/297
	医院	145/153	159/147	268/282	282/290
T2+T4	前后	129/148	114/155	220/204	229/290
	颜色	136/145	129/122	204/200	256/306
	合适	122/132	141/159	225/290	245/297
T3+T4	写字	97/153	109/145	167/212	290/268
	百货	103/125	122/153	208/250	250/297
	洗菜	99/148	148/153	147/262	208/268
T4+T4	绿树	143/141	169/169	275/282	282/282
	善恶	151/123	177/145	275/256	306/268
	种地	157/151	169/169	282/275	306/262

　　与英语双音节中整体一致的首音节_{音高上线}＞末音节_{音高上线}相比，目前汉语语料中的音高上线表现较为复杂。表 3.9 表明，在 T1+T4 声调组合的 12 个汉语双音节词中，有 7 个单词的首音节_{音高上线}＜末音节_{音高上线}，但在另外 5 个首音节_{音高上线}＞末音节_{音高上线}的单词中，首末音节音高上线的差异偏小，最大差异值出现在 M1 的"声调"，首末音节音高上线相差 14 赫兹，而 M2 "包办"的首末音节相差甚微，只有不到 0.5 的赫兹值。T1+T4 声调组合是从阴平到去声的高平调到高降调的变化，起始音都是高调 5，因此首末音节音高上线相差不大。

　　在 T2+T4 和 T3+T4 两种声调组合中，且更为明显地表现为首音节_{音高上线}＜末音节_{音高上线}（在两种声调组合的 24 个单词中，只有 M2 的"颜色"、F1 的"前后"和"颜色"以及 F2 的"写字"除外)。由于两种声调组合的首音节分别是阳平(35)和上声(214)，和末音节的去声(51)相比，起始音都要偏低，导致音高上线整体低于末音节。

T4+T4 声调组合表现出了与其他三种声调组合完全不同的情况。除了 F1 的"绿树"以外，其他四位发音人的所有双音节词都表现为首音节_{音高上线}＞末音节_{音高上线}。而 F1"绿树"虽然首音节_{音高上线}＜末音节_{音高上线}，但相差并不多，只有 7 赫兹。同时，在目前的研究中，在末音节均为去声的情况下，汉语双音节词首末音节音高上线的表现和英语保持一致，整体表现为首音节_{音高上线}＞末音节_{音高上线}。

同表 3.4 和表 3.6 一样，采用"+"代表汉语双音节词中音高上线值更高的音节，"−"代表汉语双音节词中音高上线值较低的音节，得到表 3.10.

表 3.10　汉语双音节词 TN+T4 四种声调组合首末音节音高上线突显对比

声调组合	发音人	M1		M2		F1		F2	
T1+T4	声调	+	−	−	+	−	+	−	+
	包办	+	−	+	−	+	−	−	+
	医院	−	+	+	−	+	−	−	+
T2+T4	前后	−	+	−	+	+	−	−	+
	颜色	−	+	−	+	+	−	−	+
	合适	−	+	−	+	+	−	−	+
T3+T4	写字	−	+	−	+	−	+	+	−
	百货	−	+	−	+	+	−	−	+
	洗菜	−	+	−	+	+	−	−	+
T4+T4	绿树	+	−	+	−	−	+	+	−
	善恶	+	−	+	−	+	−	+	−
	种地	+	−	+	−	+	−	+	−

表 3.10 中汉语双音节词末音节为去声的四种声调组合中首末音节音高上线的声学表现较为复杂。在 T1+T4 声调组合中，末音节_{音高上线}虽然占主导，但也有快接近一半的双音节词（12 个单词中有 5 个单词）表现出了首音节_{音高上线}占主导；在 T2+T4 和 T3+T4 声调组合中，整体较为规律地表现为首音节_{音高上线}＜末音节_{音高上线}，尤其是在 T3+T4 中，只有一个例外；而 T4+T4 声调组合整体多表现为首音节_{音高上线}＞末音节_{音高上线}。

和英语双音节音高上线进行比较（见表 3.6），发现两种语言音高上线表现不同。在英语双音节词中，无论重音的位置是位于首音节还是末音节，整体都表现为首音节_{音高上线}＞末音节_{音高上线}，即英语双音节词的音高上线受首音节的影响，而不受重音位置的影响，因此不同的重音类型的音高上线整体表现出较为一致的规律性。而在汉语双音节词中，除了相同的声调组合（T4+T4）中首音节_{音高上线}占主导，其他均表现出声调对音高上线的影响，而表现各异。

3.2.5　汉英双音节词音高声学表征[①]对比分析

在分别分析了英汉双音节词音高调域和音高上线的声学表现的基础之上，对英汉双音节词的音高模式进行整体的对比分析。如上所述，目前的研究中英语双音节词有三种重音类型，汉语双音节词 TN+T4 有四种声调组合，二者之间音节结构的相同点是都有两个音节。前面的研究采用"＋"表示更大或更高的音高值，比如更宽的音高调域和更高的音高上线；"－"代表更小和更低的音高值，比如较窄的音高调域和较低的音高上线。在此基础之上，采用"a"表示"＋－"模式（分别表示"前宽后窄"，即首音节_{音高}

---

① 本次实验是前期对比实验，主要根据音高的声学分布情况进行统计和计算，探索从音高调域和音高起伏两个维度进行分析的可行性。更为全面的音高突显模式的分析见第 4 章、第 5 章和第 6 章。

调域＞末音节 音高调域；以及"前高后低"，即首音节 音高上线＞末音节 音高上线）；采用"b"表示"－＋"模式（分别表示"前窄后宽"，即首音节 音高调域＜末音节 音高调域；以及"前低后高"，即首音节 音高上线＜末音节 音高上线）对英语双音节词三种重音类型和汉语双音节词 TN+T4 四种声调组合首末音节的音高声学表现进行深入分析，得到了表3.11 和表 3.12。

表 3.11　英语发音人双音节词音高上线模式和音高调域模式

		模式 音高上线	
		a 音高上线	b 音高上线
重+轻	数量	19	1
	百分比	95%	5%
轻+重	数量	14	6
	百分比	70%	30%
次重+重	数量	6	2
	百分比	75%	25%
		模式 音高调域	
		a 音高调域	b 音高调域
重+轻	数量	13	7
	百分比	65%	35%
轻+重	数量	0	20
	百分比	0%	100%
次重+重	数量	3	5
	百分比	38%	62%

表 3.12　汉语发音人双音节词 TN+T4 四种声调组合音高上线模式和音高调域模式

		模式 音高上线	
		a 音高上线	b 音高上线
T1+T4	数量	5	7
	百分比	42%	58%

模式_{音高上线}			
		a 音高上线	b 音高上线
T2+T4	数量	3	9
	百分比	25%	75%
T3+T4	数量	1	11
	百分比	8%	92%
T4+T4	数量	11	1
	百分比	92%	8%
模式_{音高调域}			
		a 音高调域	b 音高调域
T1+T4	数量	0	12
	百分比	0%	100%
T2+T4	数量	2	10
	百分比	17%	83%
T3+T4	数量	1	11
	百分比	8%	92%
T4+T4	数量	8	4
	百分比	67%	33%

表 3.11 和表 3.12 计算了英语双音节词三种重音类型和汉语双音节词 TN+T4 四种声调组合音高上线模式（a 音高上线模式和 b 音高上线）和音高调域模式（a 音高调域和 b 音高调域）的数量，得到了 a 和 b 模式在各模式的百分比占比。表 3.11 表明，在模式音高上线中，a 音高上线在三种重音类型中占主导，分别占比 95%，70% 和 75%；模式音高调域中，根据重音类型的不同，表现不同。其中"重+轻"中，a 音高调域占主导，占比为 65%；"轻+重"和"次重+重"中，b 音高调域占主导，占比分别为 100% 和 62%。表 3.12 表明，在模式音高上线中，T1+T4、T2+T4 和 T3+T4 三种声调组合表现较为一致，b 音高上线占主导，占比分别为 58%，75% 和 92%；T4+T4 声调组合中，a 音高上线占主导，占比高达 92%。同样，在模式音高调域中，T1+T4、T2+T4

和 T3+T4 三种声调组合表现较为一致，b 音高调域占主导，占比分别高达 100%，83% 和 92%；T4+T4 声调组合中，a 音高调域占主导，占比为 67%。

根据表 3.11 和表 3.12，可以更为清晰地观察到，a 和 b 两种音高模式在英语和汉语表现的不同。在英语双音节词三种重音类型中，模式音高上线和模式音高调域表现不一致，其中 a 音高上线在所有的重音类型中占主导，而 a 音高调域和 b 音高调域各自在不同的重音类型中占主导，两种音高的声学表现体现了英语作为重音语言的声学特征；在汉语双音节词 TN+T4 四种声调组合中，模式音高上线和模式音高调域表现较为一致，均表现为 T1+T4、T2+T4 和 T3+T4 声调组合中，b 音高上线和 b 音高调域占主导，而在 T4+T4 声调组合中，a 音高上线和 a 音高调域占主导，充分体现出声调对于词内相邻音节的重要影响。

在此基础之上，分别计算出英语和汉语双音节词 a 和 b 模式在两种语言中的百分比占比，从而得到了图 3.1 和图 3.2。图 3.1 呈现音高上线和音高调域不同模式的比较，而图 3.2 把不同的维度放在一起，区分了 a 模式和 b 模式（a 模式中首音节的音高表现占主导，表现为"前宽后窄"或"前高后低"；b 模式中末音节的音高表现占主导，表现为"前窄后宽"或"前低后高"）。

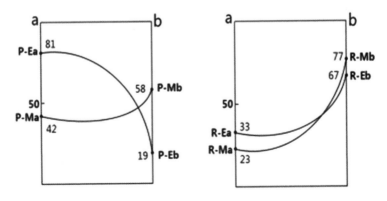

图 3.1　英汉双音节词音高上线和音高调域百分比占比

　　图 3.1 展现了英汉双音节音高上线和音高调域的整体分布趋势。图中 E 代表英语，M 代表汉语普通话，P 代表音高上线，R 代表音高调域。在音高上线中，英语 a 音高上线占主导，约为 81%，b 音高上线只占了 19%。汉语情况比较稳定，对立也不明显（a 音高上线为 42%，b 音高上线为 58%）。就音高调域而言，无论在英语还是汉语中，b 音高调域模式都占主导，但却是出于不同的原因。在英语中，b 音高调域重音类型 2 中占比高达 100%，从而导致整个 b 音高调域所占的比重大。而在汉语中，b 音高调域模式所占比重大是因为本次实验中末音节的声调均为去声。

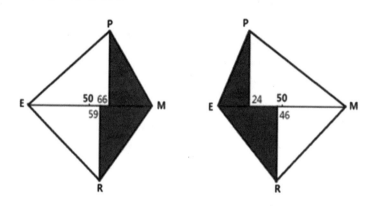

图 3.2　英汉双音节词 a 模式和 b 模式音高声学表现对比

　　图 3.2 表明，在目前的研究发现，对于 a 模式而言，音高上线和音高调域对英语影响更多；而在 b 模式中，音高上线和音高调域对汉语影响更大。图 3.2 同时表明，两种模式中，英汉音高变化基本呈现出近似于对称的分布，表现出了声调和重音对两种语言各自不同的影响。Hyman（2009：213-238）将世界上的语言划分为声调原型和重音原型两种语言，即将声调和轻重音放在同一个尺度的两端，形成连续统（continuum）。高永安（2018：48-49）指出标记性的本质是语言现象的差异性，"有标记和无标记是

个程度问题"，该观点与 Hyman 连续统的理念近似。汉语的声调和英语的重音是各自语言中语音的标记性特征，本次实验中表现出了类似对称性，表明声调语言和重音语言存在一定程度的对立或者是处于同一尺度的两端。但由于本研究中汉语的末音节都固定为四声，不能反应汉语声调组合的全面，需要进一步的全面分析。

3.2.6　结论

本次实验基于双音节词，对英语双音节词的三种重音类型和汉语双音节词 TN+T4 四种声调组合从首末音节的音高调域和音高上线两个维度进行对比分析。本次实验基于具体的音高赫兹值，展开了汉英双音节词首末音节音高调域和音高上线相对突显的初步分析。研究发现，整体而言，英语双音节词三种重音类型的音高调域模式表现为重读音节 _音高调域_ ＞非重读音节 _音高调域_，其中重音类型 2（轻+重）中，所有发音人的所有单词均表现为重读音节 _音高调域_ ＞非重读音节 _音高调域_；同时，首音节 _音高上线_ ＞末音节 _音高上线_，在重音类型 1 中表现尤为明显，表明音高上线整体由首音节决定，不受重音位置的影响。

汉语双音节词 TN+T4 的四种声调组合中，T1+T4、T2+T4 和 T3+T4 的音高调域整体表现为首音节 _音高调域_ ＜末音节 _音高调域_，而 T4+T4 声调组合则表现首音节 _音高调域_ ＞末音节 _音高调域_；汉语音高上线的声学表现较为复杂。在 T1+T4 声调组合中，末音节 _音高上线_ 和首音节 _音高上线_ 占主导的比例接近；在 T2+T4 和 T3+T4 声调组合中首音节 _音高上线_ ＜末音节 _音高上线_，，T4+T4 声调组合中首音节 _音高上线_ ＞末音节 _音高上线_。

当以"a"模式（"+－"）和"b"模式（"－+"）对汉英双音节词进行对比分析，发现英语 a _音高上线_ 占主导，汉语没有明显的区别；而 b _音高调域_ 在两种语言中都占主导。而整个的"a"模式和"b"模式分析中，英汉音高变化基本呈现出近似于对称的分布。

鉴于重音和声调的复杂性，本次实验只对汉语和英语双音节词进行了初步分析，并聚焦于音高声学表现的两个维度，横向的音高上线高低起伏起伏和纵向的调域调域宽窄变化，采用百分比占比在不同模式中的分布进行对比，使得这两种语言具有可比性。

叶军（2014：41）认为英语重读音节音高较高。本研究发现英语重音与音高的高低没有直接关系，和音节所在的位置有关。整体而言，首音节的音高上线比末音节的音高上线要高。英语重音与音高调域紧密相关，重读音节音高调域大于非重读音节。

本次实验中汉语载调双音节词的声调组合仅限于"TN+T4"声调组合，只能体现汉语声调组合的一部分。且主要基于首末音高上线（音高最大值）和音高调域，统计的具体的音高突显模式的数量分布范围，没能直观地观察到汉语和英语双音节词内首末音节音高的具体音高高低起伏的突显趋势和音高调域的宽窄变化的突显表现。同时英语次重音的分析表明英语母语发音人对于英语次重音的发音也并不是那么确定。基于本次的前期实验，第 4 章完善了实验语料词，进行了汉语双音节词载调双音节词 16 种声调组合以及汉语双音节词"TN+T0"声调组合的全面分析。鉴于英语次重音的不稳定性，第 4 章集中分析英语"重+轻"和"轻+重"两种重音类型，暂不对英语次重音类型进行实验分析。同时，"+-"和"-+"更接近音系学层面相对性或区别性描写，略显抽象，不能更为具体地进行探讨，第 4 章也对实验分析方法进行进一步探索，采用韵律格局（石锋，2021）中关于音高的测量方法，尝试将作为声调语言的汉语和作为重音语言的英语放在同一可比较的维度，进行直观地观察和分析。

在对汉语和英语词内相邻音节的音高声学表征进行前期对比分析以后，本书进一步对英语重音最小对比的词重音和焦点重音的二重性展开前期初步探讨，见 3.3。

3.3　前期对比实验 2：英语词重音与焦点重音音高声学表征对比初探

3.3.1　研究背景简介

Cruttenden（2002：6-7）指出重音是指词层面或者句子层面的语音突显。前者是指词内相邻音节的语音突显情况，是词层面的语音特征和词义体现；后者是指语流当中的语音重读现象，是句子层面的语音特征和语用意图。虽然词重音和句重音均表现为某个音段比其相邻音段语音更为突显，但区分词义的词重音和实现交际意图的句重音却有着本质的不同，但又息息相关。一方面韵律底层的英语单词内部自带轻重交替的节奏特征；同时在韵律表层中，自带轻重交替的英语单词在语流中受到句法结构和韵律机制的影响而形成的轻重交替的句子焦点重音，和说话人的发音意图密切相关，是词重音和句重音的共同体现。

　　以往的研究多侧重对英语词重音和焦点重音分别进行探讨。其中，词重音主要关注对英语重音进行描写和重音参数的设定，如 Chomsky & Halle（1968）从语法和音段配列两个维度入手，探索英语词重音的基本规律；以及采用实验语音手段进行分析，其中 Fry（1955, 1958）的 SHACS 重音参量层级（Salience Hierarchy of the Acoustic Correlates of Stress）对音高、时长和音强进行了影响词重音重要程度的排序：基频（音高）＞时长＞音强，该模式对重音研究影响深远，同时也引发了争议（Keyworth, 2014；Koffi & Mertz，2018 等）。

　　焦点重音主要侧重于焦点重音的描写、分类以及焦点重音的语用功能。Ladd（1980）依据焦点实现的句法单位的大小（焦点辖域）将焦点分为宽焦点和窄焦点。当焦点位于整个句子时，通常被视为宽焦点，而当焦点位于单个词或某个音段时，则被视为窄焦点。Gussenhoven（1984）提出的"焦点即重音"理论，通过音高重音来标记句中语音最突显的部分（即焦点重音）。

但是目前国内外关于两者之间相互关系的探讨少有，而这种孤立词在语流当中的重音现象在英语语音中很常见，处于语流重读中的单词其自身的重音表征和语流中的重读现象合二为一的时候，"重上加重"的声学表现是英语语音研究需要关注的领域。相关的实证研究就更少。李行德、张洪明（2021：317）指出"一个语言的音系表征仅表现该语言中具有最小对比功能的特征单位"。而英语重音最小对比对是最具代表性的英语重音语料，本书将以英语重音最小对比对组成的同形词进行分析，考察英语词重音和相同的单词在句中焦点位置音高表现的异同。

3.3.2　实验说明

3.3.2.1　实验语料

作为英语重音实验最为广泛应用的语料，重音最小对比对具有相同的形态结构、不同的重音位置和不同的词性。两个音节之间的轻重交替形成一个音步。动词的首音节是非重读音节，末音节是重读音节，因此形成了抑扬格。名词的首音节是重读音节，末音节是非重读音节，因此形成了扬抑格。许希明（2020：83）介绍 Lass 将这类词称之为重音同源异形词，并指出英语大约有 130 多个这类词。本书采用重音最小对比对，强调这类词是英语词层面的最小重音对立，具有区别词义和区别语法的作用。在这种情况下，一个单词只有一个音步。语料被分为两类——孤立词和相同的孤立词在句中焦点的位置。第一类由 16 对（共 32 个词）英语重音最小对比对组成，重音分别在首音节和末音节。所选的 32 个单词都是口语中的常用词汇，见下表 3.13。

表 3.13 孤立词状态下的英语双音节实验词

词性	实验词					
动词	decrease	increase	import	record	combine	contest
名词	decrease	increase	import	record	combine	contest
动词	insult	retail	conflict	research	transfer	construct
名词	insult	retail	conflict	research	transfer	construct
动词	address	reject	extract	rebel		
名词	address	reject	extract	rebel		

在句子层面，把 32 个孤立词放置在陈述句的焦点位置。针对每个陈述句都设计了一个问题，用来区分句子的焦点。陈述句例句基于《牛津高阶英汉双解词典》（Hornby，2004，6th Edition）进行改编。如果词典中的例句不适合作为语料，做适当调整。此外，由于大多数句子中动词是及物动词，所以目标词位于句中，而非句首和句尾。见下表 3.14，表中"Q"代表问句，"D"代表回答的陈述句。

表 3.14 句中焦点的英语实验句

目标词	句子
(v.) de**crease**	Q：What do people do to keep healthy?
	D：People **decrease** the amount of fat they eat.
(n.) **decrease**	Q：How about the military spending this year?
	D：There has been some **decrease** in military spending this year.
(v.) in**crease**	Q：How about the price?
	D：They **increase** the price by 50%.
(n.) **in**crease	Q：How about the population of the country?
	D：There is an **increase** in population of the country.
(v.) im**port**	Q：How do the countries get most of the raw materials?
	D：The countries **import** most of the raw materials.
(n.) **im**port	Q：What makes the company spend so much money?
	D：The **import** of oil costs a lot of money.

目标词	句子
(v.) record	Q：What do they do during the competition? D：They **record** the songs.
(n.) record	Q：What does he buy for you? D：He buys a **record** of my favorite singer.
(v.) combine	Q：How do hydrogen and oxygen turn into water? D：Hydrogen and oxygen **combine** to form water.
(n.) combine	Q：Who decides to change the product? D：The **combine** decides to change the product.
(v.) contest	Q：What do the three candidates do? D：The three candidates **contest** the leadership.
(n.) contest	Q：What will he do to improve his writing? D：He will take part in a writing **contest** to improve his writing.
(v.) insult	Q：What will they do to Jim when he makes mistakes? D：They will **insult** him for his mistakes.
(n.) insult	Q：What do you think of the questions? D：The questions were an **insult** to our intelligence.
(v.) retail	Q：How do they sell these goods? D：They **retail** them.
(n.) retail	Q：Which trade develops so fast? D：The **retail** trade develops rapidly.
(v.) conflict	Q：What happens to these results? D：These results **conflict** with each other.
(n.) conflict	Q：What does the story tell? D：The story tells a **conflict** between two people.
(v.) research	Q：What do they do to improve people's diet? D：They **research** into ways of improving people's diet.
(n.) research	Q：What has he done to the renewable energy sources? D：He has carried out extensive **research** into renewable energy sources.

目标词	句子
(v.) transfer	Q：What do children usually do at 11 or 12? D：Children usually **transfer** to secondary school at 11 or 12.
(n.) transfer	Q：What has he asked for? D：He has asked for a **transfer** to the company's Paris branch.
(v.) construct	Q：What must I learn to better my logical argument? D：You must learn to **construct** a logical argument.
(n.) construct	Q：What influences people's behavior? D：Underlying **construct** influences people's behavior.
(v.) address	Q：What must we do to the problem of traffic pollution? D：We must **address** ourselves to the problem of traffic pollution.
(n.) address	Q：Where did the police find him? D：Police found him at an **address** in West London.
(v.) reject	Q：What will they do to this system? D：They will **reject** this system.
(n.) reject	Q：What did you receive from this company? D：I received a **reject** from this company.
(v.) extract	Q：What did the journalists manage to deal with the information about her private life? D：Journalists managed to **extract** the information about her private life.
(n.) extract	Q：What is taken from her new novel? D：The following **extract** is taken from her new novel.
(v.) rebel	Q：What do they do towards the strict religious instruction? D：They **rebel** against his strict religious instruction.
(n.) rebel	Q：What is your role in the family? D：I am the **rebel** of the family.

3.3.2.2　实验发音人

本实验招募了 4 位英语母语者，威斯康星大学大二与大三的学生（2 男 2 女，年龄范围为 19-21 岁，平均年龄为 20.5），无听力障碍和发声障碍。

3.3.2.3   实验过程

录音在安静的房间进行，录音软件为 Cool Edit Pro 2.1。采样率为 22050Hz，单声道，采样精度为 16 比特。

在录音之前，发音人被要求填写个人信息和调查问卷。然后实验者向他们介绍录音步骤，包括语料的内容以及如何录音。发音人有 10-15 分钟的时间熟悉录音内容，并按顺序朗读所有单词和句子。发音人吐词清楚。没有语言学方面的专业背景。

录音过程被分为两个部分。首先，发音人将一组单词读 3 遍，每组之间间隔 2 分钟。录音时，两个单词要间隔 2 秒，以保证录音的质量和稳定性。其次，被试需要朗读 32 个问句和 32 个陈述句。所有句子都要按顺序读 3 遍，录音的规则与单词部分相同。

通过 Cool Edit Pro 2.1，录音材料被切分成单个单词和句子，选择单词和句子录音效果较好的两遍进行分析。因此，共收集 256 个单词样本（32 个词*2 遍录音*4 位发音人）和 256 个句子样本（32 个句子*2 遍录音*4 位发音人）。数据分析时，取两次录音的平均值。用 Praat 和 Mini Speech Lab 语音软件进行语音分析和相关参量提取（每个音节的音高最大值、音高最小值）。采用 GraphPad Prism8 计算音高斜率，用 Excel 进行数据计算，用 SPSS 进行显著性检验。

3.3.2.4   实验测量方法

本研究采用了两种测量方法进行分析。一种是基于首末音节音高调域的比值。音高调域是同一音节中音高最大值—音高最小值所获得的音高跨度差异值。由于本研究研究对象是英语重音最小对比对值，即音段相同，重音位置不同，单词的词性不同，词义也不相同。当重音在末音节，为动词；当重音在首音节，为名词。采用"VP"代表动词的音节调域、"NP"代表名词的音节调域，"syll1"和"syll2"分别代表首音节和末音节。

$$动词_{音高调域比} = VP_{syll2}/VP_{syll1} \qquad (2\text{-}1)$$

$$名词_{音高调域比} = NP_{syll1}/NP_{syll2} \qquad (2\text{-}2)$$

如果比值大于 1，那么重读音节的值就大于非重读音节的值，说明重读音节比非重读音节更突显。相反，如果比值小于 1，那么重读音节的值就小于非重读音节的值，说明重读音节与非重读音节相比并不突显。

本次实验采用音高斜率，对英语重音最小对比对进行考察分析。通过对音高最大值和最小值的观察，发现动词和名词的 F_0 趋势有一定的规律，如下图 3.3 和图 3.4 所示。

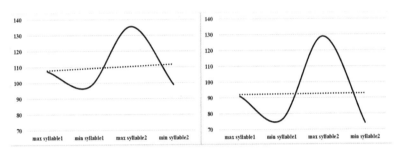

图 3.3　男性发音人动词"address"的 F_0 趋势

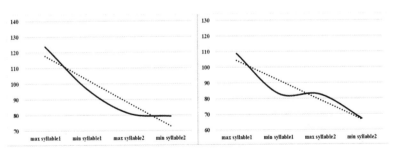

图 3.4　男性发音人名词"address"的 F_0 趋势

图 3.3 和图 3.4 表明，名词的 F_0 趋势比动词的 F_0 趋势更陡。因此，本次实验提出一个假设，即英语重音最小对比对词的动词和名词的音高斜率存在差异，在大多数情况下，名词的音高斜率

高于动词。

　　本次实验计算动词和名词的 F_0 斜率，并探究 F_0 斜率是否是体现重音的声学表征。采用每个词的中线，用线性回归拟合斜率。用 Praat 和 GraphPad Prism 8 软件进行操作。首先，用 Praat 提取每个词的音高数据，并将对应的基频值复制到 GraphPad Prism8 中。GraphPad Prism8 通过对中线进行线性回归拟合。如下图 3.5 和图 3.6 所示。

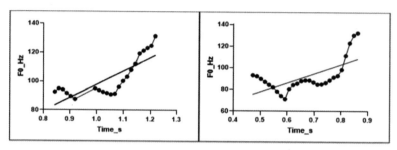

图 3.5　男性发音人动词"address"的线性回归拟合

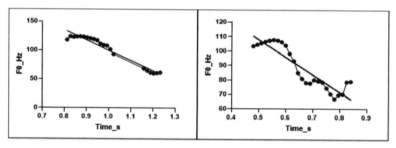

图 3.6　男性发音人名词"address"的线性回归拟合

　　图 3.5 和图 3.6 中，点状曲线为音高曲线。线性回归线的斜率就是音高斜率。向下的斜率为负值，向上的斜率为正值。

　　在本次实验中，"$S_{lexical}$"表示词重音，"$S_{metrical}$"表示句子焦点位置的焦点重音。"$S^V_{lexical}$"和"$S^N_{metrical}$"中的上标"V"和"N"分别表示动词和名词。音高调域值计算的是一个比率。而音高斜率计算的是绝对值，表示整个词的音高趋势。

本次实验先分别分析英语重音最小对比对词重音和焦点重音音高调域比和音高斜率，再对词重音和相同单词在焦点位置的焦点重音进行综合对比分析。

3.3.3　英语母语者词重音的音高声学表征分析

首先计算所有英语母语者产出孤立词的音高调域比均值和音高斜率均值。"$S^V_{lexical}$"代表动词的音高均值，"$S^N_{lexical}$"代表名词的音高均值。见下表 3.15。

表 3.15　英语母语者词重音音高调域比和音高斜率均值

音高均值　　　语音环境		音高调域比	音高斜率绝对值
$S^V_{lexical}$	M	2.48	95.43
	SD	1.6	51.43
$S^N_{lexical}$	M	3.37	189.06
	SD	4.97	88.49
p		0.174	<0.001

如表 3.15 所示，在词重音层面，无论动词还是名词，音高调域比都大于 1，说明重读音节比非重读音节的音高调域更宽。这一结论与 3.2 对词重音的研究结论一致，即重读音节更加突显。同时，名词_{音高调域比}＞动词_{音高调域比}（3.37＞2.48），且没有显著差异（p=0.174＞0.05），动词和名词在音高调域上的差异不明显。

表 3.15 表明，英语母语者倾向于把重读音节发得比非重读音节音高调域更为突显。冉启斌、段文君等（2013：55-56）指出音高调域也是判断重读的有效因素。本实验结果表明重读音节的调域值比非重读音节的调域值大，证明英语重音在一定程度上可以通过拓展音高调域来实现。

　　音高斜率的绝对值体现了音高曲线的变化趋势。动词的音高斜率绝对值为 95.43，名词为 189.06，名词_{音高斜率}＞动词_{音高斜率}（189.06＞95.43），并且二者有显著差异（p＜0.001）。图 3.7 体现了动词与名词的音高斜率对比。图中虚线表示动词的平均值，实线表示名词的平均值。

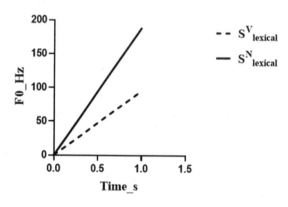

图 3.7　动词和名词的音高斜率

　　英语母语者的产出显示，虽然动词和名词的音高调域比差异并不显著，但是音高斜率却有很大差异，名词音高斜率大于动词。

3.3.4　英语母语者焦点重音的音高声学表征分析

　　接下来分析英语母语者在产出焦点重音时的音高声学表现。表 3.13 中的目标词被放在表 3.14 句中的焦点位置，计算相同的孤立词在焦点重音中的音高调域比和音高斜率。"S^{V}metrical"代表动词的均值，"S^{N}metrical"代表名词的均值，见下表 3.16。

　　如表 3.16 所示，在焦点重音中，无论动词还是名词，音高调域比均大于 1，说明重读音节调域值高于非重读音节，重读音节的音高调域表现更加突显。与此同时，动词的调域比与名词的调域比相同，都为 2.77，二者之间没有显著差异（p=0.999＞0.05）。

表 3.16 英语母语者焦点重音音高调域比和音高斜率均值

音高均值 / 语音环境		调域比	音高斜率的绝对值
$S^V_{metrical}$	M	2.77	98.39
	SD	2.54	66.27
$S^N_{metrical}$	M	2.77	204.65
	SD	2.76	132.1
p		0.999	<0.001

就音高斜率而言，名词_{音高斜率}＞动词_{音高斜率}（204.65＞98.39），并且存在显著差异（p＜0.001）。图 3.8 体现了动词与名词的音高斜率对比。图中虚线表示动词的平均值，实线表示名词的平均值。

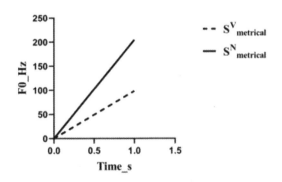

图 3.8 动词和名词焦点重音的音高斜率

上述研究表明，对于焦点位置上的焦点重音而言，重读音节的声学表现比非重读音节更为明显，这种明显可以通过音高调域体现。在句子的焦点位置，英语的重读音节既有词重音，也有焦点重音，因此英语母语者产出的重读音节也具有突显性。该结论与之前的研究相一致，即音高是判断韵律重音的有效因素。此外，与词重音相同，扬抑格的音高斜率更高。

3.3.5 英语母语者词重音与焦点重音的音高声学表征对比分析

本次实验进一步将词重音和焦点重音的研究结果放在一起进行分析。表 3.17 为动词与名词的音高在词重音与焦点重音中的声学表现。

表 3.17 动词与名词在词重音与焦点重音中音高调域比和音高斜率均值

音高均值 语音环境		音高调域比	音高斜率绝对值
$S^V_{lexical}$	M	2.48	95.43
	SD	1.6	51.43
$S^N_{lexical}$	M	3.37	189.06
	SD	4.97	88.49
p		0.174	<0.001
$S^V_{metrical}$	M	2.77	98.39
	SD	2.54	66.27
$S^N_{metrical}$	M	2.77	204.65
	SD	2.76	132.1
p		0.999	<0.001

表 3.17 表明，就调域比而言，词重音中名词_{音高调域比}＞动词_{音高调域比}，而在焦点重音中名词与动词音高调域比值几乎相同。说明在语流中这种重音位置不同而导致的重音最小对比对的差异性在减少。并且两种语音环境下的显著性检验结果都表明，动词和名词之间均不存在显著性差异（P＞0.05）。就音高斜率绝对值而言，词重音和焦点重音两种条件下的名词均高于动词，显著性检验结果也显示二者之间存在显著差异（P＜0.001）。两种语音环境下的调域比见下图 3.9-a 和图 3.9-b。图中带点柱形条代表词重音中的动词，黑色柱形条代表词重音中的名词，斜线柱形条代表焦点重

音中的动词，菱形网格柱形条代表焦点重音中的名词。

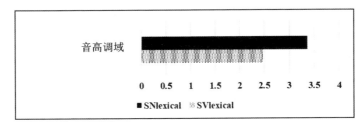

图 3.9-a 词重音中动词与名词音高调域比对比

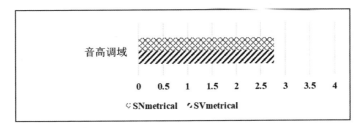

图 3.9-b 焦点重音中动词与名词音高调域比对比

如图 3.9-a 和图 3.9-b 所示，在两种重音类型（词重音和句重音）中，所有的调域比都明显大于 1，表明重读音节与非重读音节差异明显，说明音高调域作为英语重音声学特征的有效性。

图 3.10-a（同图 3.7）和图 3.10-b（同图 3.8）显示了音高斜率的差异，虚线表示动词的平均值，实线表示名词的平均值。

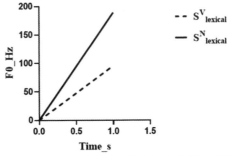

图 3.10-a 词重音中动词与名词音高斜率对比

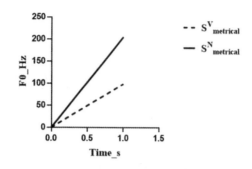

图 3.10-b　焦点重音中动词与名词音高斜率对比

如上分析，两种语音环境下英语重音最小对比对动词与名词音高斜率的差异表现出相似的趋势。名词的音高调域整体高于动词，名词音高斜率的走势比动词幅度更大。并且在这两种重音条件下，名词的音高斜率都是动词的两倍左右。

通过对词重音和焦点重音的比较，重读音节和非重读音节无论在词重音还是句重音中，以及无论是调域比的对比还是音高斜率的对比中都能较为充分体现出来，表明英语母语者的产出中重读音节的突出，这些音节是单词内或者句子中强调程度最高的音节。这些结论在某种程度上符合 Huss（1978）的观点，即动词—名词对儿的重音区别在句子核位置上是可以感知到的。

本次实验进一步对动词和名词条件下词重音和焦点重音进行比较，将动词的词重音与焦点重音进行比较，名词的词重音与焦点重音进行比较，见下表 3.18。同时对每组比较进行显著性检验，看是否有显著性差异。

结果表明，在音高调域比方面，词重音中英语重音最小对比对的动词和名词的音高调域比差异较为明显，但是在焦点重音中，这种差异并不明显。说明发音人在发孤立状态下的英语重音最小对比对时，能较好地区分作为名词和作为动词发音的区别。但在语流中，发音者区分的意识减弱。进一步观察可以发现，这种变化主要发生在名词的词重音和焦点重音中音高的变化（3.37＞2.77），音高调域比的差值高达 1；而动词的变化较小（2.77＞2.48），只相差 0.29。而且和名词从孤立词重音到焦点重音减弱相比，动词反而有小幅度的增强。

表 3.18　动词与名词在词重音与焦点重音中的音高对比

音高均值 语音环境		音高调域比	音高斜率的绝对值
$S^V_{lexical}$	M	2.48	95.43
	SD	1.6	51.43
$S^V_{metrical}$	M	2.77	98.39
	SD	2.54	66.27
p		0.435	0.778
$S^N_{lexical}$	M	3.37	189.06
	SD	4.97	88.49
$S^N_{metrical}$	M	2.77	204.65
	SD	2.76	132.1
p		0.398	0.435

在音高斜率方面，动词和名词表现出了一致性，无论是词重音中还是焦点重音中，数据都比较接近。与此同时，显著性检验也证明词重音与焦点重音没有显著性差异（p＞0.05）。

图 3.11-a 和 3.11-b 是两种语音环境下音高调域比对比。图中带点柱形条代表词重音中的动词，斜线柱形条代表焦点重音中的动词，黑色柱形条代表词重音中的名词，菱形网格柱形条代表焦点重音中的名词。

图 3.11-a 和 3.11-b 表明，相同的动词在词重音和焦点重音的调域比仅有微小的差异，表明发音者从孤立词到语流中的韵律词，对动词重音的发音意识略有增加。但是在名词中，词重音的音高

调域明显大于焦点重音。

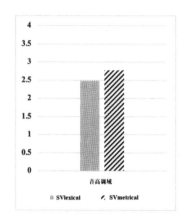

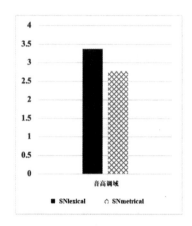

图 3.11-a　两种语音环境中动词
音高调域比对比

图 3.11-b　两种语音环境中名词
音高调域比对比

　　音高斜率如图 3.12-a 和图 3.12-b 所示，虚线代表词重音的均值，实线代表焦点重音的均值。从图中可以看出，无论是动词还是名词，在词重音和焦点重音中的音高斜率的差异都非常小。

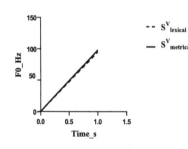

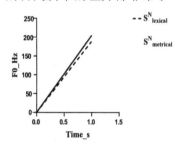

图 3.12-a　两种语音环境中动词音
高斜率对比

图 3.12-b　两种语音环境中名词
音高斜率对比

　　接下来将动词与名词的数据结合起来，对句子焦点位置上的词重音和焦点重音的整体音高数据进行统计计算，见表 3.19。总体数据的平均值差距不大，p 值都在 0.05 之上。并得到图 3.13 和

图 3.14。

表 3.19 词重音与焦点重音整体音高调域比与音高斜率值

音高均值 / 语音环境		音高调域比	音高斜率的绝对值
$S_{lexical}$	M	2.92	142.25
	SD	3.71	86.05
$S_{metrical}$	M	2.77	151.52
	SD	2.64	116.96
p		0.701	0.471

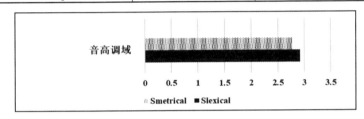

图 3.13 词重音和焦点重音整体调域比

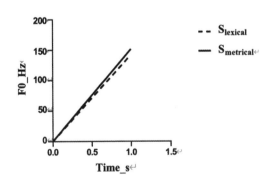

图 3.14 词重音和焦点重音整体音高斜率

图 3.13 和图 3.14 更直观地词重音和焦点重音在音高调域比和音高斜率上的数据都非常相似，目前的前期实验中二者没有显著差异。

3.3.6　结论

四位英语母语者产出的重音最小对比对在词重音和焦点重音中相邻音节都具有突显性，通过调域比和音高斜率可以观察到。实验证明了重读音节比非重读音节更加突显。

比较动词（轻+重）和名词（重+轻）的差异可以发现，名词调域比在词重音和焦点重音中音高调域比差异比较大，但不显著，且呈现出从孤立词到语流中名词调域比有较为明显的减弱，即重读音节与非重音音节之间的音高调域差异缩小。动词调域比在词重音和焦点重音中音高调域比比较接近，且差异不显著，并同时呈现出从孤立词到语流中动词调域比略有增强，即重读音节与非重音音节之间的调域差异有所加大。实验表明，虽然差异不显著，但通过音高调域可以有效地对孤立状态下的词重音、语流中的焦点重音、从词重音到焦点重音的英语重音二重性展开分析。

就音高斜率而言，无论是词重音还是焦点重音，名词的音高斜率大于动词的音高斜率。但是与音高调域不同的是，从词重音到焦点重音，无论是名词还是动词，音高斜率的差异变化很接近。本书在对非英语重音最小对比对的研究中发现，音高斜率目前不能有效区分其他重音类型，因此在后面的实验分析中，没有采用音高斜率的方式进行分析，主要考察音高最大值和最小值的高低变化和调域变化。但在英语重音最小对比对的分析中，音高斜率对分析英语重音具有有效性，因此本书在这里进行了分析和介绍。

本次实验以英语重音最小对比对为研究对象，探讨词重音和焦点重音的关联。研究虽然表明相同实验词的词重音和焦点重音没有显著差异，但也表现出了较为明显的不同。值得注意的是，由于英语重音最小对比对中，动词和名词的区分，依靠的是重读音节所在的位置，如动词的重音位置在词末，而名词的重音位置在词首。在整个实验过程中发现，也许重音所在的位置本身也会对研究结果产生影响。这为第 4 章、第 5 章和第 6 章的实验分析提供了一种重要的研究角度。本次实验中表 3.19 和图 3.13 和图 3.14 将动词和名词结合在一起进行分析，发现差别性消失，趋同性增强，进一步证实了应该从重音类型出发各自分析的必要性。这种从各自重音类型出发进行分析的必要性，在 4.3 汉语和英语双音节词音高声学对比分析中进一步得到证实。

3.4　汉英韵律音系对比研究中音节作为韵律基本单位的可行性

3.2 和 3.3 的两个前期对比实验中，汉语和英语均采用了音节作为基本的韵律单位。在 3.4 中将对音节以及音节在这两种语言中的异同进行分析，并阐述采用音节作为汉语和英语韵律对比基本单位的可行性。

第 1 章介绍了韵律音系学的韵律层级和韵律单位，在跨语言比较视野下对英汉韵律音系进行比较，需要找到可操作的韵律基本单位。高永安（2018：54）指出，研究共时语音系统，语音单位划得越小越好，有利于反复做实验和验证。1.2 介绍了国外韵律音系层级的五级单位划分和八级单位划分（见图 1.1 和图 1.3），以及汉语韵律层级的划分（见图 1.8、图 1.9、图 1.10、图 1.11）。汉语和英语对比可采用的韵律最小单位是什么呢？由于韵律词是韵律—句法的主要接口，"韵律词是利用非音系概念在映射原则基础上建立的韵律结构层次中最低的成分，代表音系和形态成分之间的相互作用"（张洪明，2014：310）。因此这里我们主要探讨韵律词以下的韵律单位的可行性。

基于前面的介绍和分析，目前韵律词以下的韵律层级主要有三个：音步、音节和莫拉。首先来看最底层的莫拉。在 1.1 中，图

1.1 和图 1.2 的韵律底层均为音节,只有图 1.3 中韵律底层为莫拉。而汉语的划分中是否有莫拉目前说法不一,如张洪明(2014:314)认为汉语没有韵素(见图 1.11)。莫拉,作为音节以下的韵律层级,我们并不能直接观察到,是拟构出来的一层韵律单位,体现了音节以下的轻重交替,需要做底层的各项推导,各语言之间划分莫拉的标准也各有不同,难以形成定律,不利于实验语音基本单位的划分。再看音节以上的音步。音步和莫拉一样,也是韵律音系研究中拟构出来的一层韵律单位,体现了音节以上的轻重交替。和莫拉略有不同的是,在重音语言中,音步是以音节为载体进行归类的,因此只要对英语的重音有基本了解,也大致能够根据音节推导出音步的具体情况。但是对于非重音语言,对于是否有音步还没有定论(见 1.3),且对于非重音语言的音步的划分也没有统一的标准。目前的研究表明,音节以上的音步,主要用于重音语言,强调相邻音节的轻重交替,因此更适合同属于重音语言系统的语言之间的对比,体现语音的个体性,跨语言对比中采用音步作为基本的韵律单位具有较大的难度。因此在汉语和英语的语音对比中,也不太适合。莫拉以上,音步以下的音节,作为元音和辅音配列的语音实体,逐渐得到了认可。陈保亚、严智(2019:38)指出由于字、词和语素这类术语内涵各有不同,难以成为声调语言的标准单位,因此音节"可能会是讨论声调的最合适的基本单位"。

正如在绪论中介绍的那样,节律音系学、韵律音系学和韵律构词学中都把音节作为基本的单位(见表 0.1),而在第 1 章所有关于英语和汉语韵律的划分中,音节也是必要的韵律单位。音节,作为语音基本的音段结构单位,体现元音和辅音的配列,同时也能承载超音段特征,如汉语的声调和英语的重音,因此在汉语和英语跨语言韵律音系对比中比较适合。从语音实验分析来说,音节作为韵律的底层,有可操作性。主要原因是关于音节的研究已经有长久的历史,关于音节的界定和划分都有了较为成熟的体系,易于识别。其次是现代音系学中，音节是所有语言的共性，有利于跨语言的语音研究。

现代语言学中，研究音节的维度众多。从物理特征看，音节是语言中的自然发音单位，"人们在语流中能自然分辨的最小语音结构单位"（张洪明，2014：308）；从结构构词而言，音节是语言中最小的能够自由组合的音段结构单位（石锋、冉启斌，2019）；张吉生（1994：56）认为基于语言的普遍性，每一种语言的语音都具备音节结构。音节是"任何语言音段序列限制规则的辖域"，以及"具有跨语言普遍性的音节辖域内的音系变化规则"（张吉生，2022：82），何丹（2007）从整体性出发，将音节定义为音系层级中的一级，且最符合说话人语感的语音单位。张洪明（2014：308）指出"音节是普通话的最小韵律层级单位，其建构要符合普通话语音配列限制"。赵永刚（2018：28）也指出"韵律层级理论把语法中的韵律成分按照层级顺序成线性排在一起，音节为最小单位①"。

克里斯特尔（2004：347-348）指出难以对音节下一个精确的定义，并从不同角度进行定义。从音节作为一个发音单位来看，"通常大于单一的音而小于一个词"；从发音生理学来讲，音节的语音物理属性表现为"每个音节对应于一次气压增强，肺部的空气以一系列胸腔脉冲释放出来，这种释放很容易感受和测量"；在听觉层级，音节被定义为"一个语音语符列中，有些音的固有"音响"强于其他音，而每个音响"峰"对应与一个音节中心"，由于"元音的音响负载能力比较强，因此最能代表音响峰"，明确了音节中元音的主导作用；在音系学层面，则关注语音（如元音和辅音）"如何结合起来产生典型的序列"。克里斯特尔关于音节的定

---

① 赵永刚（2018：28）也同时指出有的学者认为韵素为最小单位。

义较为全面。Roach（2007：67）也指出音节可以从语音学和音系学两个层面进行定义。在语音学层面，音节是指发音时气流几乎不受阻、声音相对洪亮的音核，音核前后（即音节首、尾）气流受阻较大、且声音不那么洪亮，并指出对 tone（包括英语的音调和汉语的声调）的理解，最好是从单音节开始（Roach，2007：141）。张吉生（2022：82）指出在人类交际中都需要通过音节来突显语流的强弱节奏和切分语流。

现代汉语语音学研究中，均肯定了音节在汉语中的重要性，尤其是声调的演变和发展也证实了音节在汉语语音研究中的必要性。赵元任在尝试对汉语的字和英语的词基于音节进行阐述时，提出"音节词"（word-syllable）的概念（赵元任，2007：894）。尽管强调汉字是以字为本的语言，徐通锵认同音节对汉语声调研究的重要性，并指出"词是多音节语的基本结构单位，字是单音节语的基本结构单位"（徐通锵，1998：1）。周韧（2017：536-552）认为汉语是一种单音节语的本质决定了其在韵律语法现象上展现音节计数的特点。与此同时，不同语言的音节构成各有差异。作为世界上具有代表性的两种语言，英语属于印欧语系，汉语属于汉藏语系，因此语言底层结构的音节也存在许多异同。端木三（2021：562）指出除儿化音节以外，汉语的音节划分通常被认定为以字为单位；并根据重长轻短切分法，发现如果包括所有词缘辅音，英语的音节总数大约是汉语的 2 倍，而如果不包括词缘辅音，英语的音节总数大约是汉语的 1.5 倍；根据"音节使用率"，汉语的音节使用率是英语的 1.5 倍（端木三 2021：584）。端木三的最新研究表明，音节对汉语的重要性。因此对不同语言词内相邻音节声学表现进行对比分析，有利于揭示语音的本质属性及其发展规律。

本书 2.1.1 对音节的发展做了简要概述。何丹（2007）将英语音节的研究分为三个阶段：（1）传统语音研究阶段（19 世纪后期至 20 世纪初期）；（2）美国结构主义描写派和生成派的标准理论阶段（20 世纪初—20 世纪 70 年代）；（3）后 SPE 音系学（20 世纪 70 年代—至今），特别是非线性音系学对音节产生的影响。由此，历经一个多世纪以后，国外对音节理解从肯定到否定再到肯定，形成了一个循环，但这并不是一个闭循环。何丹（2007：203）指出这是"螺旋式"循环上升，"其结果不是回到了起点，而是上升到了新的高度。"关于英汉音节的异同，学者们从音位组合的多寡、音节中包含音素的个数的限制、辅音（丛）的配置等方面进行了比较（许高渝、王之光，2002：52）。其中比较有代表性的一种尝试是把声调考虑到汉语音节中。目前学界普遍认为汉语的一个音节通常由声母、韵母和声调三个部分组成（曹文，2018：113）。何丹（2007：204）将声调纳入汉语音节中，并进行了汉语和英语音节构成的比较，如下图 3.15。

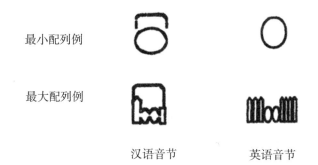

图 3.15　汉英（亦即单音节词的语音框架）结构类型对比图示
（何丹，2007：204）

图 3.15 基于汉语和英语的音节结构和超音段特征，以元音和辅音的配列情况为标准，列出了最小配列和最大配列两种类型。而其他的配列则居于二者中间。首先我们来看音节线性的配列情况，在最小配列中，两种语言均为单独的"V（元音）"；在最大配列中表现出了不同，如汉语单音节中的最大配列是"CVVC"，而

英语单音节中的最大配列是"CCCVVCCCC"。接着我们观察超音段情况。汉语中在声母和韵母配列的上端还多出了一个类似于曲拱的图形，而该曲拱正是体现汉语音节音高特征的主音位—调位（即声调）。何丹（2007：204）认为"调位笼罩着整个音节，起到了类似音乐简谱中的圆滑线那样的制约作用，把音节中本来'各自为政'的各个构成成素（音质音素）整合化，使得整个音节凝聚为一个不可分割的整体"，强调了音高曲拱和声调的共存关系，以及声调对音节的依附性，并由此得出"英语音节属于典型的线性结构，而汉语音节属于典型的非线性结构，具有高度的整合性"（何丹，2007：205）。这与侍建国（1997：36）和彭泽润（2006：97）关于汉语声调的观点接近，前者认为汉语的声调依附于音节的程度比音节依附于声调的程度要高很多，后者认为声调可依附的最小单位是音节。

　　何丹（2007）对汉语音节的划分体现了将线性音系和非线性音系结合的探索，比前人的研究更进了一步，在某种程度上值得肯定。其线性音系的运用主要体现在（1）音段与音段以配列为主；（2）赋予了声调"调位"这样的音位属性。而非线性音系的运用主要体现在将声调视为非线性结构，是依附于音节的超音段特征。这样的双重划分，将声调同时置于了两个独立的结构中，亦或声调成为了线性音节和非线性音系的接口，看似突显了声调的重要性，反而让声调的属性和界定更为不清晰。而这种界定的不清晰在和英语音节做比较的时候更为明显。在图 3.15 中，汉语包括了音节的音段配列+声调，是二元的，而英语只包括了音段配列，是一元的。如果从单音节的角度出发，图 3.15 的分类看似合理。但从汉语和英语音节的发展演变过程，则需要进一步思考。潘悟云（2019：1-17）指出，从古到今，汉语语素结构历经从多音节型到一个半音节型，再到单音节型的演变。语素结构的简化导致表义的语音手段减少，需要新的补偿手段，在这种背景下声调逐渐出现。因此声调并不是汉语音节构词中原本固定的成分。徐世梁（2019b）指出在声调形成过程中，音节中各种要素都有可能发挥作用。因此，并非是由于汉语音节具有非线性的属性，而是汉语线性结构的音节承载了非线性的声调特征。另一方面，英语传统语音学认为英语单音节词自带轻重音，只是轻音脱落。赵忠德、马秋武（2011：255）认为单音节也有音步，可以视为"减衰音步"。这也是韵律音系学所主张的英语单音节结构的底层也应设立轻重交替的莫拉层级的依据，同时也进一步证实了音节与重音和声调均体现了音段和超音段的关系。此外，采用 SPE 的音段配列，不能对音节进行尽可能穷尽性的描写，因为音段配列的形式多样，如图 3.15 所示，在最小配列和最大配列之间还有各种配列的可能性，不利于跨语言的比较

　　虽然对音节下定义比较难，且英汉音节在具体细节上存在诸多差异，但是目前对于音节的最基本的结构，学界基本达成共识，即只关注音段结构，同时这种结构不是线性的，是以元音（韵）为核心的层级关系，这样能更为清楚地划分出必要成分（核音亦或音核）和其他不必要成分。同时超音段成分（如声调和重音）不作为音节结构所涉及的内容。如下图所示。

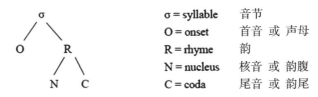

σ = syllable　音节
O = onset　　首音 或 声母
R = rhyme　　韵
N = nucleus　核音 或 韵腹
C = coda　　尾音 或 韵尾

图 3.16　音节结构（王洪君，2008：98）

　　图 3.15 和图 3.16 最大的区别在于图 3.16 显示的是音节的基本层级结构，如"韵腹"和"韵尾"构成"韵"，"韵"和"声母"构成音节。图 3.16 中的音节结构不涉及元音或者辅音的具体个数以及各种配列，将元音和辅音各自视为一个集合，其中的元音作

为核心成分，又细分为核音和尾音。该图简单、明晰、易懂，大多数语言或者几乎所有的语言都可以据此构建自身的音节结构。王洪君（2008：98）在介绍音节结构中，沿用了相关术语的常见中文译名，如"onset"翻译为"首音"，"rhyme"①为"韵"，"nucleus"为"核音"，"coda"为"韵尾"，同时也认为英语的音节结构与汉语传统音韵学术语中的"声母、韵腹、韵尾"②相似。图3.16中，音节中韵腹（nucleus）是必不可少的，声母（onset）和韵尾（coda）可有可无。

　　早在张吉生（1994：59-60）就指出汉语的声母和韵母（包括韵头、韵腹和韵尾）不同于英语音节结构，主要体现在（1）汉语声母不能等同于英语音节中的 onset，后者包括音节音核前的所有音素；（2）汉语的韵母有别于英语的 rhyme，英语的音韵包括音首后的所有音素，都参与押韵，而汉语的韵头不受押韵约束；（3）汉语韵腹和英语韵核包含的音素个数不同，汉语韵腹只能是短（单）元音，英语韵核则更灵活一些，可单、可双、可加辅音等；（4）汉语和英语中的韵尾也各有不同。

　　王洪君（2008：98）对英语的音节结构和传统音韵学的音节结构做了大致的比较，认为二者整体而言比较接近，例如声韵双分、韵腹必备等。主要的不同点在于英语的音节结构把韵腹之前的音都归为首音，而中国传统音韵学对于韵腹之前的介音的归属没有明确界定。因为本书做汉英韵律音系对比，侧重音节结构的整体性，汉英音节音系层面的细节不做深入探讨，因此整体上采用了王洪君的基本分法。

---

　　① 张洪明（2014：308）和周韧（2021：6）均采用的是 rime。Roach（2007：73）中采用的是 rhyme，同时 nucleus 用 peak 代替。Nespor & Vogel（2007：73）采用的是 rhyme。

　　② 王洪君（2008：98）也同时指出"声母、韵腹、韵尾"在汉语音韵学中通常翻译为"initial, nucleus, ending"。但为了方便说明汉语，"声母、韵腹、韵尾"对译为"onset, nucleus, coda"。

　　目前研究中有较多基于音节进行的语言分类。如 Gordon
（2002，2016 等）基于音节，探讨重音敏感语言和重音不敏感语
言（见图 2.6）。Ryan（2019）基于音节和莫拉将世界语言分为三
类，莫拉类、音节类—莫拉和音节类（见图 2.7）。

　　但是，与此同时，关于汉语和英语音节的不同一直也是学界
探讨的焦点。汉语和英语音节的不同，不仅仅体现在超音段特征
的不同，实际的意义上也各有不同。其中最主要的讨论点是在传
统汉语语言学中，汉语是"一字一音"，声调具有区别词义的作用。
正如陈保亚、严智（2019：36）指出，"汉语声调在每个音节上起
语义对立的作用"。江荻（2011：74-75）认为世界上的语言可以
划分为多音节型词形结构语言和单音节型词形结构语言。单音节
型词形结构多表现为单音节载义，并把音高与单音节性词形结构
的固化关系视为音高材料的语法化或结构化，因此声调就是音高
语法化的结果。例如徐通锵（1998）认为汉语应该以"字"为本。
而英语是"一词一音"或者"一词多音"，英语可以体现为"字"，
也可以体现为"词"。沈家煊（2017：3-19）在对汉语和英语的音
节进行对比中，指出汉语音节是音律的基本单位，"节"是指"节
拍"，即"节奏单位"。因此"单音节"和"双音节"在英语和汉
语涵义各有不同。英语是"单丨音节、双丨音节"，而汉语是"单
音丨节、双音丨节"，单音就构成一个节拍，并认为"汉语的组织
和运行以"字"为基本单位，而"字"是形、音、义、用的结合
体，可以分析，不能分离，分离就破坏了它的完整性"（沈家煊，
2017：3-4）。

　　图 3.15 和"字本位"观点基于汉语单音节词进行分析，虽然
具有一定的说服力，但是韵律音系学和线性音系学的主要区别之
一在于不是研究某个具体音段的表现，而是韵律单位与韵律单位
之间的异同。这为汉语和英语的韵律音系比较提供了可能性。王
洪君（2008：279）将汉语的"字"本位和韵律的"词"单位进行

了折中，提出"西方语言里双音节音步构成'韵律词'，汉语里单音节构成'韵律字'，'字'是句法韵律的枢纽"。

许希明、沈家煊（2016：651）指出英语中双音词和多音词占多数。与此同时，汉语中虽然是一字一音一义，但更多的时候也是以声调组合的形式出现。沈家煊（2017：4）表明，现代汉语的词汇，从词例来看，双音字和单音字差异不明显，从词型来看，双音字多得多。尽管沈家煊强调字本位在汉语中的重要性，但也肯定了双音节语音结构在汉语中的重要性。

在汉语和英语韵律对比中，这种相邻音节与音节结合的声学异同，才是韵律音系学研究的重点。本书探讨音节与音节的组合，英语双音节词和汉语双音节词的对比（第4章、第5章、第6章），以及英语三音节词和汉语三音节词的对比（第5章），主要侧重的是是相邻音节之间的声学表征。尽管词重音与词声调具有不同的组合机制，英语词重音具有指派规则，而汉语词声调遵循变调规则，但在声学表现上，二者主要都体现出声学参量的相对性，因此具有可比性。3.5将从"突显"的维度，从音高突显模式出发，进行进一步阐述。

3.5　汉英韵律音系对比研究中音高"突显"的声学对比维度

3.5.1　"突显"的音系和语音意义

语音学和音系学都研究人类的语音，只是侧重不同。在3.1部分，新描写主义强调了语音学和音系学的各自独立和相互联系。前者的研究对象是音系系统中的语音，侧重研究语音的物理特性；后者主要关注语音单位及其相互之间的关系，涉及语音间的关系及其社会属性，但两者的研究又呈现出趋同的趋势（席留生、黄春迎，2020：64）。作为语音学和音系学中的重要概念，"突显（prominence）"便是这种趋同性的表现之一。

叶军（2014：36）指出人类自然语言中存在一定的轻重缓急现象，构成人们说话时的韵律或者节奏。汉语的声调和英语的重音对各自语言的"轻重缓急"起到了重要的作用。这种"轻重缓急"主要指言语中可感知到的韵律单位突显的规律性。早期的研究中，"规律性"被理解为"等时性"，进而将世界语言分为音节计时型（syllable-timed，如法语、汉语①）和重音计时型（stress-timed，如英语），但后来的研究证明不存在严格意义的等时性（Roach，2007：123）。此后以非线性音系学为代表的研究转向研究相对突显的规律性，如强弱的交替。相对突显的交替模式往往同语言的音系特点有关，如音节结构、词汇重音、元音弱化等（刘春卉等，2022：151）。

"突显"是重音和韵律研究的关联因素，无论在语音学和音系学中都有重要的作用。根据克里斯特尔（2004：288），"突显"在语音学上可以理解为"一个音或音节在其环境中比其他音或音节突出的程度"，且"音长、音高、重音和固有音响等变化都是影响一个单位相对突显度的因素"；在音系学层面多为抽象意义的描述，例如在节律音系学中指"节律树中两个组构成分之间的相对音重"。在跨语言研究中"突显"被越来越多的采用，以避免不同语言自身语音特征而导致的术语误解和研究误区。

例如，2.1.3 讨论了"stress"和"accent"的区别和互用，许希明、沈家煊（2016：643-656）把"stress"理解为重音，把"accent"理解为句层面的重读（见表 2.5）。van Heuven（2018：29-30）从词重音和句子重音两个方面区分 accent 和 stress，用"重读

---

① 许希明（2020：前言）中指出音节定时主要以法语为代表。通常也把汉语划分为音节定时。但由于法语属于重音语言，汉语属于声调语言，因此将汉语归为音节定时型的亚类。

（accented）"和"非重读（unaccented）"来区分包括词重音和句子重音的音节（+S+A）和只包括词重音不包括句子重音的音节（+S-A）。然而，整体而言，学界对于这两种术语的区别还没有达成共识。针对这一问题，一些研究者尝试引入"突显"来展开研究。

Lehiste & Fox（1992）是最早采用"突显"研究语音的研究者之一。在研究爱沙尼亚被试和英语被试感知的过程中，采用了"突显"一词进行阐述。作为一种不同于重音语言和声调语言的音量语言（quantity language），爱沙尼亚当地人可能不知道重音的意思，但他们可以区分音节之间的语音相对突显。正如 Lehiste & Fox（1992：422）指出的那样，"突显"是一个"更具包容性的术语"，而重音是"突显"的子集。并逐渐在不同语言的韵律研究中使用，其中使用的较多的是韵律音系学中词层面的相邻音节之间的关系以及句层面的相邻韵律单位之间的关系。在句子层面，Zubizarreta（1998：21）提出了焦点突显规则（Focus Prominence Rule），认为拥有焦点[+F]的范畴更为突显。

更多的时候，"突显"被用于对词层面和句子韵律层面进行概况性描述。Hyman（2009：217）指出重读音节表现出位置突显效应（positional prominence effects），并在 Hyman（2018：60-75）建议采用 prominence（语音突显）来避免重音和句重音中的重音和重读难以下定论的争执。"突显"比"重音"涵盖的范围更广。Kuznetsova（2019：104-105）进一步探讨了称作 stress 的重音、称作 accent 的重读和声调三者之间的区别，认为"accent"的概念可以概括为"位置突显（locational aspect of prominence）"，而重读重音、音高重音、喉化重音、咽化重音等则为其子集。

综上所述，"突显"是一个广义的术语，将 stress 和 accent 纳入一个更大的概念"突显"，有助于使研究过程更加客观全面。

整体而言，韵律是指"音段之上突显出来的一种抽象单位，它主要由语调、重音和其他节律或者节奏等音系特征构成"（赵永刚，2018：27），而这些韵律特征的突显又可以通过语音实验进行量化分析。前面简要阐述了音系学上对"突显"的理解。在语音学上，所谓"突显"，主要指发音时某个音节比其相邻音节语音表现更为突出，主要表现为某音段比相邻音段时长、音强或音高的声学表征更为明显。克里斯特尔（2004：288）指出"一个音或音节在其环境中比其他音或音节突出的程度"。语音学方面，"音长、音高、重音和固有音响等变化都是影响一个单位相对突显程度的因素"。Cruttenden（2002：6-7）指出某些音节的韵律三个主要声学表征（音高、时长和音强①）会表现出比其他音节的不同程度的突显，这种突显在词层面和句层面都有体现，不仅可以区分词义，还可以区分语法类别以及强调句子中的语义。Roach（2007：86）认为突显主要体现为声音的大小、音节的长度、音高的表现以及音质的异同。因此，重音是通过重读音节与其他相邻音节相对突显而表现出来。换句话说，突显是重音声学参量的外在表现。与此同时，突显也运用到焦点重音中，如 Yi Yuan et tal（2016：941-945）采用突显对汉语的焦点重音进行分析。

在国内，也有学者采用"突显"的概念进行分析。许曦明（2008：15）认为重音体现为音节的相对"突出"，"突出"可以解释为比邻近的单词或音节用的气力较大，或者说，从肺部呼出的气流较强。这里的"突出"与"突显"类似。林茂灿（2011：10-23）强调采用突显的相对性出发研究汉语句焦点重音的必要性，并采用[+]、[-]体现这种凸显的相对性。江荻（2011：76-77）指出重音作为表达突显的要素（或语音材料）具有词平面和句平面，前者是词法的一部分，后者是韵律的组成部分。许希明（2019：71-77）采用"突显"、"突显度"以及"词层突显"等表述。张吉生（2022：82）认为人们相互之间交流时需要"通过音节来突显

---

① 原文中采用的是"loudness"（Cruttenden，2002：2-3）。

语流的强弱节奏"，并将重音定义为 "音高、音强或音长的突显形式落在某个音节上"（张吉生，2022：124）。

综上所述，"突显"有三种主要的语言功能。首先，它可以区分词义或词性。例如，重音最小对比对中 "permit (n.) vs permit (v.)"，重读音节有更高的突显度；其次，它可以表现为句中某些音节比其他音节表现得更为突出，例如，一个句子的焦点是语义或语用中最重要的部分，它包含焦点重音，突显程度最高；再则，也是其最重要的功能，突显音节和非突显音节的交替构成了句子的语调和节奏（Cruttenden，2002：7）。整体而言，突显是一个比重音更普遍，使用范围更广的术语，被用于客观地描述某种韵律状态。不仅可以用于对某种具体语言语音现象的描述，尤其在跨语言韵律音系研究中，针对不同语言的不同语音特征，"突显"能较为客观地用来描述相邻音节之间的语音声学表现，不仅有利于对语音现象的表述，同时有利于读者易懂，在跨语言研究中采用是比较可行的一个办法，可以避免不同语言的各自语音特征带来的困扰和混淆。

3.5.2　音高突显模式的声学表现

3.5.1 介绍了在跨语言的韵律研究中采用"突显"作为不同韵律比较的研究突破口，以避免过于受制于不同语言的不同韵律层级的划分而导致的无法使研究有效展开。音高、音长和音强作为三个重要的声学参量，对韵律分析都起到了重要的作用。但研究发现，不同的声学参量对不同的语言所起到的作用不同，例如，Roach（2007：86）通过实验分析指出音高对英语重音突显的作用最大，而江荻（2011：77）认为音强对英语词重音的作用更大，音高对汉语词重音的作用更大。那么究竟哪一个参量是汉英语言对比最需要优先考虑的参量呢？

Büring（2016）指出音高是语音实验分析中重要的声学参量，

刘芳芳（2012：345）指出音高就是声音的高低，取决于音波在单位时间里振动的频率。由于人具有调节声带松紧的能力，所以声音会有高低之分，从而形成"相对音高"。在语言中，语调和声调都是由相对音高决定的。也就是说，汉语的声调和英语的重音都是有相对音高决定的，因此两者之间必定有着相似之处。张吉生（2022：123）指出音高是重音、声调或语调等超音段特征的语音主要表现形式。

克里斯特尔（2004：271）指出"音高是一种听觉语音特征，在某种程度上对应于声学特征频率"。Fry（1958）详尽地阐述了音高、时长和音强在英语词重音中的作用，并对这三个参量进行了对英语词重音产生影响的重要程度的排序：音高＞时长＞音强。Hyman（2009：213-238）采用音高作为划分语言的标准，并指出英语是重音原型的典型代表，汉语普通话是声调原型的典型代表。Altman 虽然没有采用音高作为主要的划分世界语言的单位，但是在划分非重音语言的时候，采用了音高将非重音语言划分为音高语言和非音高语言（见图2.4）。

与英语不同，汉语是一种声调语言，在汉语普通话中有"阴平""阳平""上声"和"去声"四种声调。沈炯（1985：76）强调声调对实际音高的调节。江荻（2011：74）指出音高是声调的物理属性，是单位时间内声带振动的频率，音高值由频率的快慢决定。纪艳春（2014：18）指出作为语音特征，声调是音节内部"阴平、阳平、上声、去声"的相对基频，声调的高低主要受基频的影响，基频携带大部分的声调信息，因此在语音声学上，要使语音发生声调上的改变，最主要还是改变基频的走势（纪艳春，2014：19）。黄良喜、黄颖思（2018：88）提出音高及其变化是汉语声调最明显的声学体现。陈保亚（2019：36-38）指出汉语普通话音高变化的发生单位都可归为音节内部，即以汉语为代表的声调语言倾向于把音节内部作为音高变化的基本单位。徐世梁

（2019a：33）指出声调利用音节音高的高低曲折来区别意义。

随着实验语音学的发展，国内外有很多学者从声学分析的角度对声调进行定义。从语音声学角度上，声调是汉语单音节层面上起区别意义作用的音高（基频）手段，物理学上是一种相对音高，而非绝对音高。除了赵元任的声调五度值以外，刘复建立了北大语音乐律实验室，王力、罗常培等关于实验语音的研究相继问世。早期条件有限，主要利用浪纹计和渐变音高管绘制单字调的声调曲线（于蕊铭，2020：53）。20世纪80年代后，新的语图仪和语音软件运用到声调实验中，在深入研究单字调的同时，开始注重探寻普通话及各地方言连续变调类型，细化声调的实验研究。沈炯（1985）采用的D值法，石锋（1986）提出的T值法，朱晓农（2004）的对数Z-score法（LZ法）等，都致力于通过不同的计算方法，有效探讨声调的音高表现。因此，声调与音高的关系一直是汉语语音研究的重点。

在词层面，音高是汉语和英语两种语言重要的声学参量。如上所述，虽然在词层面，哪一种声学参量具体在汉语和英语中起主导作用还有待探讨，但在句子层面，音高在韵律中的重要性在学术界已经几乎达成了共识。

Cruttenden（2002：18）提出的句重音的四个等级（见2.1.2）中，前两个等级（主重音和次重音）都是通过音高突显程度得以体现。赵元任指出声调与嗓音相关，嗓音中声带颤动的每秒次数就是该音的音高，由于语音除声带颤动的音以外，还有其他附带的音，因此把主要的颤动的音高视为基本音高，汉语中基本音高很重要，被视为声调音高（赵元任，2007：105）。

冉启斌、段文君等（2013：55）提出调域也可以作为重音的有效要素。重读音节的调域会扩大，这是由于音高最大值上升造成的。许希明（2019：74）也尝试对英语的音调和汉语的声调放在音高这一相同声学维度进行比较分析，并认为英语音高是由"重读层反射到重音层的声学效果"。

虽然基于"社会群体约定"假设，郭承禹、江荻（2020：623-639）认为声调与音高并非对等，但强调社会群体约定的范畴化音高形式是以自然音高为基础。李爱军、袁一（2019：1-26）对汉语多焦点的音高表现进行了大量详尽的分析。王余娟等（2021：822-823）区分了声调在字调和句调中的作用，认为声调在字调中作用于音节水平，通过不同的调型区别词汇意义；而声调在句调中则作用于更大的韵律单元，用于传递说话人意图、态度甚至情绪等信息。音高的变化是焦点重要的声学表现。

综上所述，无论是词层面，还是句层面，音高都是重要的声学参量，尤其是在体现韵律变化的句层面。徐世梁（2019b：54-55）强调音高对于汉语声调的重要性，影响音节音高的因素在单音节词和多音节词中存在竞争关系，并将声调的产生过程分为音段和音高关系的三个阶段：（1）音段和音高关系的无序阶段；（2）音段和音高关系的模式化阶段；（3）音高特征的结构化。同时进一步强调音段和音高关系的模式化阶段不仅仅是声调产生的必备基础，而且也是不同语言产生差异的重要阶段。3.4 讨论了音节作为汉语和英语韵律音系对比的基础单位的必要性。因此探讨两种语言相邻音节与音节之间的音高变化，而不是一直纠结于英语的音高体现在多音节，汉语的音高体现在单音节，将有利于避开一些悬而未决的问题，对汉语和英语韵律音系进行有效的探索。

汉语和英语韵律音系的异同是声学对比分析的重点和难点。与英语音高的单一突显性不同，音高在汉语词内具有双重性，表现为（1）作为典型的声调语言，汉语每个音节都有其固定的音高变化，即声调（相对固定音高值）；（2）相邻的音节与音节之间，受到声调调值的影响，会形成不同的音高变化模式（动态音高值）。而以重音特征为主的英语，所有重读音节都有一个共同的特点，比邻近的音节发音时语音表现更为突显。因此英语词内的重读音节与其相邻的非重读音节之间（单音节除外）也会形成不同的音高变化模式。鉴于英语是轻重交替的语言，在显性层面至少是两个音节的组成（莫拉是拟构的音节的轻重交替的底层，是隐性的），因此先从由两个音节构成的汉语和英语的双音节词进行对比分析，这样至少在音节层面这两种语言具有可比性。同时，3.4 中的相关研究表明，无论是汉语，还是英语，双音节词发挥了重要作用。因此，在对汉语和英语韵律音系进行音高对比分析时，从双音节词出发，再拓展到三音节及三音节以上的词，将有助于层层递进地展开研究。

在讨论了"突显"在声学分析中的重要性，以及汉英韵律音系对比中音高作为声学参量首选的必要性以后，需要进一步思考的是从哪些角度对音高进行分析。叶军（2014：42）强调音高高低（即调域）和调型两个维度的重要性。基于汉语声调五度值的调值图，2.2.2 也指出研究一个声调的声学表征，需要从调型和调域两个维度进行分析。而调型与音高的高低起伏走势有关，调域与音高的最大值和最小值分布范围有关。

沈炯（1985）指出语流中高音线（即音高最大值）反映重音变化，即在句重音的主要表现为高音线的大幅度提升，导致音域的拓展，而低音线变化不明。叶军（2014：38）采用音节 F0 高低点差值分析音节调域宽度或调形变化幅度，代表音节调型的显著性。由于该研究中音节 F0 高低点差值=音节 F0 最高值- 音节 F0 最低值，并指出"音节 F0 高低点差值代表音节调域宽度或调形变化幅度，可以代表音节调型的显著性"。即是我们常用的音高调域值。

在声学分析中调域与声调调型相关，主要体现的是声调音高宽窄的变化，而音高的升降曲拱指的是声调音高高低起伏的变化趋势。由于音高调域体现的是声调宽窄的变化，考察的是声调的纵向跨度空间，即同一声调内部的音高差异值（音高最大值-音高最小值），简称音高调域（王洪君，2008：252-253[1]）。音高高低起伏体现的是声调的横向走势，考察的是相邻音节前后调值的关系，即前后调值的音高起伏走势。本研究的音高突显模式由两个维度构成，一是调域比，体现了相邻音节音高调域（即音高差异值）之间的变化；二是起伏度，体现了相邻音节音高的高低起伏。无论是宽窄变化，还是高低起伏，都具有相对性，即某一个音节比相邻音节音高调域更宽，或者音高值更大，在本书中统称为音高突显模式。具体的计算方法见第 4 章和第 5 章。

值得注意的是，音高高低起伏和音高调域宽窄变化并不是一分为二的，随着发音的脱口而出，声波图上的整个基频曲线是高低起伏的往前运动，音高的高低会导致音高调域的宽窄变化，而音高调域的宽窄变化也会影响到音高高低的变化，二者相互依存、彼此作用。沈炯（1985：75-76）认为在声调音域内[2]，"高"和"低"是"相对比而存在的声调特征"，"升"和"降"是"曲拱本身相对变化的声调特征"，而"高低或升降幅度的相对音高，由声调音域决定"。在实验分析的时候，通过音高曲线两个维度进行细化分析，能更为具体地观察到差异性和相对性。这也是在第 4 章孤立词分析时单独对这两个音高维度进行分析以后，到了第 5 章、第 6 章、第 7 章多数情况下将二者放在一起分析的主要原因。

音高、时长和音强是语音分析的三大要素（石锋，2021），强调了更为客观地从不同声学维度对语音进行系统性分析的必要性。由于汉语声调的固有特性，使音高的分析更为复杂微妙，因此需要首先进行更为全面的考量，从而为今后声学参量三要素的综合分析奠定基础（见第 6 章的拓展分析）。

---

① 王洪君（2008：252-253）采用音域的表述。
② 即 range of pitch（沈炯，1985：75-76）。现在多采用音高调域。

第四章 汉语和英语双音节词音高突显模式对比分析①

　　第 3 章基于第 1 章、第 2 章所阐述的研究背景，从跨语言比较视野的新描写主义理论维度（见 3.1）、基于两个前期对比实验（见 3.2 和 3.3），对汉语和英语韵律音系比较的基本韵律单位维度（见 3.4）、以及音高作为汉语和英语韵律比较首选的声学比较维度，对本书中音高突显模式在跨语言比较中的意义（所谓突显，就是相对性和差异性）、音高突显所包含的两个层面（音高调域和音高起伏）进行了阐述（见 3.5），证实音高调域和音高起伏用于本书研究的可行性，为第 4 章、第 5 章、第 6 章的实证研究提供了整个大的研究框架和研究理念说明。

　　第 4 章语料的设计是在 3.2 前期对比实验的基础之上设计的（即第 4 章的语料包含了 3.2 语料中的少量实验词）。3.2 的研究结果表明英语母语发音人的次重音表现不太稳定，因此在第 4 章中只保留了英语双音节词的"重+轻"和"轻+重"两种重音类型。在 3.2 中，汉语只初步研究了"TN+T4"声调组合，第 4 章中包括了汉语双音节词所有载调的 16 种声调组合和 TN+T0 声调组合，共计 20 种声调组合。在对汉语双音节词载调的 16 种声调组合和英语双音节词两种重音类型进行对比的过程中,特意考察了汉语双音节词 4 种相同声调组合（T1+T1、T2+T2、T3+T3、T4+T4）和英语

---

　　① 第 3 章和第 4 章有部分语料设计和录音来自美国威斯康辛大学—麦迪逊分校"赵元任基金"。第 6 章同。

两种重音类型的对比分析（见 4.4）。与此同时，鉴于汉语轻声的特殊性，在完成汉语双音节词载调 16 种声调组合和英语双音节词两种重音类型的整体分析以后，我们单独做了汉语双音节词 TN+T0 声调组合和英语双音节词两种重音类型的对比分析（见 4.5）。

此外，3.2 中主要是做初步探讨，考察了汉语和英语双音节词首末音节音高突显的整体分布情况（百分比占比），以"+–"、"–+"简要地进行了音高突显的分析。第 4 章基于韵律格局（石锋，2021）中的音高起伏度和音高调域比计算方法，将英语的重音音高和汉语的声调音高都转换为基于半音的音高百分比的基础之上进行比较，减少两种语言的个体差异，考察整体趋势。

4.1　引言

汉语和英语词内相邻音节语音的异同是声学对比分析的难点。由于英语是重音语言，汉语是声调语言，分属不同的语言类型，语音对比研究一直致力于探索二者之间可以进行比较的维度。徐世梁（2019b）指出声调型语言中单音节词和多音节词的相互互动和竞争会影响音高的演变。许希明、沈家煊（2016：652）认为汉语节奏韵律体现为单双音节弹性的互换，而英语重轻交替的结构的作用域为双音节或多音节。均强调了双音节、乃至多音节在韵律研究中的重要性。因此在汉英跨语言比较中，双音节词可以作为最小的韵律对比单位。

为了更好开展对比分析，本研究从声学角度出发，拟采用"突显"（见 3.5.1）这一概念进行切入。所谓"突显"，主要指发音时某个音节比其相邻音节语音表现更为突出。汉语每个音节都有固定的音高变化，并且词内相邻音节的声调的组合形成相应的音高模式，英语重读音节的音高比相邻音节更为突显，因此音高是英汉语音对比的重要声学参量。以往关于英汉音高对比的分析多侧重于语调分析，鲜有对词内相邻音节音高突显的比较。本研究基于韵律格局理论中的音高测量方法，对英汉双音节词内首末音节音高表现的异同展开探讨。

音高是语音实验分析中重要的参量，无论是汉语中的声调，还是英语中的重音，在语音实验中也通常将音高作为重要声学参量（王蓓等，2002；田朝霞，2005；王韫佳等，2016；邓丹，2020；张妍，2020 等）。

由于汉语声调的固有性，因此音高的分析更为复杂微妙，需要更为细致且全面的考量。本研究基于韵律格局对应原理中提出的音段发音到位程度，考察汉语载调双音节词 16 种声调组合和英语双音节词两种重音类型中词内首末音节的音高变化（见 4.3 和 4.4），以及汉语双音节词 TN+T0 声调组合和英语双音节词两种重音类型中词内首末音节的音高变化（见 4.5），从音高百分比起伏、音高中线和音高调域比三个维度进行详尽的分析。

4.2　实验说明

在研究韵律词首末音节的声学变化时，叶军（2014：37）采用的是朗读语料，认为动态的语流能更真实地考察汉语韵律词的表现，并避免读孤立词词表时可能产生的某种定式，本研究认为孤立词是韵律词的基础，孤立词状态下的声学研究是韵律音系研究的基础，如果没有孤立词的研究，语流中的研究会片面，且缺乏足够的说服力。而且很多非线性音系学的研究，也是基于孤立词的分析。因此，没有对孤立词状态下的词内相邻音节声学表现的异同进行分析，韵律音系研究如同没有打牢地基的建筑材料，悬在空中，不具有稳定性。

4.2.1 实验语料

4.2.1.1 汉语语料

吴宗济（2008：144）指出汉语二字组的调型"基本上是两个原调型的序列，但受连读影响使前后两调或缩短或变低而构成十六种组合"。虽然吴宗济先生也提到了上上相连和阳上连读的声调变化模式相同，实际上汉语的二字调只有 15 种调型（吴宗济2008，144），为了更为全面地进行对比分析，本书对汉语双音节词的 16 种声调组合进行分析。汉语双音节词 16 种声调组合中每种声调组合选取 6 个单词。共计 96 个单词。语料来自于《现代汉语词典第七版》，见下表 4.1。

表 4.1　汉语载调双音节词 16 种声调组合实验词

	T1			T2			T3			T4		
T1	关心	交通	咖啡	帮忙	非常	初级	黑板	机场	开始	帮助	猜测	干净
	应该	香蕉	天津	欢迎	公园	烟台	生产	工厂	刚果	高兴	工作	医院
T2	房间	航空	年轻	回答	流行	食堂	寒冷	食品	没有	合适	同事	学校
	结婚	棉花	狂奔	学习	常常	迟迟	苹果	牛奶	罗马	颜色	愉快	迟到
T3	火车	普通	首都	比如	可能	旅行	辅导	水果	打扫	百货	比赛	韭菜
	少说	起初	北京	有名	美元	嘴甜	手表	仅仅	老板	酒店	好看	早饭
T4	健康	电灯	衬衣	地图	护航	价格	课本	地铁	市场	电话	附近	睡觉
	面包	信封	四川	课文	拒绝	练习	跳舞	或者	代笔	现在	阅历	县志

汉语双音节词 4 种轻声组合中每种组合选取 6 个单词，共计 24 个单词。语料来自于《现代汉语词典第七版》，见下表 4.2。

表 4.2　汉语双音节词 TN+T0 声调组合实验词

	T0
T1	吩咐 胳膊 功夫 家伙 舒服 桌子
T2	觉得 麻烦 绳子 石头 头发 爷们
T3	本子 耳朵 骨头 姐夫 暖和 我们
T4	句子 盼头 漂亮 凑合 地方 见识

4.2.1.2　英语语料

英语实验词选取英语重轻型和轻重型双音节词各 12 个，共计 24 个单词。见下表 4.3。

表 4.3　英语双音节词两种重音类型实验词

重音类型	英语双音节词					
重轻型 （左重）	birthday	candy	daydream	earthquake	forecast	girlfriend
	farmer	hardly	proverb	sharpen	beauty	famous
轻重型 （右重）	absorb	befriend	career	discuss	explain	forgive
	invest	permit	review	survive	confuse	research

4.2.2　被试者

本实验共有两组被试，每组 10 人，共计 20 人。一组是汉语普通话发音人（五男五女），另一组为英语发音人（五男五女）。10 位汉语普通话发音人均来自中国北方方言区，平均年龄 23 岁，均达到普通话等级考试二级甲等，发音标准。10 位英语发音人都来自美国，平均年龄 24 岁，发音标准。除此之外，所有发音人均没有语言学学习背景。

录音采用 Cool Edit Pro 2.0 软件，单声道，采样率为 11025 赫兹，采样精度为 16 字节。发音人匀速大声清晰地朗读每个单词两次，单词之间停顿 1 到 2 秒。共获得 1920 个汉语双音节词和 480 个英语双音节词的录音，取其中读得较好的一次发音的数值。所得录音以 wav 格式保存。英语和汉语双音节词各单词每个音节的原始值由 Praat 和 Mini Speech Lab 语音分析软件提取。

4.2.3　理论基础和计算方法

韵律格局（石锋，2021）强调语音系统性研究的重要性，并提出了三大原理—有声原理，必选原理和对应原理。其中在对应原理中，指出一个语言成分的语音充盈度跟它所负载意义内容的实在程度和所传递的信息量相互对应。这个对应原理更为具体地把语音形式跟意义内容联系在一起，是韵律格局分析的直接依据。其中音高是重要的声学参量之一，以归一化、相对化的方法探索语流中音高曲线的起伏趋势及其所表现的各韵律单位调域的宽窄以及相邻韵律单位相互之间的音高突显关系。相对音高是用百分比表示的音高起伏趋势和音高调域跨度。

　　韵律格局对韵律研究产生了重要影响。如王萍、石锋等（2019）对"是"字焦点句进行了系统的实验分析；黄靖雯（2019）对普通话陈述句不同位置的焦点词进行考察（另见时秀娟，2018；温宝莹、谢郴伟，2018；夏全胜、蒙紫妍等，2019 等）。

　　韵律格局提出的语音充盈度，特别强调了音段的重要性，认为语音充盈度表现为跟音段发音的到位程度密切相关。这种对音段重要性的强调，是本研究考察脱离于语流的孤立词状态下相邻音段间语音表现的理论基础。研究采用韵律格局中的音高测量方法，通过计算英汉双音节词相邻音节的相对音高数据，将抽象的语音系统转变为可视化的格局，观察两种语言语音系统音高机制的异同。关于韵律格局中相对音高的百分比算法见石锋、王萍等（2009）。

　　基于韵律格局中的计算方法，本次实验研究孤立词中各音节的语音表现，计算公式如下：

$$S_i = 100 \times (V_i - W_{min})/(W_{max} - W_{min}) \qquad (4\text{-}1)$$

$$S_j = 100 \times (V_j - W_{min})/(W_{max} - W_{min}) \qquad (4\text{-}2)$$

$$S_r = S_i - S_j \qquad (4\text{-}3)$$

（V_i 为音节调域上线半音值[①]，V_j 为音节调域下线半音值；Wmax

---

① 半音在音高分析中具有重要作用。半音的转换以对数为基础，与人的听觉相对应。半音值计算公式为：$S_t = 12 \times \lg(f/f_r)/\lg 2$（其中"f"表示需要转换的赫兹值；"fr"表示参考赫兹值，本研究中男性为 55 赫兹，女性为 64 赫兹）。

为词调域上限半音值，Wmin 为词调域下限半音值；S_i 为音节调域上线百分比，S_j 为音节调域下线百分比，S_r 为音节调域的百分比数值）

音高调域比=末音节音高调域百分比值/首音节音高调域百分比值

$$(4-4)$$

4.3　汉语载调双音节词 16 种声调组合和英语双音节词两种重音类型音高突显模式对比分析

4.3.1　英语双音节词两种重音类型音高突显模式

本章节分析英语双音节词两种重音类型（左重和右重）词内音高突显模式。表 4.4 为 10 位英语发音人英语双音节词首末音节的音高均值。

表 4.4　英语双音节词两种重音类型音高均值

音高 重音类型	基频（Hz）		半音（St）		百分比（%）	
	首音节	末音节	首音节	末音节	首音节	末音节
重轻型 （左重）	28.70 159.76- 188.46	17.90 120.52- 138.41	2.89 16.58- 19.46	2.40 12.08- 14.47	39 61-100	32 0-32
轻重型 （右重）	21.29 157.16- 178.45	35.90 134.16- 170.06	2.22 16.25- 18.46	4.08 13.64- 17.72	31 56-87	56 21-77

表 4.4 表明，英语左重型双音节词的音高最大值出现在首音节，为 188.46 赫兹；音高最小值出现在末音节，为 120.52 赫兹。音高最小值和音高最大值均表现为首音节大于末音节，首末音节音高最大值降低了 50.05 赫兹（188.46＞138.41），音高最小值降

低了 39.25^①赫兹（159.76＞120.52），首末音节音高最大值的降幅
比音高最小值的降幅大。同时，首音节_{音高调域}＞末音节_{音高调域}（28.7＞
17.9）。英语右重型双音节词的音高最大值出现在首音节，为
178.45；音高最小值出现在末音节，为 134.16。首末音节音高最
大值降低了 8.39 赫兹（178.45＞170.06），首末音节音高最小值降
低了 23 赫兹（157.16＞134.16），末音节_{音高调域}＞首音节_{音高调域}（35.90＞
21.29）。

音高起伏度测量的基本理念是个体之间的发音存在着差异，
甚至同一个发音人在不同的时间和不同环境中的发音也不相同。
因此有必要将声学参量的绝对值转化为相对值，从赫兹到半音处
理过程，减少个体差异，放在可比较的维度进行分析。从表 4.4 可
以看出，两种重音类型下英语双音节词的音高最大值（半音）为
19.46，位于左重型双音节词的首音节，音高最小值为 12.08，位
于左重型双音节单词的末音节。取这两个值作为两种重音类型下
英语双音节词音高格局的音高最大值和最小值，并计算首音节上、
中、下线的起伏度 Q 值，结果如表 4.5 所示。

表 4.5　英语双音节词音高起伏度 Q 值表（％）

重音类型		Q0	Q
左重	上线 a	100	68
	中线 b	80	64
	下线 c	61	61 (0)
右重	上线 a	87	10
	中线 b	72	23
	下线 c	56	35

---

① 本书的数据计算整体是在原始值计算的基础之上四舍五入保留小数点后面两位，因
此在数据呈现过程中，有个别数值前后会略微有差别，但不影响实验结果。

表 4.5 呈现了英语双音节词内的起伏度 Q 值。格局百分比上限为英语左重型双音节词首音节上线，达到 100%，格局的下限为英语左重型双音节词末音节下线，低至 0%。根据表 4.5，我们得到了英语双音节词两种重音类型音高起伏度图，如下图 4.1 所示。

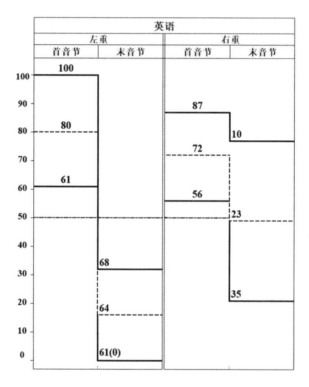

图 4.1   英语双音节词两种重音类型音高起伏度图

图 4.1 中，顶部和底部的粗黑线分别是音节音高的百分比上线和下线，中间的虚线为音节音高的百分比中线。Q0 是首音节的音高百分比值，Q 值为从首音节到末音节的音高起伏，Q 值为负代表上升，Q 值为正代表下降。

如图 4.1 所示，英语双音节词两种重音类型中整个音高百分比格局上限（100%）和下限（0%）都位于英语左重型双音节词中。在英语左型重双音节词中，从首音节到末音节，上、中、下线的起伏度值均为正值（分别为 68%、64%、61%），体现出急剧下降的趋势。同时首音节_{音高调域}＞末音节_{音高调域}（39%＞32%）（见表 4.4）。英语右重型双音节词中，从首音节上线到末音节上线表现为微降，起伏度值约为 10%，低于下线的起伏度值（35%），实现了末音节调域的拓展，同时首音节_{音高调域}＜末音节_{音高调域}（31%＜56%）。

通过比较英语双音节词两种重音类型的音高最大值、音高最小值和音高调域发现：（1）英语双音节词两种重音类型音高最大值均位于首音节上，音高最小值均位于末音节上，并且从首音节到末音节，音高上、下线均为下降趋势；（2）左重型双音节词中，首音节_{音高调域}＞末音节_{音高调域}，而在右重型双音节词中，首音节_{音高调域}＜末音节_{音高调域}，也就是说，两种重音类型均表现为重读音节_{音高调域}＞非重读音节_{音高调域}，其中右重型重音类型中，末音节（重读音节）的音高调域扩展显著，明显大于首音节（非重读音节）的音高调域。另外，英语右重首末音节的调域差值 25%（31% vs 56%）远远大于英语左重首末音节的调域差值 7%（39% vs 32%），这表明音高调域的突显在右重型重音类型下表现的更为明显。

英语双音节词两种重音类型音高最大值均位于首音节上，即音高上线并不受重读的影响。这与 3.2 的研究发现一致。总的来说，尽管英语两种重音类型的双音词音高最大值均位于首音节，不受重读音节影响；但其音高调域的突显程度与其重音类型保持一致，即重读音节调域宽，非重读音节调域窄。

4.3.2　汉语载调双音节词 16 种声调组合音高突显模式

在 4.3.1 对英语双音节词两种重音类型的音高突显模式分析基础之上，4.3.2 分析了汉语载调双音节词 16 种声调组合汉语双音节词的音高突显模式。分别以声调组合 T1+TN、T2+TN、T3+TN

和 T4+TN 的声调组合讨论音高突显模式的声学表现。

　　4.3.2.1　汉语载调双音节词 T1+TN 声调组合音高突显模式

　　表 4.6 体现了汉语载调双音节词 T1+TN 声调组合的音高均值。

表 4.6　汉语载调双音节词 T1+TN 声调组合音高均值

音高 声调组合	基频 (Hz)		半音（St）		百分比（%）	
	首音节	末音节	首音节	末音节	首音节	末音节
T1+T1	11.17 204.78- 215.95	10.82 210.28- 221.10	1.01 20.69- 21.70	0.91 21.18- 22.09	11 68-79	10 73-83
T1+T2	15.68 219.20- 234.88	27.37 152.73- 180.10	1.24 21.88- 23.13	2.89 15.89- 18.78	13 80-93	29 19-48
T1+T3	15.10 227.03- 242.13	48.13 134.73- 182.87	1.11 22.69- 23.80	5.21 14.03- 19.24	11 89-100	53 0-53
T1+T4	14.02 215.58- 229.60	66.62 169.25- 235.87	1.10 21.74- 22.85	5.88 17.41- 23.29	11 79-90	60 35-95

　　从表 4.6 中可以看出，在 T1+T1 声调组合中，首末音节的音高最大值和最小值都非常接近，首音节_{音高最小值}＜末音节_{音高最小值}（204.78＜210.28），首音节_{音高最大值}＜末音节_{音高最大值}（215.95＜221.10），但是首音节_{音高调域略}＞末音节_{音高调域}（11.17＞10.82）。在 T1+T2 声调组合中，首末音节的音高最大值和音高最小值都呈现出骤降的趋势，首末音节音高最大值降低了 54.78（234.88＞180.10），音高最小值降低了 66.47（219.20＞152.73）。另外，首音节_{音高调域}＜末音节_{音高调域}（15.68＜27.37）。T1+T3 声调组合与 T1+T2

声调组合相似，首末音节的音高最大值和音高最小值都呈现出骤降的趋势，首末音节音高最大值降低了 59.27，音高最小值降低了 92.3，首音节_{音高调域}＜末音节_{音高调域}（15.10＜48.13）。在 T1+T4 声调组合中，首末音节音高最大值有些许提高（229.60＜235.87），而音高最小值下降了 46.33（215.58＞169.25），首音节_{音高调域}＜末音节_{音高调域}（14.02＜66.62），首末音节调域差异十分显著，相差 52.6。

表 4.6 表明，T1+TN 声调组合的汉语双音节词音高最大值（半音）为 23.80，位于 T1+T3 声调组合的首音节，音高最小值（半音）为 14.03，位于 T1+T3 声调组合的末音节。取这两个值作为 T1+TN 声调组合汉语双音节词音高格局的音高最大值和最小值，并计算首音节上、中、下线的起伏度 Q 值，如表 4.7 所示。

表 4.7　汉语载调双音节词 T1+TN 声调组合音高起伏度 Q 值表（%）

声调组合		Q0	Q
T1+T1	上线 a	79	−4
	中线 b	73	−5
	下线 c	68	−5
T1+T2	上线 a	93	45
	中线 b	87	53
	下线 c	80	61
T1+T3	上线 a	100	47
	中线 b	94	68
	下线 c	89	89 (0)
T1+T4	上线 a	90	−5
	中线 b	85	20
	下线 c	79	44

基于表 4.7，图 4.2 显示了载调双音节词 T1+TN 声调组合的音高起伏度图。

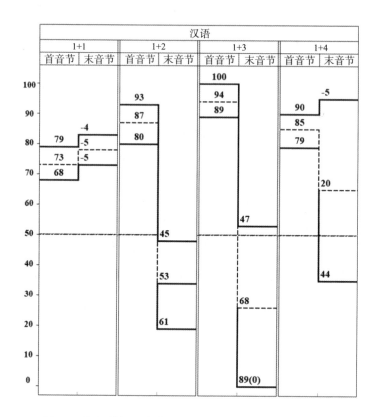

图 4.2 汉语载调双音节词 T1+TN 声调组合音高起伏度图

如图 4.2 所示，T1+TN 声调组合音高格局的上限和下限均在 T1+T3 声调组合中。格局百分比上限为汉语 T1+T3 声调组合首音节上线，达到 100%，而整个格局的下限为汉语 T1+T3 声调组合末音节下线，低至 0%。首音节的上、中、下线分布均处于格局上部，并分布在 60% 以上，首音节最小值为 T1+T1 首音节下线（68%）；T1+TN 声调组合中首音节的上、中、下线分布较为集中，并且首音节音高调域较窄，分别为 11%（79%＞68%）、13%（93%＞80%）、11%（100%＞89%）和 11%（90%＞79%）（见表

4.6）；T1+T1 的上、中、下线起伏度值均为负值，整体微升；T1+TN 其他声调组合的上、中、下线起伏度值多为正值，整体呈下降趋势。

T1+TN 声调组合中，T1+T4 下线下降幅度较大，上线略微抬升；T1+T4 末音节百分比跨度最大，T1+T3 和 T1+T2 次之，T1+T1 首末音节百分比跨度都最小。

通过比较 T1+TN 声调组合，我们可以发现 T1+T1 和 T1+T4 声调组合的音高最大值位于末音节，而 T1+T2 和 T1+T3 的音高最大值位于首音节。除 T1+T1 声调组合外，其他三个声调组合的音高最小值均位于末音节。从音高调域来看，T1+T1 首末音节的调域范围接近，其他三种声调组合的末音节_{音高调域}＞首音节_{音高调域}。

从声调调值而言，阴平为高平调（55），阳平为升调（35），上声为降升调（214），去声为高降调（51）。阳平、上声调值跨度较大，去声调值跨度最大。结合四个声调组合的音高突显模式来看，首音节全部为高平调（阴平），调值较高且跨度小，因此首音节的音高上、中、下线均超过 60% 并且差异较小。

最后考察 T1+TN 声调组合的连读变调情况。刘俐李（2002b：176）认为"连读变调是声调的动态组合，是音节进入语音链后出现的现象"。高永安（2018：50）指出阴平在任何情况下都没有变调。根据图 4.2 可以观察到，T1+T1 声调组合首末音节的音高差异并不明显。沈炯（1985：76）指出接连的两个阴平通常不会有明显的差异，本次实验亦证实了这一点。T1+T2 和 T1+T3 声调组合受到调值本身的影响，由于升调（阳平）和降升调（上声）的起始调值分别为 3 和 2，低于高平调（阴平），所以 T1+T2 和 T1+T3 声调组合首音节上线和下线有明显下降。T1+T4 从高平到高降，上线略微抬升，高降调（去声）的起始调值为 5，与阴平相同，T1+T4 下线下降幅度较大。从调域跨度来看，T1+T1 的首末音节之间差异非常小，而 T1+T2，T1+T3 和 T1+T4 的末音节调域大于首音节调域，这是由于升调（阳平），降升调（上声）和高降调（去声）的调域范围大于高平（阴平），因此调域的跨度也扩大。林茂灿（2002：255）指出阴平后面音节的音高通常情况下降低。本次实验部分印证了这一观点。在 T1+T2 和 T1+T3 声调组合，后字音高无论是上、中、下线都大幅度降低。而在 T1+T4 中，后字音高上线略有上升，但中线和下线都降低，只有在 T1+T1 中，后字的上、中、下线均略有上升。整体而言，在汉语 T1+TN 声调组合中，首末音节的音高最大值和最小值以及调域范围受调值的影响，但首音节阴平本身的变化并不明显。

4.3.2.2　汉语载调双音节词 T2+TN 声调组合音高突显模式

汉语载调双音节词 T2+TN 声调组合的音高均值见下表 4.8。

表 4.8　汉语载调双音节词 T2+TN 声调组合音高均值

音高 声调组合	基频（Hz）		半音（St）		百分比（%）	
	首音节	末音节	首音节	末音节	首音节	末音节
T2+T1	36.63 150.17– 186.80	12.65 210.13– 222.78	3.86 15.42– 19.28	1.03 21.09– 22.12	42 17–59	11 79–90
T2+T2	45.38 158.27– 203.65	31.13 145.12– 176.25	4.49 16.36– 20.85	3.37 14.69– 18.05	50 27–77	37 9–46
T2+T3	49.47 159.22– 208.68	65.02 135.37– 200.38	4.80 16.50– 21.29	6.44 13.88– 20.32	52 29–81	70 0–70
T2+T4	30.12 149.20– 179.32	68.72 161.22– 229.93	3.25 15.39– 18.64	6.48 16.51– 22.98	35 17–52	71 29–100

表 4.8 表明，汉语 T2+T1 声调组合的首末音节的音高最大值和最小值显示出更明显的上升趋势，音高最大值增加 35.98（186.8

＜222.78），音高最小值增加的更多，为 59.97（150.17＜210.13），首音节_{音高调域}＞末音节_{音高调域}，首末音节调域差异为 23.98（36.63＞12.65）。在汉语 T2+T2 声调组合中，首末音节的音高最大值和最小值均呈现下降趋势，音高最大值的降幅比音高最小值的降幅大（203.65＞176.25，158.27＞145.12），并且首音节_{音高调域}＞末音节_{音高调域}（45.38＞31.13）。T2+T3 声调组合类似于 T2+T2 声调组合，首末音节的音高最大值和最小值均显示下降趋势，音高最大值略有下降（208.68＞200.38），音高最小值下降 23.85（159.22＞135.37），首音节_{音高调域}＜末音节_{音高调域}（49.47＜65.02）。在 T2+T4 声调组合中，无论是音高最小值还是音高最大值，均表现为首音节小于末音节，音高最大值增加 50.62（179.32＜229.93），音高最小值增加幅度略小，为 12.02（149.20＜161.22），音高最大值的增幅比音高最小值的增幅大得多，末音节音高调域也比首音节音高调域大得多（30.12＜68.72）。

从表 4.8 可以看出，T2+TN 声调组合中汉语双音节词的音高最大值（半音）为 22.98，位于 T2+T4 声调组合的末音节，而音高最小值为 13.88，位于 T2+T3 声调调组合的末音节。取这两个值作为 T2+TN 声调组合汉语双音节词音高格局的音高最大值和最小值，并计算首音节上、中、下线的起伏度 Q 值，如表 4.9 所示。

表 4.9　汉语载调双音节词 T2+TN 声调组合音高起伏度 Q 值表（%）

声调组合		Q0	Q
	上线 a	59	−31
T2+T1	中线 b	38	−47
	下线 c	17	−62
	上线 a	77	31
T2+T2	中线 b	52	25
	下线 c	27	18

续表

声调组合		Q0	Q
T2+T3	上线 a	81	11
	中线 b	55	20
	下线 c	29	29 (0)
T2+T4	上线 a	52	−48 (100)
	中线 b	34	−30
	下线 c	17	−12

　　表 4.9 呈现了汉语载调双音节词 T2+TN 声调组合的音高起伏度 Q 值情况。百分比格局的上限是 T2+T4 声调组合双音节单词的末音节上线，而格局的下限是 T2+T3 声调组合末音节的下线。图 4.3 显示了 T2+TN 声调组合的音高起伏度图。

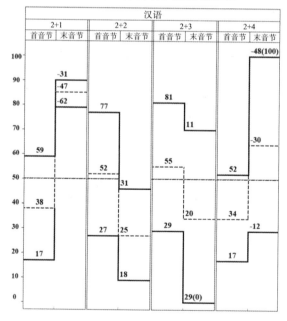

图 4.3　汉语载调双音节词 T2+TN 声调组合音高起伏度图

图 4.3 表明，T2+T1 与 T2+T4 声调组合首音节的上、中、下线起伏度值均为负值，表明音高上升，且上升明显，其中 T2+T4 声调组合上线上升最为明显。林茂灿（2002：255）指出阳平后面音节音高下降和抬升的情况都有，本次实验与该论点相符。T2+T2、T2+T3 的起伏度值为正值，下降幅度不大。四种声调组合首音节的音高调域分别为 42%、50%、52%和 35%。T2+T4 声调组合末音节的调域范围最大，且与 T2+T3 调域范围相近，分别为 71%和 70%，其次是 T2+T2（37%），T2+T1 声调组合末音节的上、中、下线分布较为集中，且末音节百分比跨度最小（11%）。

通过比较 T2+TN 声调组合，我们可以发现 T2+T1 和 T2+T4 声调组合的音高最大值位于末音节，最小值位于首音节。T2+T2 和 T2+T3 声调组合的表现相似。从调域来看，T2+T1 和 T2+T4 首末音节调域范围有很大差异（42%＞11%，35%＜71%）。而 T2+T2 和 T2+T3 声调组合首末音节调域差异较小（50%＞37%，52%＜70%）。

T2+T2 和 T2+T3 声调组合首末音节的音高最大值、音高最小值和音高调域的差异很小，两个声调组合的整体音高表现非常相似，因为阳平和上声的起始调值和调值跨度较为接近。在 T2+T1 声调组合中，调值从 35 变到 55，音高最大值和最小值都显著上升，阳平的调值跨度比阴平大，因此首音节调域比末音节调域大。在 T2+T4 声调组合中，去声的声调调值跨度比阳平大，所以末音节的调域比首音节调域大。T2+TN 声调组合首末音节的音高最大值、音高最小值和调域都受到调值的影响。

4.3.2.3 汉语载调双音节词 T3+TN 声调组合音高突显模式

表 4.10 体现了汉语载调双音节词 T3+TN 声调组合的音高均值。

表 4.10　汉语载调双音节词 T3+TN 声调组合音高均值

音高 声调组合	基频（Hz）		半音（St）		百分比（%）	
	首音节	末音节	首音节	末音节	首音节	末音节
T3+T1	33.92 135.28- 169.20	16.37 205.87- 222.23	3.75 13.88- 17.63	1.32 20.96- 22.28	40 11-51	14 86-100
T3+T2	28.42 137.32- 165.73	35.55 141.98- 177.53	3.16 13.89- 17.05	4.05 14.40- 18.45	33 12-45	43 17-60
T3+T3	50.98 160.45- 211.43	60.50 126.70- 187.20	4.83 16.72- 21.55	6.57 12.97- 19.54	51 41-92	69 2-71
T3+T4	39.35 128.60- 167.95	57.42 155.43- 212.85	4.62 12.80- 17.42	5.66 15.74- 21.40	49 0-49	60 31-91

如表 4.10 所示，在 T3+TN 声调组合中，除了 T3+T3 以外，其他三种声调组合无论是音高最大值还是音高最小值均表现为首音节小于末音节（169.20＜222.23，135.28＜205.87，165.73＜177.53，137.32＜141.98，167.95＜212.85，128.60＜155.43），其中，从首音节到末音节来看，T3+T1 声调组合的音高最大值和最小值增加最明显，分别增加 53.03 和 70.58。与其他三种声调组合不同，T3+T3 的音高最大值和最小值表现为首音节大于末音节（211.43＞187.20，160.45＞126.70），其中音高最小值的降幅和音高最大值的降幅都较大。从调域来看，除了 T3+T1 以外，其他三种声调组合音高调域均表现为首音节_{音高调域}＜末音节_{音高调域}（28.42＜35.55，50.98＜60.50，39.35＜57.42），而 T3+T1 的音高调域表现为首音节_{音高调域}＞末音节_{音高调域}（33.92＞16.37）。四种声调组合的首末音节调域范围差异较小，约在 7-18 之间。

T3+TN 声调组合的汉语双音节词音高最大值（半音）为 22.28，位于 T3+T1 声调组合的末音节，音高最小值（半音）为 12.8，位于 T3+T4 声调组合的首音节。取这两个值作为 T3+TN 声调组合汉语双音节词音高突显模式的音高最大值和最小值，并计算首音节上、中、下线的起伏度 Q 值，结果如表 4.11 所示。

表 4.11　汉语载调双音节词 T3+TN 声调组合音高起伏度 Q 值表（%）

声调组合		Q0	Q
T3+T1	上线 a	51	−49 (100)
	中线 b	31	−62
	下线 c	11	−75
T3+T2	上线 a	45	−15
	中线 b	28	−10
	下线 c	12	−5
T3+T3	上线 a	92	21
	中线 b	67	30
	下线 c	41	39
T3+T4	上线 a	49	−42
	中线 b	24	−36
	下线 c	0	−31

表 4.11 呈现了汉语载调双音节词 T3+TN 声调组合的音高起伏度 Q 值情况。百分比格局的上限是 T3+T1 声调组合的末音节上线，达到 100%，而下限是 T3+T4 声调组合末音节的下线，低至 0%。图 4.4 显示了 T3+TN 声调组合的音高起伏度图。

如图 4.4 所示，T3+TN 声调组合中，除 T3+T3 以外，T3+T1、T3+T2 和 T3+T4 首音节的上、中、下线都低于 51%，多位于起伏度图的下部。同时，这三种声调组合上、中、下线起伏度 Q 值都为负值，音高上升，其中 T3+T1 的上、中、下线、T3+T4 的上线骤升，T3+T2 上升幅度较为平缓。T3+T3 声调组合首音节的上、中、下线分布比其它三种声调组合高，其起伏度 Q 值为正值，音高下降。从图 4.4 中可以看出，阴平音节调域跨度较小，而去声音节调域跨度变宽。

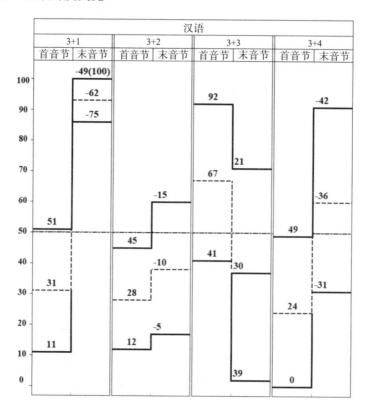

图 4.4　汉语载调双音节词 T3+TN 声调组合音高起伏度图

通过比较 T3+TN 声调组合，我们可以发现 T3+T1、T3+T2 和 T3+T4 声调组合的音高最大值位于末音节，音高最小值位于首音节，音高上线和下线均升高；而 T3+T3 的音高最大值位于首音节，音高最小值位于末音节，上线和下线均降低。T3+T3 声调组合受到上声变调的影响，首音节的上声变为与升调类似的声调（张本楠，2012：139-144）。林茂灿（2002：255）指出上声后音节的音高位置比其前面的高。本次实验也支持该论点，除了 T3+T3 以外，其他三种声调组合都是后字音高整体高于前字音高。与此同时，音节调域也受到调值的影响，调值跨度较大的音节调域更大，T3+T1 的首音节_{音高调域}＞末音节_{音高调域}，而其他三种声调组合末音节_{音高调域}＞首音节_{音高调域}。

本书进一步对汉语连读变调进行探讨。连读变调是汉语声调研究中的重要语音现象，而上声的连读变调是其中最为明显的变调现象。徐世梁（2019a：38）指出"一般调型复杂的声调容易发生变调"。张吉生（2022：161）认为"所谓连读变调，就是指两个或两个以上的音节在某个域内相邻出现时，它们之间相邻的声调会发生变化"。由于汉语普通话四个声调中，上声是曲折调，调值为 214，先下降后上升，是四个声调中唯一一个音高进行了两次不同方向运动的声调，调型最复杂，因此也最容易变调。高永安（2018：51）指出上声在上声前变阳平（35），是显性变调，在其他声调前变半上（21），是隐性变调。本研究也发现了"T3+TN"声调组合中两组不同的上声变调模式。在 T3+T3 中位于首音节的上声趋于变为阳平，表现为整个首音节的上、中、下线的抬升。而在 T3+T1、T3+T2、T3+T4 声调组合中，均表现为首音节的上声的上、中、下线的下降，但这是因为上声变半上，还是自然的字调与字调的组合的声学表现，需要进一步论证。目前的研究也同时证实了高永安的观点，例如，T3+T3 声调组合中上声变 35 具有唯一性，是显性的、有条件的，具有标记性；而在 T3+T1、T3+T2、T3+T4 声调组合中的上声的表现是隐性的、无条件的，具有无标记性。

4.3.2.4　汉语载调双音节词 T4+TN 声调组合音高突显模式

表 4.12 体现了汉语载调双音节词 T4+TN 声调组合的音高

均值。

表 4.12　汉语载调双音节词 T4+TN 声调组合音高均值

音高 声调组合	基频（Hz）		半音（St）		百分比（%）	
	首音节	末音节	首音节	末音节	首音节	末音节
T4+T1	66.93 165.57– 232.50	11.95 197.53– 209.48	6.00 17.05– 23.05	1.07 20.08– 21.15	58 32–90	11 61–72
T4+T2	76.28 169.98– 246.27	27.47 140.27– 167.73	6.69 17.45– 24.13	3.33 14.12– 17.44	64 36–100	32 4–36
T4+T3	70.42 176.20– 246.62	38.88 134.13– 173.02	5.93 18.14– 24.07	4.50 13.66– 18.16	57 42–99	43 0–43
T4+T4	65.55 173.12– 238.67	51.93 159.20– 211.13	5.65 17.85– 23.49	4.96 16.46– 21.42	54 40–94	37 37–74

表 4.12 表明，从首音节到末音节，T4+TN 声调组合的音高最大值都呈现下降趋势，其中 T4+T2 和 T4+T3 声调组合的音高最大值降幅最大，分别为 78.53（246.27＞167.73）和 73.6（246.62＞173.02），T4+T1 和 T4+T4 声调组合的音高最大值分别下降23.02（232.50＞209.48）、27.54（238.67＞211.13）。T4+T2，T4+T3和 T4+T4 声调组合的音高最小值均降低，仅 T4+T1 声调组合的声调最小值显著升高（165.57＜197.53）。从音高调域来看，所有四个声调组合首音节_{音高调域}＞末音节音_{高调域}。

与此同时，T4+TN 声调组合的汉语双音节词音高最大值（半音）为 24.13，位于 T4+T2 声调组合的首音节，音高最小值（半音）为 13.66，位于 T4+T3 声调组合的末音节。取这两个值作为

T4+TN 声调组合汉语双音节词音高突显模式的音高最大值和最小值，并计算首音节上、中、下线的起伏度 Q 值，如下表 4.13 所示。

表 4.13 汉语载调双音节词 T4+TN 声调组合音高起伏度 Q 值表（%）

声调组合		Q0	Q
T4+T1	上线 a	90	18
	中线 b	61	−5
	下线 c	32	−29
T4+T2	上线 a	100	64
	中线 b	68	48
	下线 c	36	32
T4+T3	上线 a	99	56
	中线 b	71	49
	下线 c	42	42(0)
T4+T4	上线 a	94	20
	中线 b	67	17
	下线 c	40	13

表 4.13 呈现了汉语载调双音节词 T4+TN 声调组合的音高起伏度 Q 值情况。基于表 4.13，图 4.5 体现了 T4+TN 声调组合的音高突显模式。

如图 4.5 所示，T4+TN 声调组合中，首音节中线均高于 50%，且首音节调域跨度都大于 50%。T4+T1 声调组合上线下降，中、下线升高，导致 T4+T1 末音节调域跨度变窄。T4+T2、T4+T3 和 T4+T4 的起伏度值均为正值，音高下降，其中 T4+T2 和 T4+T3 陡降。T4+T4 中上线降幅比下线降幅大，因此末音节调域跨度进一步变窄。林茂灿（2002：255）指出位于去声后面音节的音高或下

降，或抬高。但在本次实验中发现去声后的音节的音高以下降
为主。

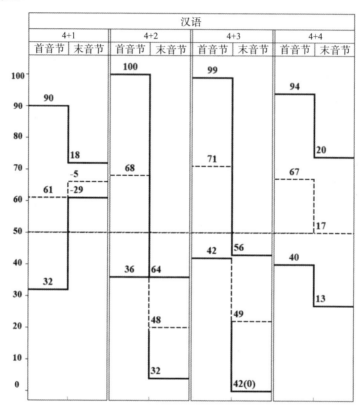

图4.5   汉语载调双音节词 T4+TN 声调组合音高起伏度图

通过比较 T4+TN 声调组合，我们可以发现，从首音节到末音
节，T4+T1 声调组合的音高上线降低而下线升高，导致末音节调
域跨度变窄，这是由于 T4+T1 受到末音节高平调（阴平）的影响。
T4+T1、T4+T2、T4+T3 三种声调组合均表现为首音节_{音高调域}＞末
音节_{音高调域}，这是由于去声的调域跨度比阴平、阳平和上声的调域跨
度都大。T4+T4 声调组合是由两个去声组成，首末音节跨度相近。

与 T1+TN，T2+TN 和 T3+TN 声调组合相比，汉语 T4+TN 声调组合的音高表现更为一致且突出，这表明高降调（去声）对首音节上线、下线和调域的影响更加明显。张吉生（2022：163）指出"去声变调，就是指两个去声音节相连时，前一个去声的调值由 [51] 变为 [53]"。在图 4.5 中，我们也的确观察到"T4+T4"中的首音节去声比"T4+T1""T4+T2""T4+T3"首音节的去声跨度略缩小一些。

整体而言，在汉语载调 16 种声调组合的双音节词中，高降调（去声）和高平调（阴平）音的音高表现更为稳定，并且受声调调值的影响明显。

4.3.3　汉语载调双音节词 16 种声调组合和英语双音节词两种重音类型音高起伏度对比分析

在 4.3.1 对英语双音节词两种重音类型以及 4.3.2.1、4.3.2.2、4.3.2.3 和 4.3.2.4 分别对汉语"T1+TN"、"T2+TN"、"T3+TN"和"T4+TN"声调组合分别进行分析的基础之上，对汉语载调双音节词 16 种声调组合和英语双音节词两种重音类型音高突显模式展开整体的对比分析，主要包括对整体音高起伏度、音高中线起伏度突显模式对比分析。

4.3.3.1　汉语载调双音节词 16 种声调组合和英语双音节词两种重音类型音高声学表现

首先对 10 位汉语发音人汉语载调双音节词 16 种声调组合的音高起伏度进行整体分析，见下表 4.14。

表 4.14　汉语载调双音节词 16 种声调组合音高均值[①]

声调组合		赫兹（Hz）		半音 (St)		百分比 (%)	
		首	末	首	末	首	末
T1+TN	T1+T1	11.17 204.78- 215.95	10.82 210.28- 221.10	1.01 20.69- 21.70	0.91 21.18- 22.09	9[②] 71-80	8 75-83
	T1+T2	15.68 219.20- 234.88	27.37 152.73- 180.10	1.24 21.88- 23.13	2.89 15.89- 18.78	11 81-92	25 31-56
	T1+T3	15.10 227.03- 242.13	48.13 134.73- 182.87	1.11 22.69- 23.80	5.21 14.03- 19.24	9 88-97	43 16-59
	T1+T4	14.02 215.58- 229.60	66.62 169.25- 235.87	1.10 21.74- 22.85	5.88 17.41- 23.29	9 80-89	49 44-93
T2+TN	T2+T1	36.63 150.17- 186.80	12.65 210.13- 222.78	3.86 15.42- 19.28	1.03 21.09- 22.12	32 28-60	9 75-84
	T2+T2	45.38 158.27- 203.65	31.13 145.12- 176.25	4.49 16.36- 20.85	3.37 14.69- 18.05	38 35-73	29 21-50
	T2+T3	49.47 159.22- 208.68	65.02 135.37- 200.38	4.80 16.50- 21.29	6.44 13.88- 20.32	39 37-76	53 15-68
	T2+T4	30.12 149.20- 179.32	68.72 161.22- 229.93	3.25 15.39- 18.64	6.48 16.51- 22.98	27 27-54	54 36-90

[①] 表 4.14 是 4.3.2.1、4.3.2.2、4.3.2.3、4.3.2.4 分析数据的整合，对汉语载调双音节词 16 种声调组合进行整体阐述，从而能更好地和英语两种重音类型展开对比分析。

[②] 音高百分比是基于所有音段组合进行计算，因此当所涉及的音段组合数量不同，相同的音段组合的音高百分比会发生变化。表 4.14，表 4.22 和表 4.28 中的百分比是基于汉语和英语的半音值计算得来。

声调组合	音高	赫兹（Hz）		半音（St）		百分比（%）	
		首	末	首	末	首	末
T3+TN	T3+T1	33.92 135.28- 169.20	16.37 205.87- 222.23	3.75 13.88- 17.63	1.32 20.96- 22.28	31 15-46	11 74-85
	T3+T2	28.42 137.32- 165.73	35.55 141.98- 177.53	3.16 13.89- 17.05	4.05 14.40- 18.45	26 15-41	34 19-53
	T3+T3	50.98 160.45- 211.43	60.50 126.70- 187.20	4.83 16.72- 21.55	6.57 12.97- 19.54	41 38-79	55 7-62
	T3+T4	39.35 128.60- 167.95	57.42 155.43- 212.85	4.62 12.80- 17.42	5.66 15.74- 21.40	38 6-44	47 30-77
T4+TN	T4+T1	66.93 165.57- 232.50	11.95 197.53- 209.48	6.00 17.05- 23.05	1.07 20.08- 21.15	50 41-91	9 66-75
	T4+T2	76.28 169.98- 246.27	27.47 140.27- 167.73	6.69 17.45- 24.13	3.33 14.12- 17.44	55 45-100	27 17-44
	T4+T3	70.42 176.20- 246.62	38.88 134.13- 173.02	5.93 18.14- 24.07	4.50 13.66- 18.16	49 50-99	37 13-50
	T4+T4	65.55 173.12- 238.67	51.93 159.20- 211.13	5.65 17.85- 23.49	4.96 16.46- 21.42	47 48-95	42 36-78

如表 4.14 所示，同时结合 4.3.2，在 T1+TN 声调组合中，除了 T1+T1 以外，其他三种声调组合中首音节 音高最小值 ＞末音节 音高最小值（219.20＞152.73，227.03＞134.73，215.58＞169.25）。而 T1+T1 和 T1+T4 表现为首音节 音高最大值 ＜末音节 音高最大值（215.95＜221.10，229.60＜235.87）。T1+T4 首末音节的音高调域差异最大，超过

50%。除了 T1+T1 以外，其他三种声调组合的末音节_{音高调域}＞首音节_{音高调域}（27.37＞15.68，48.13＞15.10，66.62＞14.02）。

在 T2+TN 声调组合中，T2+T1 和 T2+T4 无论是音高最小值还是音高最大值，均表现为首音节小于末音节；T2+T2 和 T2+T3 刚好相反，均表现为首音节大于末音节；T2+T1 和 T2+T2 表现为首音节_{音高调域}＞末音节_{音高调域}，T2+T3 和 T2+T4 则表现为首音节_{音高调域}＜末音节_{音高调域}。

在 T3+TN 声调组合中，除了 T3+T3 以外，其他三种声调组合无论是音高最大值还是音高最小值均表现为首音节小于末音节；除了 T3+T1 以外，其他三种声调组合音高调域均表现为首音节_{音高调域}＜末音节_{音高调域}。

在 T4+TN 声调组合中，除了 T4+T1 以外，其他三种声调组合均表现为首音节_{音高最小值} 大于末音节_{音高最小值}；且四种声调组合均表现为首音节_{音高最大值}＞末音节_{音高最大值}。同时，四种声调组合音高调域表现均表现为首音节_{音高调域}＞末音节_{音高调域}。

英语 10 位发音人双音节词两种重音类型的具体分析见 4.3.1。4.3.1 表明，英语左重类型中，音高最小值、音高最大值和音高调域均表现为首音节大于末音节（159.76＞120.52，188.46＞138.41，28.70＞17.90），即重读音节的音高最小值，音高最大值和音高调域均大于非重读音节。英语右重类型中，首音节的音高最小值和音高最大值均大于末音节（157.16＞134.16，178.45＞170.06），而首音节_{音高调域}＜末音节_{音高调域}（21.29＜35.90），表明英语双音节词右重类型中音高最大值不受重读的影响，最大值体现在首音节上；但音高调域受到重读的影响，调域最大值体现在重读音节（末音节）上。

由于汉语是声调语言，英语是重音语音，分属不同的语音体系，直接采用音高绝对值进行比较是否可行有待商榷，我们对 20 位发音人 18 种音节组合的首末音节的音高值进行了从赫兹，到半音，再到百分比的转化。经过归一化和相对化以后，两种语言的语音体系可以放在音高起伏度模式中考察其分布规律。

基于韵律格局理念，将所有 20 位发音人音高半音的最大值作为整个音高格局的最大值，所有发音人中音高半音最小值作为整个音高格局的最小值，把汉语 T1+TN、T2+TN、T3+TN 和 T4+TN 声调组合以及英语的两种重音类型放在同一维度进行比较分析，考察两种语言音高突显模式，见下表 4.15。

表 4.15　汉英双音节词音高起伏度 Q 值表（%）

汉　语							
声调模式 音高（%）	T1+TN						
	T1+ T1		T1+ T2		T1+ T3		T1+ T4	
	Q0	Q	Q0	Q	Q0	Q	Q0	Q
上线 a	80	−3	92	36	97	38	89	−4
中线 b	76	−4	87	43	93	55	85	16
下线 c	71	−4	81	50	88	72	80	36
	T2+TN						
	T2+ T1		T2+ T2		T2+ T3		T2+ T4	
	Q0	Q	Q0	Q	Q0	Q	Q0	Q
上线 a	60	−24	73	23	76	8	54	−36
中线 b	44	−35	54	19	57	15	41	−23
下线 c	28	−47	35	14	37	22	27	−9
	T3+TN						
	T3+ T1		T3+ T2		T3+ T3		T3+ T4	
	Q0	Q	Q0	Q	Q0	Q	Q0	Q
上线 a	46	−39	41	−12	79	17	44	−33
中线 b	30	−49	28	−8	59	24	25	−29
下线 c	15	−59	15	−4	38	31	6	−24
	T4+TN						
	T4+ T1		T4+ T2		T4+ T3		T4+ T4	
	Q0	Q	Q0	Q	Q0	Q	Q0	Q
上线 a	91	16	100	56	99	49	95	17
中线 b	66	−5	72	42	74	43	71	14
下线 c	41	−25	45	28	50	37	48	12

续表

	英　语			
重音类型 音高（%）	左重		右重	
	Q0	Q	Q0	Q
上线 a	61	41	53	6
中线 b	49	39	44	14
下线 c	37	37(0)	35	22

　　表 4.15 呈现了汉语载调 16 种声调组合和英语两种重音类型的音高百分比情况。在 18 种以音节为单位的音段组合中，格局百分比上限为汉语 T4+T2 声调组合首音节上线，达到 100%，而整个格局的下限为英语左重双音节词末音节下线，低至 0%。Q0 是首音节的音高百分比值，Q 值为从首音节到末音节的音高起伏，Q 值为负代表上升，Q 值为正代表下降。根据表 4.15，我们得到了汉语载调双音节词 16 种声调组合和英语双音节词两种重音类型音高百分比起伏度总图（见下图 4.6），并在 4.3.3.2 对汉语载调双音节词进行整体音高起伏度突显模式分析，4.3.3.3 进行了汉语和英语双音节词音高起伏度突显模式对比分析，以及在 4.3.3.4 进一步对音高中线的起伏度突显模式进行探讨。

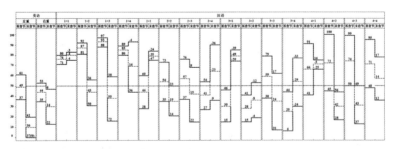

图 4.6　汉语载调双音节词 16 种声调组合和英语双音节词两种重音类型音高起伏度总图

4.3.3.2 汉语载调双音节词 16 种声调组合音高起伏度对比分析

图 4.6 表明，T1+TN 声调组合中，首音节分布在 70%以上，最小值为 T1+T1 首音节下线（71%），最大值为 T1+T3 首音节上线（97%）；首音节百分比跨度均小。T1+T1 的上、中、下线起伏度值均为负值，整体微升；其他声调组合的上、中、下线起伏度值多为正值。T1+T2 和 T1+T3 的下降幅度较大；T1+T4 下线下降幅度较大，上线略微抬升。T1+T4 末音节百分比跨度最大，T1+T3 和 T1+T2 次之，T1+T1 最小。从声调调值而言，阴平为高平调（55），调值跨度较小；阳平为升调（35），上声为降升调（214），调值跨度较大；去声为高降调（51），调值跨度最大。T1+TN 声调组合中首音节均为阴平，调值较高且跨度小。T1+T1 首末音节均为高平调，起伏不明显；T1+T2 和 T1+T3 陡降，是因为从阴平到阳平和上声，调值从高到低，下降明显。T1+T4 从高平到高降，通过下线下降和上线微升实现末音节调域的拓展。阴平是普通话中第一序位的声调，属于声调语言中的无标记调或静调（郑梅、曹文，2018：74），图 4.6 也清楚表明无论是 T1+TN 声调组合，还是 T2+T1，T3+T1，T4+T1 的声调组合中，阴平 T1 表现平稳，趋于一致，都在 50%以上，且音高调域均为窄调域。

T2+TN 声调组合中，首音节上线分布在中部（54%-76%），百分比跨度偏大。T2+T1 与 T2+T4 起伏度值为负值，音高上升，且上升明显；T2+T2，T2+T3 的起伏度值为正值，下降幅度不大。T2+T4 末音节音高百分比跨度最大，T2+T2 和 T2+T3 首末音节跨度接近，T2+T1 末音节百分比跨度最小。T2+TN 声调组合首音节均为阳平，起始声调为 35，因此上线分布在 60%左右且跨度较大。T2+T1 和 T2+T4 上、中、下线抬升，从阳平到阴平和去声，声调调值有明显提升。T2+T2 与 T2+T3 类似，因为阳平和上声的起始调值和调值跨度较为接近。

T3+TN 声调组合中，除 T3+T3 以外，T3+T1、T3+T2 和 T3+T4 首音节的上、中、下线都低于 50%，位于格局图的下部，音高百分比跨度偏大；同时，这三种声调组合起伏度 Q 值都为负值，音高上升，其中 T3+T1 骤升，T3+T2 与 T3+T4 上升幅度较 T3+T1 小。T3+T3 首音节分布高，音高下降。由于首音节上声的调值为 214，起始调值较低，所以 T3+T1、T3+T2 和 T3+T4 首音节的上中下线值均小于 50%；由于是从调值为 214 的上声过渡到调值较高的 55、35 和 51，因此整体上升。T3+T3 受到上声变调的影响，整体呈现下降趋势。

T4+TN 声调组合中，首音节去声为高降调，首音节上线均高于 90%，音高跨度大，且首音节调域跨度都大于末音节。T4+T2、T4+T3 和 T4+T4 的起伏度值均为正值，音高下降，其中 T4+T2 和 T4+T3 陡降。T4+T1 受到末音节高平调的影响，末音节调域跨度变窄。T4+T4 声调组合是由两个去声组成，首末音节跨度相近。

图 4.6 呈现出了更值得注意的一个汉语连读变调的情况。吴宗济（2008：144）指出当上上相连时前上变阳平，使得与阳声和上声连读时的情况近似，因此普通话双音节词共有 15 种声调组合。图 4.6 中我们可以清楚地观察到，T2+T3 声调组合的音高突显模式和 T3+T3 声调组合的音高突显模式非常接近，首音节的上线值分别为 76% 和 79%，中线值分别为 57% 和 59%，下线值分别为 37% 和 38%；从首音节到末音节的音高起伏也整体接近，只是 T3+T3 声调组合的起伏度稍大一些，且末音节的调域也略大一些。但整体而言，两个声调组合的音高突显模式很接近，进一步证实了此观点的可能性。

4.3.3.3   汉语载调双音节词 16 种声调组合和英语双音节词两种重音类型音高整体起伏度对比分析

首先分析英语双音节词的音高表现。图 4.6 表明，不同于汉语载调双音节词 16 种声调组合，英语双音节词两种重音类型均分布在百分比格局的中下方，中线均分布在 50%以下。其中，重轻型双音节词末音节的下线为 0%，也是整个百分比格局图的下限。两种重音类型的音高起伏各有异同。在重轻型中，从首音节到末音节，上、中、下线的起伏度值均为正值（41%，39%，37%），音高下降，且下降幅度接近，同时首音节的调域大于末音节调域。在轻重型中，和重轻型相同，整体起伏度值为正值，但上线下降幅度偏低（6%），下线下降幅度较大（22%），实现了末音节调域的拓展。

英语双音节词两种重音类型音高最大值均位于首音节上，即音高上线并不受重读的影响。两种重音类型中，重读音节的调域均大于非重读音节，其中右重末音节（重读音节）的音高调域扩展显著，明显大于首音节（非重读音节）的音高调域。整体而言，英语两种重音类型音高调域的突显程度与其重音类型保持一致，即重读音节调域宽，非重读音节调域窄。

接下来对汉语和英语进行对比分析。在汉语和英语共计 18 种音节组合中，最高值出现在汉语 T4+T2 的首音节，最低值出现在英语左重的末音节。英语两种重音类型分布偏低，大多数音高值低于 50%，且两种重音类型均表现为前高后低。与英语不同，汉语载调 16 种声调组合大多数首末音节的上线位于 50%以上，上线分布整体偏高。除了阴平调之外，其他声调所在的音节音高下线几乎都低于 50%。

同时，汉语不同声调组合的整体分布也呈现出各自的规律：T1+TN 声调组合整体分布偏高，除了 T1+T1 表现为前低后高，其他三种声调组合均表现为前高后低；T2+TN 声调组合整体分布在格局图的中部，其中 T2+T1 和 T2+T4 前低后高，T2+T2 和 T2+T3 前高后低；和 T2+N 声调组合的分布类似，汉语 T3+TN 声调组合也整体分布在格局图的中部，其中除了 T3+T3 前高后低，其他三种声调组合均为前低后高；T4+TN 声调组合几乎跨越整个格局图

（13%-100%），且四种声调组合均表现为前高后低。

4.3.3.4　汉语载调双音节词 16 种声调组合和英语双音节词两种重音类型音高中线起伏度对比分析

在对汉语和英语双音节词整体音高起伏度突显模式进行对比分析的基础之上，再进一步考察汉语双音节词 16 种声调组合和英语双音节词两种重音类型音高中线起伏度模式对比分析，见下图4.7。

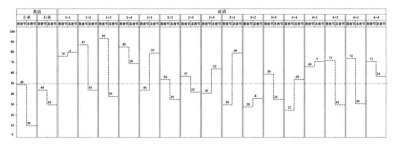

图 4.7　汉语载调双音节词16种声调组合和英语双音节词两种重音类型音高中线起伏度图

音高中线是音高上线和音高下线的结合，体现了整体的音高变化趋势。图 4.7 中，英语双音节词两种重音类型首末音节的中线均低于 50%，同时均下降，右重中线下降幅度较小（14%）。数据复核后发现，之所以右重中线下降幅度不大，是因为个别发音人在发右重音时，表现为末音节上线抬升，但 10 位英语发音人整体表现为下降。与英语不同，汉语只有 T3+T2 的首末音节均低于50%，但起伏不明显，只略上升 8%。同时，汉语 T1+T1、T1+T4、T4+T1 和 T4+T4 的首末音节中线均位于 50%以上，即高平和高降声调组合的中线均位于 50%以上。

T1+TN 声调组合中，除了 T1+T1 中线为微升，其他均为下降，其中 T1+T2 和 T1+T3 陡降，而 T1+T4 受到首末音节均有高调值的影响，减弱了下降的幅度。T2+TN 声调组合中，T2+T1 和

T2+T4 的中线均为上升，且上升幅度较大；同时，T2+T2 和 T2+T3
无论是首音节中线，还是首末音节中线的起伏表现都非常接近。
T3+TN 声调组合中，T3+T1 和 T3+T4 的中线均为上升，且上升
幅度较大；T3+T2 中线微升，T3+T3 下降。T4+TN 声调组合中，
整体的中线起伏和 T1+TN 声调组合的中线起伏接近，由于受到
去声高降的影响，T4+TN 的中线整体低于 T1+TN。

　　进一步分析表明，所有以阴平结尾的汉语双音节词的中线都
表现为上升，其中 T1+T1 和 T4+T1 是微升，T2+T1 和 T3+T1 中
线上升幅度较大，分别达到了 35% 和 49%；除了 T3+T2 以外，其
他以阳平结尾的汉语双音节词的中线都表现为下降，其中 T1+T2
和 T4+T2 的下降幅度较大；所有以上声结尾的汉语双音节词的中
线均表现为下降，其中 T1+T3 和 T4+T3 下降幅度较大，而 T2+T3
和 T3+T3 的下降幅度较小；以去声结尾的汉语双音节词分为两
类，其中 T1+T4 和 T4+T4 的中线下降；而 T2+T4 和 T3+T4 的中
线均上升。

　　整体而言，受到声调的影响，汉语音高的声学表现与声调起
始调值和调值跨度密切相关，从高调值过渡到低调值，中线呈现
下降趋势，而从低调值过渡到高调值则相反。汉语受音高的影响
明显，音高中线的起伏度可以达到 50% 以上（T1+T3）。英语双音
节词两种重音类型的音高中线分布整体比较一致，均低于 50%。
音高对汉语的影响大于对英语的影响。

　　接下来进行汉语双音节词 16 种声调组合和英语双音节词两
种重音类型音高中线量度讨论。基于音高起伏度的音高百分比突
显模式有利于音高分布、音高调域跨度和音高起伏度的分析，但
因为数值是在 0%-100% 之间，跨度较大，无法对音高分布、音高
调域跨度和音高起伏度进行有效地整体分析。本研究尝试着将音
高百分比按照每 10% 为标准进行划分，讲首末音节的音高起伏程
度划分为 1-10 度，同时将音高在百分比格局中的具体位置划分

为 10 个等级①。得到表 4.16。

表 4.16　汉语载调双音节词 16 种声调组合和英语双音节词两种重音类型音高中线量度表

	汉 语											
	T1			T2			T3			T4		
	首	末	起伏度	首	末	起伏度	首	末	起伏度	首	末	起伏度
T1	8	9	**1**	9	5	5	10	4	6	9	7	2
T2	5	8	**4**	6	4	2	6	5	2	5	7	**3**
T3	4	8	**5**	3	4	**1**	6	4	3	3	6	**3**
T4	7	8	**1**	8	4	5	8	4	5	8	6	2

	英 语		
	首音节	末音节	起伏度
左重	5	2	4
右重	5	4	2

　　表 4.16 更为清晰的展示出汉语和英语中线分布的不同。黑色粗体的数据代表音高上升及上升的幅度。汉语 16 种声调组合的中线整体以下降为主，中线音高上升主要集中在末音节为阳平的声调组合（TN+T1）和部分以去声结尾的声调组合（T2+T4、T3+T4）；T3+T2 虽上升，但上升幅度不明显，且首末音节中线量度接近。英语的中线均为下降。无论是位于首音节还是末音节，汉语阴平中线分布区间为 8-10，阳平中线为 4-6，上声中线为 3-6（除了 T3+T3 的首音节音高分布区间为 6，其他主要分布区间为 3-5），去声为 6-8。英语两种重音类型的音高分布区间均偏低（2-

---

　　① 起伏度的 1-10 度和音高分布的 1-10 等级都是在音高百分比基础之上，以每 10% 为标准，划分出 0%-10%、10%-20%、20%-30%、30%-40%、40%-50%、50%-60%、60%-70%、70%-80%、80%-90%、90%-100% 10 个区间单位。如果数值刚好为整数，如 10%，归为分布区间 2 和起伏度 2 度，以此类推。

5）。表 4.16 表明，综合了音高上线和音高下线的汉语音高中线的起伏度多位于 1-6 之间，多数低于 6。英语两种重音类型的起伏度值在 2-4 之间。和汉语相比，英语首末音节的音高起伏整体平缓，且左重的音高起伏大于右重。

由于音高起伏度是首末音节起伏的表现，划分为 10 度，可以进行细致的描写。同时，本研究侧重于对两种语言音高分布区间趋势进行对比分析。因此，在上述分析的基础之上，以每 20% 为标准，将音高在起伏度模式中的具体区间划分为高位区（80%-100%），中位区（60%-80%），次中位区为（40%-60%），低位区（20%-40%）和超低位区（0%-20%）五个分布区域，其中的次中位区域跨越 50%，包括了 50% 上下的音高，较为客观地避免了因为语音数据提取时可能带来的细微数据的偏差，见下表 4.17。

表 4.17　汉语载调双音节词 16 种声调组合和英语双音节词两种重音类型音高中线空间分布

	汉　语			
	T1	T2	T3	T4
T1	中开 ^{1}高走	高开 ^{5}低走	高开 ^{6}低走	高开 ^{2}低走
T2	次中开 ^{4}高走	次中开 ^{2}低走	次中开 ^{2}低走	次中开 ^{3}高走
T3	低开 ^{5}高走	低开 ^{1}高走	次中开 ^{3}低走	低开 ^{3}高走
T4	中开 ^{1}高走	中开 ^{5}低走	中开 ^{5}低走	中开 ^{2}低走
	英　语			
左重	次中开 ^{4}低走			
右重	次中开 ^{2}低走			

表 4.17 清楚地展示了汉语和英语双音节词首末音节中线的整体分布和动态起伏关系。以 T1+T1 为例，"中开"是首音节中线的位置，位于音高百分比起伏模式的 60%-80% 之间，"高走"代表末音节音高中线的上升，上标的 1 代表上升了 1 度（上升区间为 0%-10%）。通过这种方法，较为清楚地将汉语和英语双音节

词两种重音模式首末音节中线的音高分布和音高起伏度进行了区分。例如，英语首音节中线分布区间为次中位区（40%-64%），音高下降偏低，下降幅度的量度为 4 和 2。汉语首音节中线包括了高位区，中位区，次中位区和低位区四个分布区间，同时也将汉语载调双音节 16 种声调组合有效地进行了区分。

4.3.4　汉语载调双音节词 16 种声调组合和英语双音节词两种重音类型音高调域比对比分析

在对汉语和英语双音节的音高起伏度突显模式进行整体描述（4.3.3.3）以及对中线音高起伏度进行进一步分析（4.3.3.4）的基础之上，我们对两种语言音高调域比展开分析。见下表 4.18.

表 4.18　汉语和英语双音节词首末音节音高调域比

音高调域比 声调组合	汉语			
	T1	T2	T3	T4
T1	0.89	2.27	4.78	5.44
T2	0.28	0.76	1.36	2.00
T3	0.35	1.31	1.34	1.24
T4	0.18	0.49	0.76	0.89
音高调域比 重音类型	英　语			
左重	0.83			
右重	1.89			

表 4.18 中，调域比小于 1，首音节音高调域大于末音节音高调域，反之则首音节音高调域小于末音节音高调域。比值越小，首音节音高调域越大，比值越大，末音节音高调域越大。汉语 16 种载调声调组合中，调域比小于 1 和调域比大于 1 的声调组合相

等，均为 8 个。T4+T1 的调域比最小（0.18）；T1+T4 调域比最大（5.44）。T4+TN 和 TN+T1 中所有的调域比均小于 1，分别表明位于首音节的去声和位于末音节的阴平影响显著。英语左重中，调域比小于 1（0.83），表明首音节音高调域大于末音节音高调域（重读音节音高调域大于非重读音节音高调域）；英语右重中，音高调域大于 1，表明末音节音高调域大于首音节音高调域（重读音节音高调域大于非重读音节音高调域）。和英语相比，汉语受到首末音节声调不同组合的影响，首末音节的调域可以相差很大。

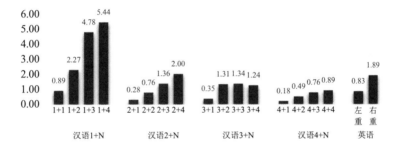

图 4.8 汉语载调双音节词 16 种声调组合和英语双音节词两种重音类型首末音节音高调域比

根据图 4.8 进一步分析发现，除了 T3+T4 以外，汉语其他的 T1+TN、T2+TN、T3+TN 和 T4+TN 声调组合的内部，随着末音节声调从阴平到去声，调域比值依次增大（0.89＜2.27＜4.78＜5.44，0.28＜0.76＜1.36＜2.00，0.35＜1.31＜1.34，0.18＜0.49＜0.76＜0.89）。说明当汉语首音节的声调保持不变，末音节的声调依次从阴平的高平调、阳平的上升调、上声的曲折调和去声的高降调的变化过程中，末音节音高调域的影响力逐渐加大。这种现象在 T1+TN 和 T4+TN 中表现尤为明显。在 T1+TN 声调组合中，除了 T1+T1 的调域比小于 1，其他三种声调组合不仅远远大于 1，而且依次以非常明显的差异幅度增长。在 T4+TN 声调组合中，尽管所有的调域比都小于 1，表明首音节音高调域占主导，但是随着后字声调的变化，末音节音高调域的影响力在逐步增加，削弱了首音节音高调域的影响。此外，尽管 T3+T4 的调域比小于 T3+T2 和 T3+T3，但是这三种声调组合彼此之间的调域比相接近（1.24、1.31 和 1.34）。由于汉语的上声涉及到连读变调，情况更为复杂微妙，需要进一步分析。目前的研究中，这种汉语前字相同的情况下，后字声调从阴平到去声，调域比值依次增大整体呈现出较为一致的规律。对这种现象可能的一种解释是由于阴平调阶差值（0）＜阳平调阶差值（2）＜上声调阶差值（3）＜去声调阶差值（4），这种声调调阶差值的逐步增大，导致后字调域比的依次增大，但成因还需要进一步深入分析。在 TN+T1、TN+T2、TN+T3 和 TN+T4 这类后字保持不变的声调组合中，目前没有发现规律性，具体的原因也需要继续研究。

4.3.5 讨论与小结

上述 4.3.1、4.3.2、4.3.3 和 4.3.4 的分析表明，和汉语相比，虽然英语双音节词内相邻音节受到的音高影响虽小，但是依然表现出了较为一致的规律。本次实验分别从音高上线、音高中线、音高下线和音高调域四个方面对英语双音节词左重型和右重型音高表现进行归纳，见表 4.19。

表 4.19 英语双音节词两种重音类型整体音高声学表现

音高表现 音高分类	左重	右重
音高上线	首音节＞末音节	首音节＞末音节
音高中线	50%以下	50%以下
	首音节＞末音节	首音节＞末音节
	次中开 4低走	次中开 2低走
音高下线	首音节＞末音节	首音节＞末音节
音高调域	重读音节＞非重读音节	重读音节＞非重读音节

表 4.19 表明，英语双音节词的两种重音类型在这五个方面整体表现出较为一致的规律，即音高上线_{首音节}＞音高上线_{末音节}，音高调域_{重读音节}＞音高调域_{非重读音节}。音高中线均位于 50%以下，同时，音高下倾，且下倾幅度偏低。

接下来考察汉语载调双音节词 16 种声调组合整体音高声学表现，见下表 4.20。

表 4.20　汉语载调双音节词 16 种声调组合整体音高声学表现

音高分类 ＼ 音高表现	首末音节		声调组合
音高上线	首音节>末音节		T1+T2，T1+T3，T2+T2，T2+T3，T3+T3，T4+T1，T4+T2，T4+T3，T4+T4
	首音节<末音节		T1+T1，T1+T4，T2+T1，T2+T4，T3+T1，T3+T2，T3+T4
音高中线	首音节>末音节		T1+T2，T1+T3，T1+T4，T2+T2，T2+T3，T3+T3，T4+T2，T4+T3，T4+T4
	首音节<末音节		T1+T1，T2+T1，T2+T4，T3+T1，T3+T2，T3+T4，T4+T1
	50%以上	首末音节	T1+T1, T1+T4, T4+T1, T4+T4
		首音节	T1+T2，T1+T3，T2+T2，T2+T3，T3+T3，T4+T2，T4+T3
		末音节	T2+T1, T2+T4, T3+T1, T3+T4
	50%以下	首末音节	T3+T2
		首音节	T2+T1, T2+T4, T3+T1, T3+T4
		末音节	T1+T2，T1+T3，T2+T2，T2+T3，T3+T3，T4+T2，T4+T3
	高开低走	高开_{2低走}	T1+T4
		高开_{5低走}	T1+T2
		高开_{6低走}	T1+T3

音高分类 ＼ 音高表现	首末音节		声调组合
音高中线	中开低走	中开 2 低走	T4+T4
		中开 5 低走	T4+T2, T4+T3
	中开高走	中开 1 高走	T1+T1, T4+T1
	次中开低走	次中开 2 低走	T2+T2, T2+T3
		次中开 3 低走	T3+T3
	次中开高走	次中开 3 高走	T2+T4
		次中开 4 高走	T2+T1
	低开高走	低开 1 高走	T3+T2
		低开 3 高走	T3+T4
		低开 5 高走	T3+T1
音高下线	首音节>末音节		T1+T2, T1+T3, T1+T4, T2+T2, T2+T3, T3+T3, T4+T2, T4+T3, T4+T4
	首音节<末音节		T1+T1, T2+T1, T2+T4, T3+T1, T3+T2, T3+T4, T4+T1
音高调域	首音节调域>末音节调域		T1+T1, T2+T1, T2+T2, T3+T1, T4+T1, T4+T2, T4+T3, T4+T4
	首音节调域<末音节调域		T1+T2, T1+T3, T1+T4, T2+T3, T2+T4, T3+T2, T3+T3, T3+T4

与表 4.19 相比，表 4.20 表明，受到汉语声调的影响，汉语载调双音节 16 种声调组合在这四个方面都难以找到类似于英语这样一致的规律，且受到声调的影响，体现出了音高的显著作用。比如高平和高降的音高值整体偏大，且相邻音节彼此之间声调的差异影响到了音高起伏的上升和下降程度；与此同时，声调调阶跨度大的音高调域更宽。根据 Altmann（2006）提出的重音类型（见图 2.4），具有原始词重音类型的英语属于"重音语言"；而汉语声调会对汉语语音产生影响，被划分为"非重音语言"中的音

高语言。目前，本实验从音高突显模式角度的分析表明，音高对汉语词内相邻音节的影响大于对英语词内相邻音节的影响。汉语双音节词 16 种声调组合首末音节的音高突显（音高的高低起伏变化和音高调域的宽窄变化）明显受到了汉语声调的影响，声调组合不同，音高突显模式的表现不同，汉语是典型的声调语言。而采用相同方法分析的英语音高百分比突显模式中，音节的前后位置与英语重音类型紧密相关，英语音高调域的突显模式与英语左重（重轻型）和右重（轻重型）保持一致。

　　沈家煊（2017：13）认为英语是"词本位"，汉语是"字本位"（每个字大致等重），"在动态语流中都可以'打包'变为前偏重"。表 4.19 从音高上线、音高中线、音高下线和音高调域较好地证实了英语的"词本位"。本书没有对汉语单字调进行实验分析。但在对汉语词调的分析过程中发现，汉语前偏重的现象并不存在，汉语词调的声调组合，充分体现了声调对音高突显模式的影响。表 4.20 充分表明，声调组合不同，音高突显模式各异。无论是首音节还是末音节，音高高低起伏的突显和音高调域宽窄的突显难以寻找到一致的规律。汉语的词调也充分地体现了汉语声调的变化。王韫佳、初敏等（2003：536）从感知角度认为，孤立词状态下汉语词重音的位置通常落在后字。本研究基于汉语载调双音节词 16 种声调组合音高的声学实验分析表明汉语双音节孤立词没有明显的规律性，难以形成固定的模式。但进一步把这四种声调进行综合分析发现，无论是孤立词还是处于句末窄焦点的韵律词，均表现为词末音节略为突显，见第 5 章和图 7.1—图 7.6。

　　本研究基于韵律格局中提出的音段发音到位程度的理念，采用音高起伏度的计算方法，对汉语双音节词 16 种声调组合和英语双音节词两种重音类型首末音节的音高模式从音高百分比格局、音高中线、和音高调域三个维度方面进行了详尽的对比分析。通过从赫兹，到半音，再到百分比的转化，将以声调为基础的汉语和以重音为基础的英语放在同一维度进行比较。目前的研究表明汉语受声调的影响明显，音高的作用较为显著；尽管音高调域的突显模式与英语的重音类型保持一致，但与汉语相比，音高对英语重音的影响相对较小。

研究发现，整体上汉语载调双音节词内音高起伏变化远大于英语双音节词。汉语不同声调组合整体分布也呈现出不同的规律性，汉语 T1+TN 声调组合整体分布偏高，T2+TN 和 T3+TN 声调组合整体分布在格局图的中部，而 T4+TN 声调组合跨越整个格局图。汉语载调双音节词 16 种声调组合的绝大多数首末音节的上线均位于 50%以上，且上线的整体分布偏高。英语音高调域突显模式与英语左重和右重紧密相关。音高上线最大值与首音节相关，与重读音节所在位置无关。英语双音节词两种重音类型在音高百分比图中整体分布偏低，多数低于 50%。

基于音高百分比分析，实验将音高中线分布区间和首末音节起伏度值按照每 10%为基本单位，进行了五个中线音高区间分布区域（高位区、中位区、次中位区、低位区和超低位区）以及 10 个等级的起伏程度（1-10）的量度整合。研究发现，无论是位于首音节还是末音节，汉语阴平中线分布区间为 8-10，阳平中线为 4-6，上声中线主要为 3-6，去声中线为 6-8。相比于汉语，英语两种重音类型的起伏量度值在 2-4 之间。和汉语（量度值在 1-6 之间）相比，英语音高起伏整体平缓。研究表明这类细分能够较为有效地区分汉语载调双音节词 16 种声调组合的静态分布和动态起伏。

除了 T3+T4 以外，汉语其他的 T1+TN、T2+TN、T3+TN 和 T4+TN 声调组合的内部，随着后字声调从阴平到去声，调域比值依次增大。汉语的 16 种声调组合受到首末音节声调不同组合的影响，首末音节的调域可以相差很大（0.18-5.44）。英语双音节词左重型重音类型调域比小于 1，右重型重音类型音高调域比大于

1，表明重读音节_{音高调域}大于非重读音节_{音高调域}。

　　在 4.3 中我们整体讨论了汉语载调双音节词 16 种声调组合和英语双音节词两种重音类型的音高突显模式。但在汉语双音节词声调组合中，还有两种声调组合需要注意，一是载调双音节词相同声调组合（T1+T1、T2+T2、T3+T3、T4+T4），因为是相同声调的组合，减少了其他声调的影响，更接近于没有声调的英语首末音节的组合，因此需要进一步展开对比分析；二是汉语双音节词 TN+T0 声调组合，因为词末是轻声，与英语"重+轻"重音类型比较接近，也需要进一步探讨。汉语载调双音节词相同声调组合和英语的对比研究是对 4.3 的进一步细化研究（见 4.4），汉语和英语的语料来自于 4.2，两种语言的赫兹值和半音值同 4.3 中的相关数据。而汉语双音节词 TN 和 T0 声调组合和英语的对比研究中，由于汉语语料的改变，汉语的语料（见表 4.2）和数据进行了重新设计和统计，英语语料同上。

4.4　汉语载调双音节词相同声调组合和英语双音节词两种重音类型音高突显模式对比分析

　　在对英语和汉语共计 18 种音段组合进行音高突显模式比较的基础之上，我们对汉语载调双音节词相同声调组合和英语双音节词两种重音类型进行比较。因为首末声调相同的情况下，尽可能减少了其他声调的影响，和无声调的英语首末音节的情况比较接近。王韫佳等（2003：537）在做听感实验的时候，只保留前后音节同调的词，以使相邻声调音高差别的影响减小到最低。本次实验也具有同样的目的。英语双音节词语料同表 4.3。汉语载调双音节词相同声调组合基于表 4.1 得到，见下表 4.21。

表 4.21 汉语载调双音节词相同声调组合实验词

声调组合 语料	T1+T1	T2+T2	T3+T3	T4+T4
语料	关心 交通 咖啡 应该 香蕉 天津	回答 流行 食堂 学习 常常 迟迟	辅导 水果 打扫 手表 仅仅 老板	电话 附近 睡觉 现在 阅历 县志

4.4.1 汉语载调双音节词相同声调组合和英语双音节词两种重音类型音高整体起伏度对比分析

和 4.3 一样，本次实验基于韵律格局的基本理念和计算方法，从赫兹到半音再到百分比逐步进行相对化数据处理，减少个体差异，放在可比较的维度进行分析。根据 4.3.3 中的表 4.14，将汉语 10 位发音人载调双音节词相同声调组合音高赫兹、半音和百分比均值单独提取出来，并进行百分比计算见下表 4.22。

表 4.22 汉语 10 位发音人载调双音节词相同声调组合音高均值

音高 声调组合	赫兹（Hz）		半音 (St)		百分比 (%)	
	首	末	首	末	首	末
T1+T1	11.17 204.78– 215.95	10.82 210.28– 221.10	1.01 20.69– 21.70	0.91 21.18– 22.09	9 75–84	8 79–87
T2+T2	45.38 158.27– 203.65	31.13 145.12– 176.25	4.49 16.36– 20.85	3.37 14.69– 18.05	40 37–77	31 22–53
T3+T3	50.98 160.45– 211.43	60.50 126.70– 187.20	4.83 16.72– 21.55	6.57 12.97– 19.54	42 41–83	57 8–65
T4+T4	65.55 173.12– 238.67	51.93 159.20– 211.13	5.65 17.85– 23.49	4.96 16.46– 21.42	49 51– 100	43 39–82

表 4.22 表明，在 T1+T1 声调组合中，首音节_{音高最小值}＜末音节_{音高最小值}（204.78＜210.28），同时首音节_{音高最大值}＜末音节_{音高最大值}（215.95＜221.10）。首末音节的音高调域接近，首音节_{音高调域}略大于末音节_{音高调域}（11.17＞10.82）。在 T2+T2 声调组合中，无论是音高最小值，音高最大值还是音高调域，均表现为首音节大于末音节（158.27＞145.12，203.65＞176.25，45.38＞31.13）。在 T3+T3 声调组合中，音高最小值和音高最大值表现为首音节大于末音节（160.45＞126.70，211.43＞187.20），首音节_{音高调域}＜末音节_{音高调域}（50.98＜60.50）。和 T2+T2 声调组合类似，T4+T4 声调组合中，无论是音高最小值，音高最大值还是音高调域，均表现为首音节大于末音节（173.12＞159.20，238.67＞211.13，65.55＞51.93）。

整体而言，汉语载调双音节词相同声调的 4 种声调组合中，T1+T1 音高分布偏高，都在 200 赫兹以上；且音高调域跨度小，只略高过 10 赫兹。T3+T3 和 T4+T4 两种声调组合的音高调域偏大，都在 50 赫兹以上。音高最高值出现在 T4+T4 的首音节（238.67 赫兹），音高最低值出现在 T3+T3 的末音节，只有 126.70 赫兹。

基于韵律格局的基本理念，以及音高起伏度和百分比的计算方法，本实验将所有汉语发音人和所有英语发音人音高的最大值作为整个音高起伏度模式的最大值，所有发音人中音高最小值作为整个音高起伏度模式的最小值，把汉语 T1+T1、T2+T2、T3+T3 和 T4+T4 声调组合以及英语的两种重音类型的音高突显模式放在同一维度进行比较分析。两种语言的音高起伏度 Q 值见下表 4.23。

表 4.23 呈现了汉语双音节词相同声调组合和英语两种重音类型音高百分比情况。在全部 6 种以音节为单位的音段组合中，音高百分比上限为汉语 T4+T4 声调组合首音节上线（100%），而整个模式的下限为英语左重型双音节词末音节下线（0%）。Q0 是

首音节的音高百分比值，Q 值为从首音节到末音节的音高起伏，Q 值为负代表上升，Q 值为正代表下降。根据表 4.23，得到汉语双音节词相同声调组合和英语双音节词两种重音类型音高百分比起伏度图，见下图 4.9。

表 4.23   汉语载调双音节词相同声调组合和英语双音节词两种重音类型音高起伏度 Q 值表（％）

汉　语								
声调组合 音高（%）	T1+T1		T2+T2		T3+T3		T4+T4	
	Q0	Q	Q0	Q	Q0	Q	Q0	Q
上线 a	84	−3	77	24	83	18	100	18
中线 b	80	−4	57	20	62	25	75	15
下线 c	75	−4	37	15	41	33	51	12

英　语				
重音类型 音高（%）	左重		右重	
	Q0	Q	Q0	Q
上线 a	65	44	56	7
中线 b	52	42	46	15
下线 c	39	39	37	23

图 4.9 中，各音段组合内部的实线为音高上线和音高下线，虚线为音高中线。整个音高起伏度图的上限为 100%（汉语 T4+T4 的首音节上线），下限为 0%（英语左重末音节的下线），50% 为整个音高起伏度图的中线。图 4.9 清楚地展示出汉语双音节词相同声调组合和英语双音节词两种重音类型词内音节的音高分布情况和相邻音节音高起伏趋势。

图 4.9 表明，T1+T1 声调组合中，首音节分布在 70% 以上，最小值为 75%，最大值为 84%；首音节百分比跨度小，只有 9%；T1+T1 的上、中、下线起伏度值均为负值，整体微升，末音节的

百分比跨度也小，只有 8%；T1+T1 声调组合整体分布偏高且集中（75%-87%），远远高于 50%。T1+T1 首末音节均为高平调，起伏不明显，且音高分布整体偏高。

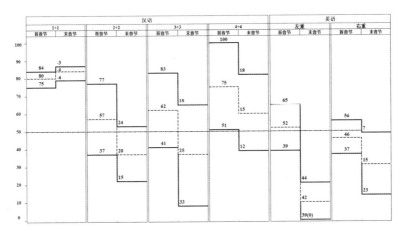

图 4.9　汉语载调双音节词相同声调组合和英语双音节词两种重音类型音高起伏度图

T2+T2 声调组合中，首音节上线为 77%，下线为 37%，百分比跨度偏大（40%）；上、中、下线起伏度值均为正值，下降幅度不大（15%-24%）；末音节的上线高于 50%，中线和下线均低于50%，百分比跨度较大（31%）。

由于阳平和上声的起始调值和调值跨度较为接近，T2+T2 声调组合和 T3+T3 声调组合音高表现整体类似，具有更多的语音相似性，如首音节的上线和中线，以及末音节的上线多位于 50% 以上，其他音高值则在 50% 以下；首末音节的音高百分比跨度较大，且上、中、下线起伏度值均为正值。只是 T3+T3 声调组合的音高表现较 T2+T2 更为突显，如音高上线更高（83%＞77%），音高下线更低（8%＜22%），首末音节的音高调域跨度也较为显著（42%＞40%；57%＞31%）。在音高起伏度图中，T3+T3 较 T2+T2

的百分比跨度要略大一些。

不同于 T1+T1 高平调与高平调组合中，从首音节到末音节，音高微升，T4+T4 高降调与高降调声调组合中，受到首音节高降调的影响，上、中、下线起伏度值均为正值。首音节上、中、下线均分布在 50% 以上，其中上线高达 100%，下线接近 50%（51%），且首音节音高跨度大，达到 49%；末音节上线和中线位于 50% 以上，下线位于 50% 以下，百分比跨度较大，达到 43%，首末音节百分比跨度相近。

图 4.9 也较为清晰地展现出汉语连读变调的语音特征。连读变调是指两个或两个以上音节连读的时候，受到前后音节的影响，有些音节的声调会发生变化的语音特有现象（祖漪清，2019：55）。张吉生（2022：161）进一步明确指出连读变调指"两个或两个以上的音节在某个域内相邻出现时，它们之间相邻的声调会发生变化"。张吉生的定义明确了两点，（1）连读变调发生在某个域内，以上上变调为例，无论双音节词内的两个音节是动宾结构、定中结构、并列结构等，都属于一个韵律词（张吉生，2022：162）；（2）连读变调发生在相邻音节之间。

（1）首先来看 T1+T1 声调组合的情况，4.3.3.2 的分析表明，汉语阴平在任何情况下都没有变调，整体表现为静调，没有标记性。图 4.9 中 T1+T1 声调组合也进一步证实了这种语音现象。首末音节的阴平无论是音高分布，还是音高调域都非常接近，可以视为没有连读变调的存在。（2）其次考察 T2+T2 声调组合，可以清晰地观察到从首音节的高升过渡到末音节的低升，导致 T2+T2 声调组合音高下降较为明显。徐世梁（2019a：38）指出，汉语普通话中两个阳平相连时后一个阳平变成低升，本次实验证实了这一观点。（3）接着分析 T3+T3 声调组合。在 4.3.2.3 中我们已经初步讨论了上声变调的情况。汉语上声是曲折调，调型复杂，音高表现不稳定，容易变调。上声+上声的声调组合中，前一个上声变调的重要观点大致有"上变阳平""直上""升上"和"后半上"等（张本楠，2012：139），虽然观点各异，但整体都倾向于前一个上声变为类似于阳平的声调。图 4.9 中，T3+T3 声调受到首音节声调变为类似于阳平的声调，导致首末音节音高下降较为明显。（4）最后考察 T4+T4 声调组合。徐世梁（2019a：38）指出两个去声相连时后一个去声通常变成低降。图 4.9 中 T4+T4 声调组合中，末音节的去声呈现出低降的趋势。高永安（2018：50）认为去声连读时，前字变半去（53），本次实验中首音节的下降幅度不大。张吉生（2021a：456-457）在讨论音系与语音的关系的时候，认为音系的中和现象在语音层面会表现为不完全中和。这种现象出现在汉语连读变调中。本次的实验语音的分析在一定程度上为音系学的不完全中和提供了语音学的依据。

图 4.9 表明，尽管是相同声调的组合，除了 T1+T1 声调组合，其他三种声调组合首末音节的音高起伏比较明显，起伏度值均大于 10%，有的达到了 33%（T3+T3 末音节的下线）。说明尽管是相同声调的组合，尽量减少了其他声调的影响，但是声调的作用还是比较明显。值得注意的是，汉语双音节词相同声调的 4 种组合中，首末音节的调域接近（T3+T3 除外）。说明整体而言，相同声调的组合中，相邻音节的音高起伏明显，但是整体调域差异不大。与此同时，研究发现不同的声调组合之间存在相似性，例如，T2+T2 和 T3+T3 的语音相似性。

接着考察英语双音节词的音高表现。图 4.9 表明，不同于汉语双音节词 4 种相同声调组合，英语双音节词两种重音类型整体分布在音高起伏度图的中下方。其中，英语左重末音节的下线为 0%，也是整个起伏度图的下限。两种重音类型的音高起伏和突显形式各有异同。在两种重音类型中，从首音节到末音节，上、中、下线的起伏度值均为正值（44%，42%，39%；7%，15%，23%），表明音高均下降，只是左重音高的下降幅度整体大于右重；两种重音类型音高最大值均位于首音节上，左重为 65%，右重为 56%，由于英语右重中重读音节在末音节，研究表明英语双音节词中，音高上线并不受重读的影响。英语左重上、中、下线音高下降幅度偏大且较为接近，而在英语右重中，上线下降幅度偏低（7%），下线下降幅度较大（23%），实现了末音节调域的拓展。

　　与此同时，在英语双音节词两种重音类型中，重读音节的调域均大于非重读音节（24%＞20%，18%＜34%），其中英语右重中，末音节（重读音节）的音高调域扩展显著，明显大于首音节（非重读音节）的音高调域的扩展。整体而言，英语两种重音类型音高调域的突显程度与其重音类型保持一致，即重读音节调域宽，非重读音节调域窄。图 4.9 同时表明，英语两种重音类型实现音高突显的方式不同，左重倾向于通过音高起伏和调域拓展来完成，因为首音节是重读音节，因此整体音高分布偏高，末音节是非重读音节，整体音高值低，和首音节形成明显的对比，但同时也保持了重读音节的音高调域略大于非重读音节的音高调域。而在英语右重中，由于首音节是非重读音节，作为发音的起始音节，音高整体偏高，但英语右重的重读音节位于末音节，为了达到重读音节的重音的语音突显，更倾向于通过对末音节的调域的拓展来完成，即末音节上线微降，下线较大幅度下降。

　　接下来对汉语和英语进行对比分析。英语两种重音类型分布偏低，大多数音高值低于 50%，尽管首音节的上线均位于 50% 以上，但是上线值均偏低（65%，56%）且两种重音类型均表现为前高后低。和英语不同，汉语双音节词 4 种相同声调组合首末音节的上线均位于 50% 以上，且首音节上线分布整体偏高，最低值也高达 77%。整体而言，T1+T1 声调组合整体分布偏高，表现为前低后高；T2+T2 和 T3+T3 声调组整体分布在音高起伏度图的中部，均表现为前高后低；T4+T4 声调组合整体分布在音高起伏度图的中上部，表现为前高后低。总结如下表 4.24。

表 4.24　汉语载调双音节词相同声调组合和英语双音节词两种重音类型音
高起伏对比分析

音段组合 \ 音高		音高上线	音高中线	音高下线
汉语	T1+T1	首音节<末音节	首音节<末音节	首音节<末音节
	T2+T2	首音节>末音节	首音节>末音节	首音节>末音节
	T3+T3	首音节>末音节	首音节>末音节	首音节>末音节
	T4+T4	首音节>末音节	首音节>末音节	首音节>末音节
英语	左重	首音节>末音节	首音节>末音节	首音节>末音节
	右重	首音节>末音节	首音节>末音节	首音节>末音节

表 4.24 清楚表明，除了 T1+T1 以外，汉语其他三种相同声调组合和英语两种重音类型音高上、中、下线的音高起伏均保持了一致性，即首音节音高大于末音节音高。但是其成因并不相同，汉语是受到了相同声调组合连读变调的影响，而英语是受到了英语重音的影响。尽管成因不同，但音高的声学表现整体出现了相似性。

4.4.2　汉语载调双音节词相同声调组合和英语双音节词两种重音类型音高中线起伏度对比分析

在 4.4.1 的基础之上，我们继续分析音高中线起伏度，见下图 4.10。

中线是上线和下线的结合，体现了整体的音高变化趋势。图 4.10 表明，英语双音节词两种重音类型首音节的中线靠近 50%，其中英语左重首音节中线为 52%，右重首音节中线为 46%；同时两种重音类型首末音节起伏度值均为正值，音高均下降，且右重中线下降幅度远远小于左重中线下降幅度（15%<42%）。数据复核后发现，之所以右重中线下降幅度不大，是因为个别发音人在

发右重音时，表现为末音节上线抬升，但 10 位英语发音人整体表现为下降。与此同时，英语右重首末音节的中线均位于 50%以下。与英语不同，汉语双音节词相同声调组合中，T1+T1 和 T4+T4 声调组合的首末音节的中线均大于 50%，T2+T2 和 T3+T3 的首音节中线高于 50%，末音节中线低于 50%。除了 T1+T1 以后，其他三种相同声调组合中线起伏度均为正值，且下降幅度较为接近，其中 T2+T2 和 T3+T3 的下降幅度更为接近（20%，25%）。

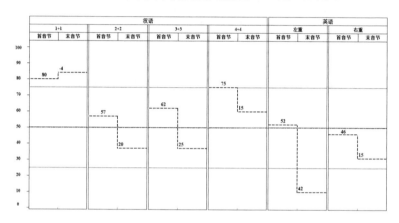

图 4.10   汉语载调双音节词相同声调组合和英语双音节词两种重音类型音高中线起伏度图

和 4.3.3 一样，本书将音高百分比按照每 10%为标准进行划分，讲首末音节的音高起伏程度划分为 1-10 度（0%-10%，10%-20%，20%-30%，30%-40%，40%-50%，50%-60%，60%-70%，70%-80%，80%-90%，90%-100%）。同时，以每 20%为标准，将音高在起伏度模式中的具体区间划分为高位区（80%-100%），中位区（60%-80%），次中位区为（40%-60%），低位区（20%-40%）和超低位区（0%-20%）五个分布区域，其中的次中位区域跨越50%，包括了 50%上下的音高，较为客观地避免了因为语音数据提取时可能带来的细微数据的偏差。这样把基于百分比的音高模式细分为 10 个等级的起伏度和 5 个等级的区间分布,见下表 4.25。

表 4.25 汉语载调双音节词相同声调组合和英语双音节词两种重音类型音高中线空间分布

汉 语				英 语	
T1+T1	T2+T2	T3+T3	T4+T4	左重	右重
高开 1 高走	次中开 3 低走	中开 3 低走	中开 2 低走	次中开 5 低走	次中开 2 低走

表 4.25 呈现了两种语言音高中线的空间分布。以 T1|T1 为例,"高开"指首音节音高位于高位区域(80%-100%),"高走"指末音节上升,上标 1 表明末音节上升了 1 度。图 4.10 和表 4.25 均表明,汉语载调双音节词相同声调的组合和英语双音节词两种重音类型的音高表现表现出了一些相似性。首先,除了汉语 T1+T1 声调组合表现为高开高走以外(但上升的幅度甚微,不到 5%),其他 5 种音段组合均表现为中开(或次中开)低走;其中,除了英语左重中线的下降幅度较大(42%),其他四种音段组合音高下降的程度接近(15-25%)。但整体而言,更多表现为各自受到声调和重音的影响,呈现出的不同的音高变现。T1+T1 作为高平调和高平调的组合,中线整体分布高,且首末音节只表现出微升。T4+T4 作为高降调和高降调的组合,首音节音高中线虽然也不低(75%),但却低于 T1+T1 的中线。结合图 4.9,我们发现,虽然 T4+T4 首音节的上线是 100%,是整个模式的上限,但是作为高降调,首音节的下线更低(51%),整个调域扩大,完成高降,因此中线的分布低于 T1+T1。

4.4.3 汉语载调双音节词相同声调组合和英语双音节词两种重音类型音高调域比对比分析

在对首末音节音高整体起伏度和音高中线起伏度进行对比

分析以后，根据韵律格局理论中的音高调域比计算方法，我们进一步汉语双音节词相同声调组合和英语双音节词两种重音类型的音高调域比（见下表 4.26）。

表 4.26　汉语载调双音节词相同声调组合和英语双音节词两种重音类型音高调域比

音段组合　　　　音高调域比	汉　语
T1+T1	0.89 [1]
T2+T2	0.78
T3+T3	1.36
T4+T4	0.88
	英　语
左重	0.81
右重	1.84

表 4.26 表明，汉语双音节词相同声调组合中，除了 T3+T3 以外，其他三种声调组合均表现为调域比小于 1，说明在这三种声调组合中首音节音高调域大于末音节音高调域。而在英语双音节词两种重音类型中表现各异。其中，英语左重的调域比小于 1，说明首音节音高调域大于末音节音高调域；而英语右重的调域比大于 1，说明末音节音高调域大于首音节音高调域。根据表 4.26，我们进一步分析，见图 4.11。

----

① 音高百分比是基于所有音段组合进行计算，因此当所涉及的音段组合数量不同，相同的音段组合的音高百分比会发生变化。全书同。

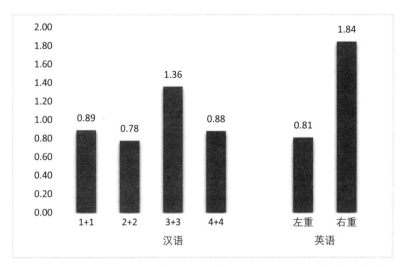

图 4.11　汉语载调双音节词相同声调组合和英语双音节词两种重音类型音高调域比

图 4.11 更为清晰地展现出 6 种音段组合的音高调域比的异同。汉语 T1+T1、T2+T2 和 T4+T4 调域比虽然都小于 1，但调域比均接近 1，分别仅比 1 小 0.11、0.22 和 0.12，说明首末调域相差不大，即在相同声调的组合中，首末音节音高调域接近。但 T3+T3 声调组合的调域比，比 1 大 0.36，说明末音节调域较为明显的大于首音节调域，由于 T3+T3 声调组合受到上声变调的影响，首音节的上声变为类似于阳平的声调，导致首音节音高调域偏小，首末音节调域比值偏大。与此同时，英语双音节词的两种重音类型的调域比表现各有不同，其中左重调域比小于 1，表明首音节调域虽然大于末音节调域，但二者相差不大，首末音节调域接近。而在英语右重中，调域比相差 1.84，与 1 相差高达 0.84，说明末音节调域明显大于首音节调域。整体而言，英语双音节词两种重音类型首末音高调域的突显程度与其重音类型相符合，即重读音节音高调域大于非重读音节音高调域；而汉语双音节词相

同声调的四种组合中，除了 T3+T3 受到上声变调的影响，其他三种声调组合均表现为首音节调域大于末音节调域，但首末音节调域相差不明显。

4.4.4 讨论与小结

我们分别从音高整体起伏度、音高中线起伏度、音高调域比三个方面对汉语载调双音节词相同声调组合和英语双音节词两种重音类型进行了较为详尽的分析。现在进行小结。为了更为直观的进行观察分析，我们讲首音节大于末音节的各参量用"+"表示，首音节小于末音节的各参量用"-"表示，得到下表 4.27。

表 4.27　汉语载调双音节词相同声调组合和英语双音节词两种重音类型音高突显对比

音段组合	音高	音高上线	音高中线	音高下线	音高调域
汉语	T1+T1	−	−	高开 1 高走	−	+
	T2+T2	+	+	次中开 3 低走	+	+
	T3+T3	+	+	中开 3 低走	+	−
	T4+T4	+	+	中开 2 低走	+	+
英语	左重	+	+	次中开 5 低走	+	+
	右重	+	+	次中开 2 低走	+	−

表 4.27 表明，在尽可能排除声调组合影响的情况下，汉语双音节相同声调组合和英语双音节词两种重音类型的音高模式整体表现出了一些相似性。如除了 T1+T1 以外，汉语和英语双音节词首末音节的上、中、下线均为"+"，表明首音节音高大于末音节音高，音高下降。T1+T1 虽然表现为"-"，但是根据音高中线的起伏度，只上升了 1 度，首末音节音高相差甚微。在目前的研究中，汉语和英语表现出了在首末音高起伏趋势的整体一致性。但

是正如我们在前面所分析的那样，其成因并不相同，汉语是受到了连读变调的影响，是声调与声调的组合导致的结果；而英语主要是受到了重音所在位置的影响。

　　与此同时，表 4.27 中汉语和英语双音节词更多的呈现出了不同点。目前的研究中这种不同点主要体现在音高中线起伏度和音高调域两个方面。6 种音段组合中英语的两种重音类型中线的首音节都位于"次中"区域，且左重的下降幅度更大；而汉语 T1+T1 首末音节均位于"高"区域，其他三种声调组合首末音节都呈下降趋势，且下降幅度较为明显，其中 T2+T2 位于"次中"区域，T3+T3 和 T4+T4 位于"中开"区域。由于中线是上、中、下线的综合体现，因此我们可以得知这 6 种音段组合在整体的起伏度模式中的空间分布不同，音高的起伏幅度不一。此外，音高调域表现不同。英语双音节词两种重音类型中重读音节的调域均大于非重读音节，因此调域的宽窄可以视为判断英语重音类型的重要参量。而在目前的研究中，汉语由于上声变调导致的首音节声调调阶缩小，因此 T3+T3 末音节调域大于首音节调域以外，其他三种声调组合均表现为首音节调域大于末音节调域。

　　4.4 在 4.3 的基础之上对汉语载调双音节词相同声调组合和英语双音节词两种重音类型进行进一步细化对比。当汉语双音节词首末音节具有相同声调，且首末音节语音环境类似，那么是否会和英语的重音类型更为接近呢。研究表明，当汉语双音节词首末音节声调相同的时候，受到连读变调的影响，尽管整体表现出了较多音高突显模式的相似性，但是声调对汉语的影响不容忽视。徐世梁（2019a：38）认为汉语的连读变调是单字调音高的缀连，都是基于协同发音的需求，因此和英语重音类型的生理发音机制也不相同。

　　接下来我们开展本书中汉语和英语双音节词音高突显模式对比的最后一组，汉语轻声和英语重音类型的对比。因为轻声是汉语的特殊语音现象，涉及内容广泛。为了保持研究的整体性和一致性，4.5 考察的是汉语双音节词 TN+T0 末音节为轻声的声调组合与英语双音节词两种重音类型对比分析。

4.5　汉语双音节词 TN+T0 声调组合和英语双音节词两种重音类型音高突显对比分析

4.5.1　研究背景简介

　　轻声是汉语普通话语音的一个重要且复杂的特征，涉及语音、语义、语法的相关研究（刘俐李，2002a）。通常，轻声是指汉语音节的本调（阴平、阳平、上声或去声）消失。曹剑芬（1986：2）指出当一个音节读轻声时会失去原有的单字调型，且调值也随之改变。在实验语音学之前，主要是通过耳听的方式记录（王嘉龄，2000：227）。赵元任先生是最早研究轻声的学者之一，他的很多关于轻声的论述为后来的研究奠定了良好的基础。关于轻声的属性，主要有三种观点：（1）调类说。该观点认为轻声是独立于阴阳上去的第五种声调，能区别词义。刘娜（2022：9）认为轻声是一种独立于阴平、阳平、上声、去声四个基本调类之外的第五种调类，具有区别意义的功能。由于轻声的音高在听辨中起决定性作用，同时又具有依附性，因此属于一种特殊的调类。（2）变调说。该观点认为轻声是音变所导致。罗常培、王均（2002：148）认为轻声是特殊的变调形式，除了受到环境的影响，还和音高密切相关。吴宗济（2008：202）指出轻声是后音的变调而形成，从来不独立存在于语音中。（3）轻音说。该观点认为轻声即轻音，并据此认为汉语有词重音。（参见刘俐李，2002a：45）张洪明（2014：323）指出轻声的音系表现是声调过程，包括声调的延展、降阶、升阶、下移、漂浮、声调阶变、变调、中和化等。无论是哪一种观点，都基于这样的语言事实，汉语末音节的声调弱化。因此，张吉生（2022：167）指出"汉语轻声是声调弱化的过程"，声调在失去区别性功能后失去了意义，逐渐弱化至最后消失。

由于汉语和英语分属于不同的语音类型，前者受到声调的影响，后者受到重音的影响，对二者词内相邻音节直接进行音高赫兹值的比较缺乏说服力。本研究继续采用韵律格局理论中的音高起伏度和音高调域比的测量方法（见 4.2），从首末音节音高整体起伏度、音高中线起伏度、和音高调域三个维度对比分析汉语双音节词四种轻声组合（阴平+轻声、阳平+轻声、上声+轻声、去声+轻声）与英语两种重音类型，以期对汉英整体语音对比有借鉴作用。

4.5.2　实验说明

汉语双音节词 TN+T0 声调组合语料见表 4.2，英语双音节词两种重音类型语料见 4.3。

本实验共有两组被试者，每组 10 人，共计 20 人。一组是汉语普通话发音人（五男五女），另一组为英语发音人（五男五女）。10 位汉语普通话发音人均来自中国北方方言区，平均年龄 23 岁，均达到普通话等级考试二级甲等，发音标准。10 位英语发音人都来自美国，平均年龄 24 岁，发音标准。除此之外，所有发音人均没有语言学学习背景。

录音采用 Cool Edit Pro 2.0 软件，单声道，采样率为 11025 赫兹，采样精度为 16 字节。发音人匀速、大声、清晰地朗读每个单词三次，单词之间停顿 1 到 2 秒，取其中读得较好的一次发音的数值。所得录音以 wav 格式保存。英语和汉语双音节词各单词每个音节的原始值由 Praat 软件提取。

4.5.3　汉语双音节词 TN+T0 声调组合和英语双音节词两种重音类型音高整体起伏度对比分析

基于韵律格局的基本理念和计算方法，将数据从赫兹到半音再到百分比逐步进行相对化处理，减少个体差异，从而将其放在可比较的维度进行分析。表 4.28 为汉语 10 位发音人双音节词 4 种轻声组合音高赫兹、半音和百分比均值。

表 4.28　汉语双音节词 TN+T0 声调组合音高均值

音高 声调组合	赫兹（Hz）		半音（St）		百分比（%）	
	首	末	首	末	首	末
T1+T0	21.36 247.46- 226.10	40.77 177.98- 137.21	1.69 24.16-22.47	4.39 18.37- 13.98	12 89-77	32 46-14
T2+T0	39.85 177.90- 138.05	62.72 225.95- 163.23	4.53 18.50-13.97	5.35 22.60- 17.25	33 47-14	39 77-38
T3+T0	41.22 165.93- 124.71	24.72 184.08- 159.36	4.95 17.14-12.20	2.62 18.90- 16.28	36 37-1	19 50-31
T4+T0	120.47 269.09- 148.62	57.56 165.52- 107.96	10.75 25.66-14.91	2.42 17.13- 14.71	79 100-21	18 37-19

表 4.28 表明，在 T1+T0 声调组合中，首音节音高$_{最大值/最小值}$＞末音节音高$_{最大值/最小值}$（247.46＞177.98，226.10＞137.21），但首音节音高$_{调域}$＜末音节音高$_{调域}$（21.36＜40.77）。在 T2+T0 声调组合中，无论是音高最小值，音高最大值还是音高调域，均表现为首音节小于末音节（138.05＜163.23，177.90＜225.95，39.85＜62.72）。在 T3+T0 声调组合中，音高最小值和音高最大值表现为首音节小于末音节（165.93＜184.08，124.71＜159.36），首音节音高调域则大于末音节音高调域（41.22＞24.72）。与 T2+T0 声调组合相反，T4+T0 声

调组合中，无论是音高最小值，音高最大值还是音高调域，均表现为首音节大于末音节（148.62＞107.96，269.09＞165.52，120.47＞57.56）。

整体而言，汉语双音节词轻声四种声调组合中，T4+T0 声调组合的音高调域偏大，都在 55 赫兹以上，且其首音节调域最大（120.47），符合高降调的调类。音高最高值出现在 T4+T0 的首音节（269.09），最低值出现在 T4+T0 的末音节，只有 107.96 赫兹。

基于韵律格局的基本理念，以及音高起伏度和百分比的计算方法，本研究将所有汉语发音人和所有英语发音人音高半音的最大值作为整个音高起伏度图的最大值，所有发音人中音高半音最小值作为整个音高起伏度图的最小值，把汉语 T1+T0、T2+T0、T3+T0 和 T4+T0 声调组合以及英语的两种重音类型的音高突显模式放在同一维度进行比较分析。两种语言的音高起伏度 Q 值见下表 4.29。

表 4.29　汉语双音节词 TN+T0 声调组合和英语双音节词两种重音类型音高起伏度 Q 值表（%）

汉语								
声调组合	TN+T0							
音高（%）	T1+T0		T2+T0		T3+T0		T4+T0	
	Q0	Q	Q0	Q	Q0	Q	Q0	Q
上线 a	89	43	47	−30	37	−13	100	63
中线 b	83	53	31	−27	19	−21	60	32
下线 c	77	63	14	−24	1	−30	21	1

英语			
重音类型	左重		右重
音高（%）			
	Q0	Q	Q0	Q
上线 a	54	37	47	5
中线 b	44	35	39	12
下线 c	33	33	31	19

　　表 4.29 呈现了汉语双音节词 TN+T0 声调组合和英语两种重音类型音高百分比情况。在全部 6 种以音节为单位的音段组合中，音高百分比上限为汉语 T4+T0 声调组合首音节上线（100%），而整个模式的下限为英语左重双音节词末音节下线（0%）。Q0 是首音节的音高百分比值，Q 值为从首音节到末音节的音高起伏，Q 值为负代表上升，Q 值为正代表下降。根据表 4.29，我们得到汉语双音节词 TN+T0 声调组合和英语双音节词两种重音类型音高起伏度图。见图 4.12。

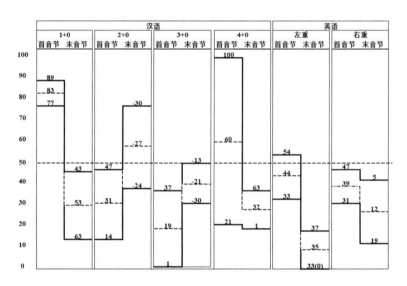

图 4.12　汉语双音节词 TN+T0 声调组合和英语双音节词两种重音类型音高起伏度图

　　图 4.12 中，各音段组合内部的实线为音高上线和音高下线，虚线为音高中线。整个起伏度模式的上限为 100%（汉语 T4+T0 的首音节上线），下限为 0%（英语左重末音节的下线），50% 为整个音高起伏度模式的中线。图 4.12 清楚地展示出汉语双音节词 TN+T0 声调组合和英语双音节词两种重音类型词内音节的音高

分布情况和相邻音节音高起伏趋势。

图 4.12 表明，T1+T0 声调组合中，首音节分布在 75%以上，最小值为 77%，最大值为 89%；首音节百分比跨度小，只有 12%；T1+T0 的上、中、下线起伏度值均为正值，整体呈陡降趋势，末音节的百分比跨度比首音节大；T1+T0 声调组合首音节分布偏高且集中（75%-90%），远远高于 50%，与其声调为阴平，为高平调有关，但其末音节整体分布位于起伏度模式中下部。

T2+T0 声调组合中，首音节上线为 47%，下线为 14%，百分比跨度偏大（33%）；上、中、下线起伏度值均为负值，上升幅度较大；末音节的上线和中线高于 50%，下线低于 50%，百分比跨度较大。

由于阳平和上声的起始调值和调值跨度较为接近，T2+T0 声调组合和 T3+T0 声调组合音高表现整体类似，具有更多的语音相似性，如首音节的上线、中线和下线，以及末音节的下线均位于 50%以下；且上、中、下线起伏度值均为负值，呈现上升趋势；T2+T0 末音节调域较大（39%），T3+T0 首音节调域较大（36%），只是 T3+T0 声调组合的音高值整体偏低，首末音节音高上中下线均位于起伏度模式中下部。T2+T0 声调组合末音节中线和上线位于起伏度模式中上部。T4+T0 高降调与轻声声调组合中，受到首音节高降调的影响，上、中、下线起伏度值均为正值。首音节上线和中线均分布在 50%以上，其中上线高达 100%，中线为 60%，但其下线较低（21%），使得首音节音高跨度大，达到 79%；末音节上、中、下线均位于 50%以下，百分比跨度较小，首末音节百分比跨度相差较大。

罗常培、王均（2002：149）指出阴平调后的轻声调值为 2，阳平调后为 3，上声调后为 4，去声调后为 1。习晓明（1990：33）认为汉语词末轻声在上声后声调升高，在其他情况下则降低。本次实验中，T1+T0、T3+T0、T4+T0 整体发现了上述情况的存在或

者倾向，但是 T2+T0 声调组合中，阳平后的轻声也出现了上升的
情况，且上升明显。目前的研究中不是个别现象，具体成因需要
进一步分析。

　　接下来考察英语双音节词的音高表现。图 4.12 表明，不同于
汉语双音节词 4 种 TN+T0 声调组合，英语双音节词两种重音类
型整体分布在音高起伏度图的中下方。其中，英语左重末音节的
下线为 0%，也是整个百分比格局图的下限。两种重音类型的音高
起伏和突显形式各有异同。在两种重音类型中，从首音节到末音
节，上、中、下线的起伏度值均为正值（37%，35%，33%；5%，
12%，19%），表明音高均下降，只是左重音高的下降幅度整体大
于右重；两种重音类型音高最大值均位于首音节上，左重为 54%，
右重为 47%，由于英语右重中重读音节在末音节，研究表明英语
双音节词中，音高上线并不受重读的影响。英语左重上、中、下
线音高下降幅度偏大且较为接近，而在英语右重中，上线下降幅
度偏低（5%），下线下降幅度较大（19%），实现了末音节调域的
拓展。

　　与此同时，在英语双音节词两种重音类型中，重读音节的调
域均大于非重读音节，其中英语右重中，末音节（重读音节）的
音高调域扩展显著，明显大于首音节（非重读音节）的音高调域。
整体而言，英语两种重音类型音高调域的突显程度与其重音类型
保持一致，即重读音节音高调域宽，非重读音节音高调域窄。图
4.12 同时表明，英语两种重音类型实现音高突显的方式不同，左
重倾向于通过音高起伏和调域拓展来完成，因为首音节是重读音
节，因此整体音高分布偏高，末音节是非重读音节，整体音高值
低，和首音节形成明显的对比，但同时也保持了重读音节的音高
调域略大于非重读音节的音高调域。而在英语右重中，由于首音
节是非重读音节，作为发音的起始音节，音高整体偏高，但英语
右重的重读音节位于末音节，为了达到重读音节的重音的语音突

显，更倾向于通过对末音节的调域的拓展来完成，即末音节上线微降，下降较大幅度下降。

最后对汉语和英语进行对比分析。英语两种重音类型分布偏低，大多数音高值低于50%，尽管左重首音节的上线位于50%以上，但是上线值偏低（54%）。和英语类似，汉语双音节词 4 种TN+T0 声调组合除 T1+T0 首音节上、中、下线，T4+T0 首音节上线和中线，以及 T2+T0 末音节上线和中线外，其余音高上、中、下线均位于 50%以下，分布整体偏低。具体而言，T1+T1 声调组合首音节分布偏高，末音节分布偏低，表现为前高后低；T2+T0（除末音节上线和中线外）和 T3+T0 声调组合整体分布在起伏度图的中下部，均表现为前低后高；T4+T0 声调组合首音节上线和中线分布较高，末音节音高上、中、下线偏低，整体分布在起伏度图的下部，表现为前高后低。总结如下表 4.30。

表 4.30 汉语双音节词 TN+T0 声调组合和英语双音节词两种重音类型音高起伏对比

		音高上线	音高中线	音高下线
汉语	T1+T0	首音节>末音节	首音节>末音节	首音节>末音节
	T2+T0	首音节<末音节	首音节<末音节	首音节<末音节
	T3+T0	首音节<末音节	首音节<末音节	首音节<末音节
	T4+T0	首音节>末音节	首音节>末音节	首音节>末音节
英语	左重	首音节>末音节	首音节>末音节	首音节>末音节
	右重	首音节>末音节	首音节>末音节	首音节>末音节

表 4.30 中，除了 T2+T0 和 T3+T0 以外，汉语其他两种 TN+T0 声调组合（T1+T0、T4+T0）和英语两种重音类型音高上、中、下线的音高起伏均保持了一致性，即首音节音高大于末音节音高。但是其成因并不相同，汉语是受到了声调调值的影响（高平调和高降调音高值明显大于轻声音节音高值），而英语是受到了英语重

音的影响。尽管成因不同，但音高的声学表现还是体现了一定的相似性。

4.5.4 汉语双音节词 TN+T0 声调组合和英语双音节词两种重音类型音高中线起伏度对比分析

在 4.5.3 的基础之上，继续分析音高中线的起伏度，见下图4.13。

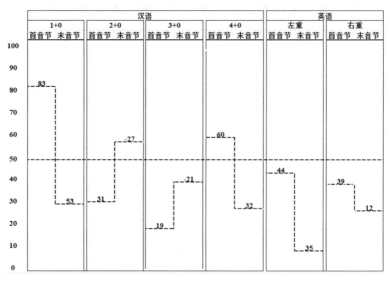

图4.13 汉语双音节词 TN+T0 声调组合和英语双音节词两种重音类型音高中线起伏度图

中线是上线和下线的结合，体现了整体的音高变化趋势。图4.13 表明，英语双音节词两种重音类型首音节的中线靠近 40%，其中英语左重首音节中线为 44%，右重首音节中线为 39%；同时两种重音类型首末音节起伏度值均为正值，音高均下降，且右重中线下降幅度远远小于左重中线下降幅度（12%＜35%）。与英语不同，汉语双音节词 TN+T0 声调组合中，T1+T0 和 T4+T0 声调

组合的首音节中线以及 T2+T0 声调组合的末音节中线均大于
55%，分别为 83%，60%，58%。其余音节的中线均位于 40%以
下。T1+T0 和 T4+T0 的首音节中线最低为 60%，末音节中线低于
30%，且这两种声调组合中线起伏度均为正值，但 T1+T0 的起伏
度大于 T4+T0 的起伏度（53%＞32%）。T2+T0 和 T3+T0 的起伏
度均为负值，且上升幅度较为接近（27%，21%）。

同 4.3 和 4.4，本书将音高百分比按照每 10%为标准进行划
分，将首末音节的音高起伏程度划分为 1-10 度（0%-10%，10%-
20%，20%-30%，30%-40%，40%-50%，50%-60%，60%-70%，
70%-80%，80%-90%，90-100%）。同时，每 20%为标准，将音高
在起伏度模式中的具体区间划分为高位区（80%-100%），中位区
（60%-80%），次中位区为（40%-60%），低位区（20%-40%）和
超低位区（0%-20%）五个分布区域，其中的次中位区域跨越 50%，
包括了 50%上下的音高。这样把基于百分比的音高模式细分为 10
个等级的起伏度和 5 个等级的区间分布，见下表 4.31。

表 4.31　汉语双音节词 TN+T0 声调组合和英语双音节词两种重音类型音
高中线空间分布

汉　语				英　语	
T1+T0	T2+T0	T3+T0	T4+T0	左重	右重
高开 6 低走	低开 3 高走	超低开 3 高走	中开 4 低走	次中开 4 低走	低开 2 低走

表 4.31 呈现了两种语言音高中线的空间分布。以 T1+T0 为
例，"高开"指首音节音高位于高位区域（80%-100%），"低走"
指末音节下降，下标 6 表明末音节下降了 6 度。图 4.13 和表 4.31
均表明，汉语双音节词 TN+T0 声调组合和英语双音节词两种重
音类型的音高表现表现出了一些相似性。T1+T0 和 T4+T0 与英语
左重和右重一样，均表现出低走（下降）。但更多的体现出了汉语
和英语的差异性。T1+T0 和 T4+T0 虽然与英语一样，都表现出音

高下降，但其下降程度及音高分布区间都存在差异，英语的中线
分布在次中至低位区，而汉语这两种声调组合分布在中位至高位
区；T2+T0 和 T3+T0 中线分布区间较低，位于低开和超低开之
间，且其音高都为高走，呈现较大上升趋势。

4.5.5　汉语双音节词 TN+T0 声调组合和英语双音节词两种重音类型音高调域比对比分析

在对首末音节音高起伏和音高中线分布空间的对比分析以
后，根据韵律格局理论中的音高调域比计算方法，我们进一步对
比了汉语双音节词 TN+T0 声调组合和英语双音节词两种重音类
型的音高调域比（见表 4.32）。

表 4.32　汉语双音节词 TN+T0 声调组合和英语双音节词两种重音类型音高调域比

	汉　语
T1+T0	2.67
T2+T0	1.18
T3+T0	0.53
T4+T0	0.23
	英　语
左重	0.86
右重	1.88

表 4.32 表明，汉语双音节词 TN+T0 声调组合中，T1+T0 和
T2+T0 声调组合的调域比均大于 1，说明在这两种声调组合中，
末音节音高调域大于首音节音高调域；T3+T0 和 T4+T0 声调组合
的调域比均小于 1，说明在这两种声调组合中，末音节音高调域
小于首音节音高调域。在英语双音节词两种重音类型中，音高调
域比表现各异。其中，英语左重的调域比小于 1，说明首音节音
高调域大于末音节音高调域；而英语右重的调域比大于 1，说明

末音节音高调域大于首音节音高调域。根据表 4.32，我们进一步分析，见图 4.14。

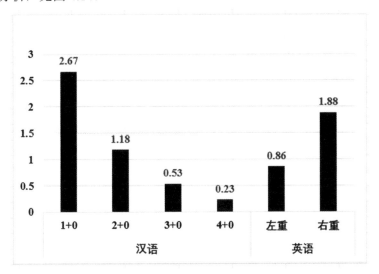

图 4.14　汉语双音节词 TN+T0 声调组合和英语双音节词两种重音类型音高调域比

图 4.14 更为清晰地展现出 6 种音段组合的音高调域比的异同。我们可以发现，汉语 T1+T0 和 T2+T0 的调域比虽然都大于1，但其音高突显程度不同，T1+T0 末音节调域远大于首音节（2.67），T2+T0 首末音节调域差距较小（1.18）。T3+T0 和 T4+T0 首末音节音高调域比均远小于 1，其中 T4+T0 低至 0.23，说明首音节调域较为明显的大于末音节调域，英语双音节词两种重音类型的调域比表现也各有不同，其中左重调域比小于 1（比 1 小 0.14），表明首音节调域虽然大于末音节调域，但二者相差不大，首末音节调域接近。而在英语右重中，调域比高达 1.88，与 1 相差高达 0.88，说明末音节调域明显大于首音节调域。整体而言，英语双音节词两种重音类型首末音高调域的突显程度与其重音类

型相符合，即重读音节音高调域大于非重读音节音高调域；而汉语双音节词 TN+T0 声调的四种组合中，首末音节调域表现各异，轻声音节并未体现出一致的规律。

4.5.6　讨论与小结

我们分别从音高整体起伏度、音高中线起伏度、音高调域三个方面对汉语双音节词 TN+T0 声调组合和英语双音节词两种重音类型进行了较为详尽的分析。为了更为直观的进行观察分析，我们将首音节大于末音节的各参量用"+"表示，首音节小于末音节的各参量用"-"表示，得到下表 4.33。

表 4.33　汉语双音节词 TN+T0 声调组合和英语双音节词两种重音类型音高突显对比

		音高上线	音高中线		音高下线	音高调域
汉语	T1+T0	+	+	高开 6低走	+	-
	T2+T0	-	-	低开 3高走	-	-
	T3+T0	-	-	超低开 3高走	-	+
	T4+T0	+	+	中开 4低走	+	+
英语	左重	+	+	次中开 4低走	+	+
	右重	+	+	低开 2低走	+	-

表 4.33 表明，汉语双音节词 TN+T0 声调组合和英语双音节词两种重音类型的音高模式整体表现出了一些相似性。如汉语 T1+T0 的音高上、中、下线与英语右重一样均为"+"，音高调域皆为"-"，表明首音节音高大于末音节音高，音高下降，末音节调域大于首音节调域；T4+T0 的音高上、中、下线及其调域与英语左重一样均为"+"，表明首音节音高大于末音节音高，音高下降，且首音节调域大于末音节。在目前的研究中，尽管 T1+T0、T4+T0 与英语首末音高起伏趋势整体一致，但正如前面所述，其

成因并不相同，汉语是受到了声调的影响，高平调、高降调与轻声相比较为突显；而英语是受到了重音所在位置的影响。

与此同时，表 4.33 中汉语和英语双音节词更多的呈现出了不同点。汉语 T2+T0 和 T3+T0 的上、中、下线均为 "-"，表明首音节音高小于末音节音高，音高上升，即轻声音节音高大于非轻声音节音高，但这两种声调组合的调域表现不一，T2+T0 为 "-"，说明末音节调域大于首音节调域，T3+T0 为 "+"，说明首音节调域大于末音节调域；T1+T0 和 T4+T0 虽然与英语呈现出一样的趋势，但其音高中线分布范围以及首末音节起伏程度存在较大差异，汉语这两种声调组合的中线分布于音高起伏度图中上部且起伏度较大，英语分布于中下部，起伏度相对较小。

汉语双音节词 TN+T0 四种轻声组合与英语两种重音类型存在一定的相似性，但更多体现的是差异性。另外，通过这样的比较，目前虽然并未得出轻声的一致表现，但我们发现阴平和去声后的轻声音高低于阴平和去声，阳平和上声后轻声的音高高于阳平和上声，整体上可以理解为轻声具有依附性，其调值取决于它前面音节的调值。

汉语双音节词四种轻声组合和英语双音节词两种重音类型在首末音节音高起伏趋势方面呈现出一定的一致性，除了 T2+T0 和 T3+T0 表现为上升以外，其他 4 种音段组合均表现为较为明显的音高下降，即首音节音高大于末音节音高。

本研究将音高分布区间和首末音节起伏度值按照每 10% 为基本单位，进行了五个中线音高区间分布区域以及 10 个等级的起伏程度的量度整合。研究发现汉语音高中线分布范围较广，跨越了整个区间（从高位到中位到超低位），而英语位于次中位和低位区。表明汉语的声调对于音高整体的分布区域产生主要影响，且整体比英语的分布区域要高要广。尽管受到音节重读的影响，英语两种重音类型中线分区区域接近，但是中线下降的程度不同。

此外，目前研究中，两种语言的音高调域表现不同。英语双音节词左重调域比小于1，右重音高调域比大于1，表明重读音节_{音高调域}大于非重读音节_{音高调域}。在四种轻声组合中，T1+T0 和 T2+T0 末音节调域大于首音节调域，T3+T0 和 T4+T0 首音节调域大于末音节调域。其中，T1+T0 和 T2+T0 末音节音高调域大于首音节音高调域需要进一步深入分析。

整体而言，本次实验基于韵律格局中提出的音段发音到位程度的理念，采用音高起伏度的计算方法，对汉语双音节词四种轻声（TN+T0）组合和英语双音节词两种重音类型首末音节的音高模式从首末音节音高起伏趋势、音高中线空间分布、和音高调域三个维度进行对比分析。通过从赫兹，到半音，再到百分比的转化，将以声调为基础的汉语和以重音为基础的英语放在同一维度进行比较。研究发现，各声调后轻声的表现不一，T2+T0 和 T3+T0 中的轻声音节音高大于非轻声音节音高，但 T1+T0 和 T4+T0 中的轻声音节音高小于非轻声音节音高；T1+T0 和 T4+T0 的音高起伏与英语两种重音类型一致，且其调域分别与英语右重和左重一致；汉语四种轻声组合音高中线分布较广，跨越高、中和超低位区，但英语主要在次中位区和低位区，分布范围较集中；汉语 T1+T0 和 T2+T0 末音节调域大于首音节，T3+T0 和 T4+T0 首音节调域大于末音节，体现出轻声的依附性（音高值随前置音节音高变化），英语调域表现与其重音类型一致。目前研究表明，汉语受声调的影响明显，音高的作用较为显著；轻声对前面音节具有依附性，其音高值随前置音节音高值变化；与汉语相比，音高对英语重音的影响相对较小。

许希明（2020：37）指出汉语中"带有轻声的双音节词通常称为左重型"，本实验的发现与该观点有不一致的地方。本次实验主要进行的音高分析，习晓明（1990：33）认为音高不是轻声最本质的区别性特征，本次实验也发现汉语的轻声的音高突显模式并不稳定。同时结合 T2+T0 音高不同与以往研究的声学表现，是否汉语的轻声应该进一步结合音强和时长才能更好地加以说明，相关研究有待进一步深入研究。

王韫佳等（2003：534）认同汉语是非重音语言，且"声调比重音负载了更多的意义信息"，但认为在词层面上存在音节的轻重对比。4.5 对汉语 TN+T0 的声调组合和英语重音类型的研究表明，和英语相比，汉语词层是否具有音节轻重对比需要进一步论证。

4.6　讨论与结论

第 4 章从音高突显模式出发，对汉语和英语双音节词首末音节的音高起伏度和音高调域比的相对突显进行对比分析。本章主要由两组对比实验组成，一个是汉语载调双音节词 16 种声调组合和英语双音节词的两种重音类型的音高突显模式对比（见 4.3 和 4.4）以及汉语双音节词 TN+T0 声调组合和英语双音节词的两种重音类型的音高突显模式对比（见 4.5）。4.4 的实验分析是 4.3 的整体实验分析的进一步细化分析，探讨汉语载调双音节词相同声调组合和英语双音节词的两种重音类型的音高突显模式对比。因此第 4 章几乎涵盖了多数情况下的汉语双音节词的声调组合。从音高百分比起伏度、音高中线起伏度和音高调域比三个维度进行详尽的分析。之所以特意将音高中线单独出来进一步分析，是因为音高中线是音高上线和下线的综合表现，可以较为客观地反映整体趋势。4.6 将集中讨论两个方面的问题，一是基于音高突显模式的汉语和英语的分类；二是主要影响英语词重音的声学参量。

第 4 章的对比研究发现，音高对于词层面的汉语声调组合有着极为重要的影响，主要体现在以下几个方面：（1）声调不同，声调组合的音高突显模式就会不同；即使是相同声调的组合，也会在声调与声调之间产生不完全中和的现象，进而形成不同形式的连读变调，而不是统一的形成较有规律性的音高突显模式。（2）即使汉语音高突显模式出现了一些一致性的规律，例如 T1+TN 声调组合整体分布偏高，T2+TN 声调组合整体分布在起伏度图的中部，T3+TN 声调组合也整体分布在起伏度图的中部，T4+TN 声调组合几乎跨越整个起伏度图。同时，随着末音节声调从阴平到去声，调域比值依次增大等，也主要是受到了声调影响而形成的较有规律的音高突显模式。

　　本书基于 3.2 的前期实验，将英语词层面的重音研究按照不同的重音类型分别进行分析以后，有了一些特别的发现。首先，和汉语音高调域一样，英语的音高调域对于音高突显模式影响较大，甚至表现出了比汉语音高调域更为一致的规律，即无论是"重+轻"，还是"轻+重"，都表现出重读音节_{音高调域}＞非重读音节_{音高调域}，表明英语重音类型对于英语音高调域突显模式的重要影响。但是，英语首末音节音高高低起伏的突显并不受重音类型的影响，英语两种重音类型中均表现为首音节_{音高上线}＞末音节_{音高上线}，而音高上线的表现势必会影响到整个音高起伏突显的表现。在以往的研究中，多认为基频值的大小与重音类型相关，如刘芳芳（2012：345）认为英语单词中，重读音节的音高一定最高。叶军（2014：41）认为英语重读音节音高较高。但本次实验，以及 3.2 的实验均发现，英语双音节词的音高上线的最大值和重音无关，与首音节相关。整体而言，音高对于英语双音节词产生着重要影响，尤其表现在音高调域上，音高调域的突显形成的音高调域"宽窄交替"与英语词重音音系学层面的"轻重交替"保持一致。

　　表 4.19 和表 4.20（见 4.3.5）分别从音高上线、音高中线、音高下线、音高调域四个维度对汉语载调双音节词和英语双音节词两种重音类型进行的整体分析表明，（1）音高对汉语声调组合的

影响是显著、广泛、具体且难以形成一致的规律，这正体现了声调的影响，声调一变，声调组合就会改变，必然会影响到音高突显模式的改变；甚至是相同声调的组合，也会以连读变调的形式来保持其声调的独特性。许希明、沈家煊（2016：653）指出词声调的音高特征以单音节为基础，强调字调的作用。第 4 章的研究表明，从某种程度上①，汉语的词调比字调更能体现出声调的个体语言特征，因为前者是动态的，后者是静态的，在动态中还能够体现出声调的具体特征，因此也许更具有说服力。（2）音高对英语重音类型的影响是直接的、集中的、具体的且规律性显著，体现了英语重音类型。沈家煊（2017：3-19）认为汉语没有词汇层面的重音，第 4 章基于英语音高突显模式的分析，也表明，在音高层面，汉语没有词重音。张洪明（2014：323）指出"汉语作为声调语言，在词层面没有结构性的范畴化、系统化的轻重音"。本研究基于音高突显的分析，证明了这一点。但需要进一步展开关于音强、时长以及其他声学参量方面的分析，才能做出更为客观的结论。

与此同时，图 4.6（见 4.3.3.1）清晰地表明，和汉语相比，英语双音节词两种重音类型的音高突显模式都分布在起伏度对比图的下部，音高对英语的影响不及汉语显著，音高对英语重音的影响具有隐性。Hyman（2009：213-238）以音高为重要分类依据，将世界语言划分为重音原型语言和声调原型语言，第 4 章的实验分析表明，以音高作为划分的依据具有一定的合理性，因为第 4 章目前的实验结果表明，音高的确在两种语言中的音高突显模式各有不同，且音高对汉语声调有着显著影响。但如何将音高作为具体的分类的参量则需要进一步探讨。Altmann（2006）明确提出

① 采用"从某种程度"这类泛指，是因为我们没有展开汉语字调和词调关联性的实验分析，只是基于词调的研究的具体情况做的大致的推断。

了音高语言的概念，把汉语划分为声调音高语言，根据本书第 4 章的分析，是可行的。但 Altmann 和 Vogel 将音高语言和重音语言进行对立分类，本书认为该观点值得商榷，本书第 4 章的研究实验清楚证明，英语双音节词的音高突显模式和英语的重音类型有较为一致的规律性，音高对于英语词重音也产生重要影响，只是影响程度不及汉语。Altmann 和 Vogel 将英语排除在音高语言之外，需要进一步论证其可行性，同时关于语言分类的标准也需要进一步说明，比如把"非重音语言"归为"重音语言"的子集，有些欠妥，"非重音语言"应该是和"重音语言"属于同一层级。

基于音高的差异，黄良喜、黄颖思（2018：98）进行了跨语言的语言类型分类，其中汉语被归为 [+CONTOUR，+PITCH] ① 语言，而英语被归为 [+CONTOUR，-PITCH] 语言（见表 2.4）。根据这一分类，汉语的韵律特征同时具备曲拱和音高，而英语韵律差异语言可随意通过音高、强、长体现，但仍可能有一些曲折的内容无法推导出来。该分类和第 4 章的音高突显模式接近，曲拱类似于音高起伏突显模式，音高可理解为与音高调域突显模式近似。第 4 章发现无论是音高起伏模式、还是音高调域模式，音高对于汉语占主导地位，这符合黄良喜、黄颖思（2018）的分类；但与此同时，尽管和汉语相比，音高对于英语双音节词的重音类型作用尽管较少，但也体现出了较为一致的规律，这一点发现和黄良喜、黄颖思（2018）认为英语不是音高语言有所不同。同时，黄良喜、黄颖思（2018：98）认为汉语韵律主要体现在音节（字），英语韵律主要体现在词（词组），本研究的分析表明英语的韵律也可以体现在音节层面，而汉语的韵律也可以在词调中得到较好的体现。

与此同时，将音高作为语言分类单一参量的依据需要进一步

---

① "+"或者"-"是本研究添加，以示更好地区分，原文中并没有，特此说明。

思考。如纪艳春（2014：89）指出除了基频以外，音长及音强也携带声调信息。杨国文（2021）汉语作为声调语言，是以增加音节的音高、音强和时长作为成分的语音突显手段，均强调了音高不是汉语声调的唯一声学参量。这也是本书在做音高分析时一直思考的问题，并在第6章进行了基于音高的拓展分析，将音高、时长和音强同时考虑进来，进行综合分析。

许希明、沈家煊（2016：653）指出英语多音词是重音指派的作用域，汉语单音字是声调指派的作用域。本次实验表明，汉语的双音节词的声调组合体现为声调指派的作用域更为明显。沈家煊（2017：3-19）从词层面讨论词重音和词声调时指出，最基本的节奏变化是"音节与音节组合的松紧变化"，其中松紧差别也会导致轻重差别，并进一步指出汉英差别在于"英语是轻重控制松紧，汉语是松紧导致轻重"。"节奏""松紧"这类以音系为主的划分本书没有涉及，但关于"轻重"和"松紧"在不同的语言中或为因或为果的异同，在第4章的实验分析过程中对于"音高""重音"和"声调"有类似的观察。在汉语中，音高是体现声调的，声调不同，音高不同，声调是因，音高是体现声调的高低变化，是一种主动性的客观呈现。而在英语中，音高受制于重音类型，重音类型是因，音高突显模式是果，是一种制约式的客观输出。具体而言，音高—声调和音高—重音二者之间的内在驱动不同，在汉语中，音高和声调是一体的，关系更为紧密，音高是声调的一种属性，二者缺一不可；而在英语中，音高和重音更多地体现为一种制约关系，重音类型决定了音高突显模式。如果基于"内在驱动"的不同，Altmann（2006）和黄良喜、黄颖思（2018）的分类具有合理性，但均需要进一步的、大量的论证。

最后简要讨论影响英语词重音的关键声学因素。第4章研究表明，音高是英语词重音的重要声学参量（如首音节_{音高上线}＞末音节_{音高上线}，重读音节_{音高调域}＞非重读音节_{音高调域}），但无论是和汉语的

载调声调组合、载调相同声调组合还是包含有词末轻声的 TN+T0
声调组合的对比分析发现，英语双音节词词内音高的表现不如汉
语明显。那么英语重音和哪个声学参量关系更密切呢。

　　最初关于音高对英语词重音起关键作用的依据主要来自于
Fry（1955，1958）的研究，其研究主要通过比较英语重音最小对
比对，例如"object"作为名词和动词时声学参量的异同，进行声
学参量作用的对比。早在 1955 年，Fry 使用语谱图分析时长和音
强在英语双音节同形词分别做名词和动词时，前后音节重音的变
化情况，指出时长比音强更能体现英语词重音（Fry，1955）。随
后，Fry（1958）在听辨实验的基础上，更为详尽地阐述了基频（音
高）、时长和音强在英语词重音中的作用，并对这三个参量进行了
对英语词重音产生影响的重要程度的排序：基频（音高）＞时长＞
音强。Fry 基于影响程度的 SHACS（Salience Hierarchy of the
Acoustic Correlates of Stress，见 Keyworth，2014）等对英语重音
的研究影响深远，同时也引发了巨大争议。Adams & Munro（1978）
结合三个参量的听辨实验，详尽分析了英语母语者和英语二语习
得者（亚裔为主）语流中的词重音，认为相对于基频和时长，音
强的作用偏弱，但时长的重要性大于基频。Conlen（2016）在研
究英语和西班牙语语流中词重音表现时，对比这两种语言重读音
节和非重读音节的平均音强，发现以重音计时（stress-timing
language）的英语中音强的语音表现，比以音节计时（syllable-
timing language）的西班牙语要更为不稳定，且不规律。习晓明
（1990：34）认为实验表明英语词重音中，音高是最重要的因素，
但并没有提供实验的具体分析。以上研究均认为在这三个参量中，
音强在英语词重音中的表现较弱，或最弱。

　　自"等时性"逐渐被"相对突显性"代替以后（见 3.5.1），关
于时长作用的讨论逐渐减少。而关于音强对于英语词重音重要性
的讨论，一直是传统语音学研究的重点，并随着研究的发展，关

注度越来越高。Jones（1975）将重音表述为发一个音或音节时所需要的力度，这里的力度指的是音强。克里斯特尔（2004：337）从语音学层面对 stress 进行定义"语音学用来指用力发出一个音节"，这里的用力也主要是指音强。Sereno & Jongman（1995）从句法层面研究词重音，结果发现三种参量在英语前重词中的突显，大于英语后重词，同时时长和振幅在句法区分时影响显著。Keyworth（2014）从二语习得研究的角度，探究重音声学参量（音强、基频和时长）的显著性程度，发现英语二语习得者均表现出对音强的感知最强，并指出音强可能不是最显著，但却是最稳定的因素。Koffi & Mertz（2018）另辟蹊径，采用"模板范式"（template modal）对基频、时长和音强三种不同参量各自进行重读音节的标准判断：在音强方面，当且仅当一个音节的音节核的音强和这个单词中其他音节音节核的音强相比不低于 3dB 时，才被视为重读音节。同时还发现性别差异在英语词重音声学体现中存在一定影响。总体而言，音强在英语重音研究中的作用虽还没有形成定论，但其重要性正日益凸显。

　　许希明（2019：74）认为音强是重音的本质特征，音高是声调的本质特征，并认为"汉语如有词重音，也应该像英语那样具有较强的音强特征。由于汉语的音强表现极弱，因而缺失词重音存在的基础与条件"。基于以上讨论，本书第 6 章进行了基于音高的声学参量三要素（音高、时长、音强）的分析。音强分析中采用基于音强_{幅度积}的音量比分析，发现在词层面和焦点重音层面，音强_{幅度积}表现不同。在词层面，音强_{幅度积}可以视为英语重音的本质特征之一，而汉语音强_{幅度积}的表现较弱（见 6.1）。

　　汉语和英语词内相邻音节的异同是语音对比分析的难点，复杂且细微，涉及到方方面面的影响，如构词、声调组合、重音类型、不同的声学参量等。本实验对汉语和英语双音节词内相邻音节进行了较为全面的分析，尚有不足之处。例如汉语语料中多数为语素构成的双音节词，但也有极个别的短语，例如"嘴甜"。其次，主要关注了双音节，多音节词没有涉及。还有主要探讨的是孤立词，而孤立词在句子中的韵律特征的表现，也是本书的重点。这些都将在第 5 章中进一步完善。

第五章　汉语和英语孤立词状态下和焦点重音状态下音高突显模式对比分析

　　第 4 章对孤立词状态下汉语双音节词声调组合的三种情况（载调双音节词 16 种声调组合、载调相同声调的 4 种声调组合 T1+T1、T2+T2、T3+T3、T4+T4，以及词末为轻声的 4 种声调组合 T1+T0、T2+T0、T3+T0、T4+T0）分别和英语双音节词两种重音类型的音高突显模式进行了对比分析。研究发现在载调声调组合、载调相同声调组合、词末为轻声的声调组合中，汉语无论是音高起伏度和音高调域比均表现各异，音高是汉语词调中声调的重要表现方式。同时，音高对于英语重音有明显的影响，音高调域突显模式和英语重音类型保持一致。在第 4 章对孤立词全面研究的基础之上，第 5 章将着重研究孤立词和句末焦点韵律词之间的关联，完成汉英韵律音系对比从底层到表层的基于音高的实验对比分析。

　　在第 4 章汉英双音节孤立词研究的基础之上，第 5 章的研究主要有三个方面的突破。第一个突破是在研究汉英双音节孤立词的同时，扩展到汉英三音节孤立词的音高突显模式对比分析；第二个突破是关注相同的孤立词位于句末焦点时韵律词的音高突显模式的异同；第三个突破体现在语料设计方面，无论是汉语还是英语，都是由语素构成的语料，力求让研究更为客观。英语双音节词包括"左重单语素双音节词、右重单语素双音节词、左重双语素双音节词、右重双语素双音节词"；英语三音节词包括"左重单语素三音节词、中重单语素三音节词、右重单语素三音节词、左重双语素三音节词、中重双语素三音节词、右重双语素三音节词"。汉语双音节词包括"单语素双音节词、双语素双音节词"，汉语三音节词包括"单语素三音节词、双语素三音节词"（见5.2）。

　　研究方法沿用了第4章基于韵律格局（石锋，2021）中的音高起伏度和音高调域比计算方法，将英语的重音和重读音高，以及汉语的字调、句调音高都转换为基于半音的音高百分比，在此基础之上进行比较，减少两种语言的个体差异，考察整体趋势。由于第5章同时包括了孤立词和位于焦点重音中的韵律词，因此在第4章介绍孤立词的音高测量方法的基础之上，对于焦点重音中的韵律词的音高测量方法进行了进一步说明（见5.2）。由于第5章涉及的内容太多，为了集中阐述，以免过度分散，第5章没有像第4章那样把音高起伏度和音高调域比分别进行探讨，而是将音高突显模式作为一个整体进行探讨。

5.1　引言

　　传统语音学分析中，英语属于重音语言，汉语属于声调语言，对汉语和英语的研究至今产生着重要影响。在本书1.3中也同时指出，由于深受英语韵律音系研究的影响，起步较晚的现代汉语韵律音系研究一直处于争论之中，至今学界都在致力于探索出更具有说服力的解释和归类。

　　词重音表现为词内相邻音节的语音突显，具有区分词义的功能；句重音表现为语流当中的语音重读现象，体现了说话人的言语意图（Cruttenden，2002：6-7）。Gussenhoven（1984）的"焦点即重音"理论用音高重音标记句中语音最突显的部分（即焦点重音）。正如2.1.3所阐述的，虽然词重音和句重音均表现为某个音段比其相邻音段语音更为突显，但区分词义的词重音和实现交际意图的句重音却有着本质的不同，同时又息息相关。

英语自带轻重交替的英语单词在语流中受到句法结构和韵律机制的影响而形成的轻重交替的句子焦点重音，和说话人的发音意图又密切相关，是词重音和句重音的共同体现。2.1.3 详细分析了英语词重音和句重音的异同（见表 2.1），指出无论是从语音内部特征还是语音的外部环境，词重音和句重音的语音范畴都即有交集又有区别，强调了英语重音二重性研究的重要性。这种孤立词在语流当中的重音现象在英语语音中很常见，处于语流重读中的单词其自身的重音表征和语流中的重读现象二者合二为一的时候，"重上加重"的声学表现是英语语音研究需要关注的领域。但相关实证研究甚少。

而这种孤立词和处于语流当中的韵律词的关联是重要的声学表现。如第 1 章和第 2 章所述，随着韵律音系学研究的发展，尤其是跨语言的韵律音系的对比分析，越来越多的学者注意到在不同的语言中韵律底层的语音表征和韵律表层的语音表征二者之间存在着区别。二者的关系如果没有厘清，将会导致语音类型归类的混乱（Hyman，2019；许希明、沈家煊，2016 等）。本书 3.5 也强调了音高突显模式在词层面和句层面均有重要的作用。本书基于韵律格局理论（石锋，2021），从音高声学表现考察孤立状态下的英汉双音节词音高突显和相同单词在句子焦点重音位置的韵律词的音高突显，以期基于具体的实验分析能对汉语和英语韵律层级的异同的全貌提供一些观察和思考。

5.2　实验说明

5.2.1　被试者

本实验的研究对象为来自英国曼彻斯特的四位英语发音人（两男两女）和来自中国北方方言区的四位汉语普通话发音人（两男两女）。所有受试人为非语言学专业，没有任何语言学知识背景。语速适中，发音清晰。

5.2.2　实验语料

周韧（2021：15）指出韵律构词学，作为音系学和形态学的交叉学科，主要研究"形态构词操作中韵律所起的作用"（见绪论）。有的学者认为韵律构词学是韵律音系学的一个重要分支（见耿丽君，2020），均强调了韵律构词学的重要性。

韵律构词学是在 20 世纪 90 年代由 McCarthy & Prince 提出，关注语素结构和韵律结构的相互作用，主要包括莫拉[①]—音节—音步—韵律词四个层级（周韧，2021：17）。韵律模板（template）是韵律构词学重要的组成部分。受到韵律音系学层级结构的影响，韵律构词学也是韵律模板由一系列不同层级的韵律单位组成，构词受到韵律规则和构词规则双重制约，同时辖域内的最小词是形态变化的基本单位。一个韵律词至少含有两个莫拉，或者至少包括两个音节（周韧，2021：19）。韵律制约与构词制约的关系见下表 5.1。

---

① 周韧（2017）采用"摩拉"。

表 5.1　韵律制约条件与构词制约条件类型
（参见耿丽君，2020：101）

MCAT（构词制约条件类型）	PCAT（韵律制约条件类型）
前缀，后缀	莫拉，音节
重叠，词根，词干，词汇词	音步，韵律词

韵律构词涉及到很多方面，本书只做简要说明。第 5 章在第 4 章的基础之上，考虑到语素构成的重要性。无论是汉语和英语均采用语素结构。

5.2.2.1　英语语料

考虑到英语双音节词的数量、使用频率、英语词的原始重音类型以及语素结构对英语词突显的影响等诸多因素，本研究的英语实验语料包括 4 组（共 12 个）英语实验词，具体如下表 5.2 所示：

表 5.2　英语双音节实验词

英语重音类型	实验词
左重单语素双音节词	photo, lemon, Russia
右重单语素双音节词	guitar, Japan, Brazil
左重双语素双音节词	passport, airport, peanut
右重双语素双音节词	backyard, Chinese, Korean

上述英语实验词被设计成句子焦点以研究英语双音节词焦点重音的音高突显模式，共 24 个英语实验句。本实验共研究了两种焦点类型的音高突显模式，宽焦点（每组的第一个句子）和句末窄焦点（焦点韵律词加粗表示）。[①]所有英语语料的句法结构均为"S+V+O"结构，以排除句法特征的影响。本实验中采用"What

---

① 因为本研究探讨英语双音节孤立词首末音节的音高变化模式和该孤立词在句中宽焦点和窄焦点中的音高变化模式异同，目前考察的内容比较多，主要考察了句末焦点。

did you say?"问句引导宽焦点句，用例如"What did Anna take?"
等问句引导窄焦点句。见下表 5.3。

表 5.3　英语双音节焦点韵律词实验句

引导句	实验句
What did you say?	**Anna took a photo.**
What did Anna take?	Anna took a **photo**.
What did you say?	**Anna ate a lemon.**
What did Anna eat?	Anna ate a **lemon**.
What did you say?	**Anna has been to Russia.**
Where has Anna been?	Anna has been to **Russia**.
What did you say?	**Adele played the guitar.**
What did Adele play?	Adele played the **guitar**.
What did you say?	**Adele has eaten Sushi in Japan.**
Where has Adele eaten Sushi?	Adele has eaten Sushi in **Japan**.
What did you say?	**Adele played football in Brazil.**
Where did Adele play football?	Adele played football in **Brazil**.
What did you say?	**Anna has already got a passport.**
What has Anna already got?	Anna has already got a **passport**.
What did you say?	**Anna has gone to the airport.**
Where has Anna gone?	Anna has gone to the **airport**.
What did you say?	**Anna flicked a peanut.**
What did Anna flick?	Anna flicked a **peanut**.
What did you say?	**Adele is reading books in the backyard.**
Where is Adele reading books?	Adele is reading books in the **backyard**.
What did you say?	**Adele can speak Chinese.**
Which language can Adele speak?	Adele can speak **Chinese**.
What did you say?	**Adele is talking to a Korean.**
Whom is Adele talking to?	Adele is talking to a **Korean**.

第 5 章将进一步分析英语三音节词音高突显模型和主突显音节音高的语音实现。考虑到语素结构对语音突显的影响，本部分将分别讨论英语两种语素结构的词突显，包括单语素三音节词和双语素三音节词，共计 24 个单词。

表 5.4　英语三音节实验词[①]

重音类型	实验词
左重单语素三音节词	library, history, camera
中重单语素三音节词	tomato, piano, Australia
右重单语素三音节词	kangaroo, violin, Bangladesh
左重双语素三音节词（syll1＋syll2syll3）	newspaper, bicycle, pineapple
中重双语素三音节词（syll1＋syll2syll3）	portfolio, reunion, disorder
左重双语素三音节词（syll1syll2＋syll3）	governor, interview, telescope
中重双语素三音节词（syll1syll2＋syll3）	Australian, composer, translator
右重双语素三音节词（syll1syll2＋syll3）	volunteer, engineer, Japanese

同时，上述英语实验词被设计成句子中的焦点词以研究英语三音节词焦点重音类型，共 48 个实验句。本实验依据 Ladd（1980）的焦点分类，研究了两种焦点类型的音高突显模式，宽焦点（每组实验句的第一个句子，全句加粗）和句末窄焦点（焦点词加粗表示）。所有英语语料的句法结构均为"S+V+O"形式，以排除句法特征的影响。本实验中用"What did you say?"问句引导宽焦点句，用例如"Where did Caroline go?"等问句引导窄焦点句。见下表 5.5。

---

① 由于英语右重双语素三音节词（syll1＋syll2＋syll3）词例太少，本研究暂没有做分析。

表 5.5　英语三音节焦点韵律词实验句

引导句	实验句
What did you say?	**Caroline went to the library.**
Where did Caroline go?	Caroline went to the **library**.
What did you say?	**Caroline is interested in history.**
Which subject is Caroline interested in?	Caroline is interested in **history**.
What did you say?	**Caroline broke her camera.**
What did Caroline break?	Caroline broke her **camera**.
What did you say?	**Rebecca ate a tomato.**
What did Rebecca eat?	Rebecca ate a **tomato**.
What did you say?	**Rebecca is playing the piano.**
What is Rebecca playing?	Rebecca is playing the **piano**.
What did you say?	**Rebecca went to an opera in Australia.**
Where did Rebecca go to an opera?	Rebecca went to an opera in **Australia**.
What did you say?	**Annabelle met a kangaroo.**
What did Annabelle meet?	Annabelle met a **kangaroo**.
What did you say?	**Annabelle has to practice the violin.**
What does Annabelle have to practice?	Annabelle has to practice the **violin**.
What did you say?	**Annabelle has interviewed many volunteers in Bangladesh.**
Where has Annabelle interviewed many volunteers?	Annabelle has interviewed many volunteers in **Bangladesh**.
What did you say?	**Caroline is reading the newspaper.**
What is Caroline reading?	Caroline is reading the **newspaper**.
What did you say?	**Caroline is learning to ride a bicycle.**
What is Caroline learning to ride?	Caroline is learning to ride a **bicycle**.
What did you say?	**Caroline has bought a pineapple.**
What has Caroline bought?	Caroline has bought a **pineapple**.
What did you say?	**Rebecca held a portfolio.**

引导句	实验句
What did Rebecca hold?	Rebecca held a **portfolio**.
What did you say?	**These two members of Class 1 never missed a reunion.**
What did these two members of Class 1 never miss?	These two members of Class 1 never missed a **reunion**.
What did you say?	**Rebecca has a mental disorder.**
What's wrong with Rebecca?	Rebecca has a mental **disorder**.
What did you say?	**Caroline is talking to the governor.**
Whom is Caroline talking to?	Caroline is talking to the **governor**.
What did you say?	**Caroline has just taped an interview.**
What has Caroline just taped?	Caroline has just taped an **interview**.
What did you say?	**Caroline is rectifying her telescope.**
What is Caroline rectifying?	Caroline is rectifying her **telescope**.
What did you say?	**Rebecca talked with an Australian.**
Whom did Rebecca talk with?	Rebecca talked with an **Australian**.
What did you say?	**Rebecca interviewed a composer.**
Whom did Rebecca interview?	Rebecca interviewed a **composer**.
What did you say?	**Rebecca quarreled with the translator.**
Whom did Rebecca quarrel with?	Rebecca quarreled with the **translator**.
What did you say?	**Annabelle met a volunteer.**
Whom did Annabelle meet?	Annabelle met a **volunteer**.
What did you say?	**Annabelle works as an engineer.**
What does Annabelle work as?	Annabelle works as an **engineer**.
What did you say?	**Annabelle decided to learn Japanese.**
What did Annabelle decide to learn?	Annabelle decided to learn **Japanese**.

5.2.2.2 汉语语料

彭泽润（2006：97）指出声调对语素有独立的区别意义的作用。与英语实验词类型相对应，本研究选取汉语双音节词作为研究语料。此外，考虑到语素结构和句法结构对汉语语音突显的影响，所有的汉语双语素实验词均设计成偏正结构。本研究共包含2组（共8个）汉语实验词，具体如下表5.6所示：

表5.6　汉语双音节实验词[①]

汉语双音节词类型	实验词
单语素双音节词	曼谷　芭蕾　雅思　模特
双语素双音节词	洋葱　日语　网球　医院

与英语类似，上述汉语实验词被设计成句子焦点所在位置，以研究汉语双音节词焦点重音的音高突显模式，共16个汉语实验句。本实验共研究了两种焦点类型的音高突显模式，宽焦点（每组的第一个句子）和句末窄焦点（焦点词加粗表示）。所有汉语语料的句法结构也均为"S+V+O"结构，以排除句法特征的影响。本实验中用"你说什么"问句引导宽焦点句，用例如"张晓周六飞哪儿？"等问句引导窄焦点句。见下表5.7。

---

① 因为本研究探讨汉语双音节孤立词首末音节的音高变化模式和该孤立词在句中宽焦点和窄焦点中的音高变化模式异同，目前考察的内容比较多。因此，在设计汉语声调的时候，参考了石锋（2021）韵律格局的汉语语料的设计方法，在每组的4个例词中，首音节和末音节都各包括了一个声调，这样首末音节都包含了汉语的四种声调。

第五章每组对比分析的整体思路是先对英语不同的重音类型和汉语（包含四种声调）相比，这样能尽量观察到英语不同重音类型和汉语音高突显模式的异同；然后将英语所有的重音类型综合在一起，和汉语进行整体的对比分析。

表 5.7　汉语双音节焦点韵律词实验句

引导句	实验句
你说什么？	张晓周六飞**曼谷**
张晓周六飞哪儿？	张晓周六飞**曼谷**
你说什么？	**杨芳早晨练芭蕾**
杨芳早晨练什么？	杨芳早晨练**芭蕾**
你说什么？	**李娜明天考雅思**
李娜明天考什么？	李娜明天考**雅思**
你说什么？	**赵梅昨天看模特**
赵梅昨天看什么？	赵梅昨天看**模特**
你说什么？	**张晓昨晚吃洋葱**
张晓昨晚吃什么？	张晓昨晚吃**洋葱**
你说什么？	**杨芳早晨学日语**
杨芳早晨学什么？	杨芳早晨学**日语**
你说什么？	**李娜每天练网球**
李娜每天练什么？	李娜每天练**网球**
你说什么？	**赵梅明天去医院**
赵梅明天去哪儿？	赵梅明天去**医院**

同 5.2.2.1，汉语三音节孤立词和实验句如下表 5.8 和表 5.9。

表 5.8　汉语三音节实验词

汉语三音节词类型	实验词
单语素三音节词	麦当劳　马德里　康乃馨　华盛顿
双语素三音节词 ($syll_1+syll_2syll_3$)	大汉堡　黑咖啡　紫罗兰　白孔雀
双语素三音节词 ($syll_1syll_2+syll_3$)	香槟酒　爵士乐　保龄球　木槿花

表 5.9　汉语三音节焦点韵律词实验句

引导句	实验句
你说什么？	**张冰梅比赛后吃麦当劳**
张冰梅比赛后吃什么？	张冰梅比赛后吃**麦当劳**
你说什么？	**杨玉芳国庆节飞马德里**
杨玉芳国庆节飞哪儿？	杨玉芳国庆节飞**马德里**
你说什么？	**李迎美放学后买康乃馨**
李迎美放学后买什么？	李迎美放学后买**康乃馨**
你说什么？	**赵晓娜星期五去华盛顿**
赵晓娜星期五去哪儿？	赵晓娜星期五去**华盛顿**
你说什么？	**张冰梅昨晚上吃大汉堡**
张冰梅昨晚上吃什么？	张冰梅昨晚上吃**大汉堡**
你说什么？	**杨玉芳吃饭前喝黑咖啡**
杨玉芳吃饭前喝什么？	杨玉芳吃饭前喝**黑咖啡**
你说什么？	**李迎美放学后买紫罗兰**
李迎美放学后买什么？	李迎美放学后买**紫罗兰**
你说什么？	**赵晓娜星期天看白孔雀**
赵晓娜星期天看什么？	赵晓娜星期天看**白孔雀**
你说什么？	**张冰梅吃完饭喝香槟酒**
张冰梅吃完饭喝什么？	张冰梅吃完饭喝**香槟酒**
你说什么？	**杨玉芳昨晚上听爵士乐**
杨玉芳昨晚上听什么？	杨玉芳昨晚上听**爵士乐**
你说什么？	**李迎美放学后打保龄球**
李迎美放学后打什么？	李迎美放学后打**保龄球**
你说什么？	**赵晓娜星期六买木槿花**
赵晓娜星期六买什么？	赵晓娜星期六买**木槿花**

5.2.3　数据收集

本研究采用 Cool Edit Pro 2.0 录音、单声道、采样率 44100Hz、

采样精度 16 比特。英汉双音节词每个实验词和实验句读两遍。共收集 96 个英语双音节词（4 位发音人*12 个实验词*2 遍），64 个汉语双音节词（4*8*2），192 个英语句（4*24*2），和 128 个汉语句（4*16*2）。共收集到 192 个英语三音节词（4 位发音人*24 个实验词*2 遍），384 个英语句（4 位发音人*48 个实验句*2 遍）。96 个汉语三音节词（4*12*2），192 个汉语句子（4*24*2）。所有录音材料保存为 wav 格式，选择录制较好的一遍进行数据分析。每个音节的原始音高上线值和下线值由 Praat 提取。

5.2.4 数据测量方法

石锋（2021）中指出韵律是语句的音高、时长、音强的交互作用的表现模式。韵律格局的主要理念是个体之间的发音存在着相差万别的差异，甚至同一个发音人在不同的时间和不同环境中的发音也不相同。因此有必要将声学参量的绝对值转化为相对值，尽量减少个性差异，放在可比较的平台进行分析。其理论基础包含有声原理、必选原理和对应原理。其中的对应原理提出语音充盈度的概念，表现为跟音段发音的到位程度密切相关，其中包括相对音高，从而将不同类型的语言放在同一维度，通过剔除个体差异使结果具有可比性。

5.2.4.1 焦点重音音高测量方法

焦点重音相关音高的具体测量方法如下：首先，将音高原始值（Hz）转换为半音值(St)，

$$St=12\times lg(f/fr)/lg2 \qquad (5\text{-}1)$$

（f 表示需要转换的赫兹数值，fr 表示参考频率值，男性设为 55 赫兹，女性设为 64 赫兹）。

然后，以半音为标度得出不同发音人的句调域和音节调域的分布位置和音高跨度，并且以百分比为单位计算音节调域间的起伏度，进而考察其不同层级韵律单位的调域表现。百分比数值的

计算是一种相对化的归一算法，计算方法如下：

$$Ki=100\times(Gi-Smin)/(Smax-Smin) \qquad (5-2)$$

$$Kj=100\times(Gj-Smin)/(Smax-Smin) \qquad (5-3)$$

$$Kr=Ki-Kj \qquad (5-4)$$

（Gi 为音节调域上线半音值，Gj 为音节调域下线半音值；Smax 为语句调域上限半音值，Smin 语句调域下限半音值；Ki 为音节调域上线百分比，Kj 为音节调域下线百分比，Kr 就是音节调域的百分比数值）

最后，每个音节的调域比①可以通过以下公式得出：

$$WR=Wx/Wmean \qquad (5-5)$$

（Wx 为此音节的音节调域，Wmean 为整个句子所有音节的平均音节调域）。（石锋等，2009）。

5.2.4.2　词层面音高测量方法

以上数据计算方法通常用来研究句中焦点的语音表现。本研究以石锋的韵律格局理论为参考，研究孤立词中各音节的语音表现，具体计算公式如下：

$$Si=100\times(Vi-Wmin)/(Wmax-Wmin) \qquad (5-6)$$

$$Sj=100\times(Vj-Wmin)/(Wmax-Wmin) \qquad (5-7)$$

$$Sr=Si-Sj \qquad (5-8)$$

（Vi 为音节调域上线半音值，Vj 为音节调域下线半音值；Wmax 为词调域上限半音值，Wmin 为词调域下限半音值；Si 为音节调域上线百分比，Sj 为音节调域下线百分比，Sr 就是音节调域的百分比数值）。

$$各音节的音节调域比=Sr/Smean \qquad (5-9)$$

（Smean 为整个词中所有音节的平均音节调域）。

---

① 不同于第4章汉英双音节词孤立状态下首末音节调域的比值，第5章中因为涉及到三音节的研究，因此采取的是具体某个音节的调域和整个句子所有音节的平均音节调域或者整个词中所有音节的平均音节调域的比值。

本研究通过实验语音学的研究方法，探讨词层面的音高突显模式和句层面的焦点重音的音高突显模式在两种不同类型语言中的异同，从音高分析英语双音节词/三音节词和汉语双音节词/三音节词在孤立词和句末焦点两种语境中相邻音节的相对突显的异同。具体的研究问题如下：

（1）英汉双音节/三音节孤立词状态下音高突显有何异同？

（2）英汉双音节词/三音节词焦点重音状态下音高突显有何异同？

（3）在这两种语言中，孤立词状态下音高突显和焦点重音状态下音高突显有何关系，焦点音高突显对词音高突显是否有强化作用？

5.3　汉英双音节孤立词状态下和焦点重音状态下音高突显模式对比分析

5.3.1　汉英双音节词音高突显模式对比分析

5.3.1.1　汉英单语素双音节词音高突显模式对比分析

表 5.10　英汉单语素双音节词首末音节音高百分比分布及音高调域比

音高 ＼ 音节	英语				汉语	
	单语素左重		单语素右重		单语素	
	首音节	末音节	首音节	末音节	首音节	末音节
音高上线（%）	100	28.9	92.4	100	100	85.9
音高下线（%）	59.3	0	70.1	0	22.4	0
音高调域（%）	40.7	28.9	22.3	100	77.6	85.9
音高调域比	**1.16**	0.84	0.37	**1.64**	0.95	**1.05**

首先考察音高起伏突显模式。(1)音高上线和下线分布:英语单语素双音节词的两种重音类型中,音高上线的最大值均出现在重读音节上(100%,左重的首音节和右重的末音节);汉语出现在首音节上;两种语言音高下线的最小值都位于末音节。(2)首末音节音高起伏突显:英语左重词中,音高上线和下线均呈现出下倾趋势(上线下降71.1%,下线下降59.3%),右重词中,音高上线上升而下线下降(上线上升7.6%,下线下降70.1%);汉语首末音节音高上线和下线走势与英语左重类似,呈现出下倾趋势(上线下降14.1%,下线下降22.4%),但上线和下线下降幅度均远远低于英语左重(14.1%<71.1%,22.4%<59.3%)。

接着分析音高调域突显模式。(1)首末音节音高调域对比:英语左重词_{首音节音高调域}(40.7%)>英语左重词_{末音节音高调域}(28.9%),相差11.8%;英语右重词_{首音节音高调域}(22.3%)<英语左重词_{末音节音高调域}(100%),相差77.7%;汉语_{首音节音高调域}(77.6%)<汉语_{末音节音高调域}(85.9%),相差8.3%。(2)音高调域比分析:英语左重词中首、末音节的调域比相差0.32(1.16>0.84),呈现出"重—轻"的词重音类型;英语右重词中首、末音节的调域比相差1.27(0.37<1.64),呈现出明显的"轻-重"型词重音类型。同时,和英语左重词相比,英语右重词首末音节调域比差异更大,相差0.95(1.27>0.32),接近于1,说明英语"轻—重"型词重音的语音突显模式更为明显;汉语首末音节调域比表现为末音节_{音高调域比}>首音节_{音高调域比},相差0.1(0.95<1.05),汉语首末音节调域比的差异明显小于英语,而且汉语双音节词首末音节音高调域相差甚微。汉英单语素双音节词的音高调域比,见下图5.1。

图5.1更为直观地展现出英汉单语素双音节词中音高调域比的表现。英语左重_{单语素双音节词}重读音节(首音节)的调域比较为明显地大于非重读音节(末音节)的调域比。英语右重_{单语素双音节词}重读音节(末音节)的调域比明显大于非重读音节(首音节)的调域比。

同时，英语"轻-重"型重读音节和非重读音节音高调域比的差异明显大于英语"重-轻"型重读音节和非重读音节音高调域比的差异（1.27＞0.32），相比较于"重-轻"型，英语"轻-重"型的音高突显更为显著，汉语首末音节虽然也呈现出末音节的音高突显，但首末音节的音高调域比很接近，相差甚微。

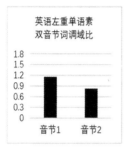 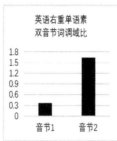 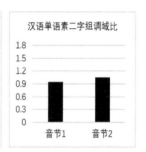

图 5.1　英汉单语素双音节词音高调域比

接下来整体对比分析英汉单语素双音节词的异同。因为语料设计中汉语是每个音节位置都包括了四种声调，而英语是分为左重和右重单独分析。在此基础之上，将英语的左重和右重也进行综合，并对比分析两种语言的主突显音节。根据表 5.10，计算出英汉单语素双音节词中语音主突显音节[①]调域比的均值（英语 1.4；汉语 1.05）。见图 5.2。

图 5.2　英汉单语素双音节词主突显音节音高调域比

---

① 因为汉语是否有词重音目前难以确定，因此汉语和英语都统一采用"主突显音节"，避免术语错误。以下同。

图 5.2 表明英汉单语素双音节词音高调域比值均大于 1，即两种语言的双音节词中首末音节确实呈现出不同的音高突显程度，总有一个音节的音高相对更为突显。其次，英语词中主突显音节的音高调域比大于汉语，说明英语词中相邻音节的相对突显度更大，主突显音节产出更为明显。从数值上来看英语调域比均值为 1.4，而汉语为 1.05，反映出英语单语素双音节词音高突显程度明显大于汉语。

5.3.1.2 汉英双语素双音节词音高突显模式对比分析

表 5.11 英汉双语素双音节词首末音节音高百分比分布及音高调域比

音高＼音节	英 语				汉 语	
	双语素左重		双语素右重		双语素	
	首音节	末音节	首音节	末音节	首音节	末音节
音高上线(%)	100	37.4	89①	100	100	78
音高下线(%)	56.2	0	60.2	0	30.4	0
音高调域(%)	43.8	37.4	28.8	100	69.6	78
音高调域比	**1.09**	0.91	0.45	**1.56**	0.95	**1.06**

与 5.3.1.1 相比，两种语言双语素双音节词在音高上、下线、首末音节音高起伏走势、音高调域比等方面和单语素双音节词整体相似。（1）英语音高上线的最大值均出现在左重和右重的重读音节上，汉语出现在首音节上；两种语言音高下线的最小值都位于末音节。（2）英语左重词音高上线和下线呈现出下倾趋势（上线下降 62.6%，下线下降 56.2%），英语右重词音高上线上升而下

---

① 和第 4 章不同的是，第 5 章中英语右重的音高最大值不是位于首音节，多数情况下位于重读音节，主要的原因可能在于（1）第 5 章我们的构词是以语素结构为主；（2）第 5 章的英语母语发音人是英国人，而第 4 章是美国人；（3）第 5 章的英语发音人只有 4 位，而第 4 章中英语发音人有 10 位。但值得注意的是，第 5 章中英语右重中不同音节之间音高最大值相差不大。

线下降（上线上升 11%，下线下降 60.2%）；汉语首末音节音高上线和下线均呈现出下倾趋势（上线下降 22%，下线下降 30.4%），但下降幅度均远远低于英语（英语首末音节下降的最小值高达 56.2%）。（3）英语左重词首音节音高调域比英语左重词末音节音高调域大 6.4%（43.8%＞37.4%），英语右重词首音节音高调域比英语左重词末音节音高调域小 71.2%（28.8%＜100%）；汉语首音节音高调域比汉语末音节音高调域小 8.4%（69.6%＜78%）。（4）英语左重词首音节调域比＞英语左重词末音节调域比，相差 0.18（1.09＞0.91），呈现出"重-轻"词重音类型；英语右重词首音节调域比＜英语右重词末音节调域比，相差 1.11（0.45＜1.56），呈现出明显的"轻-重"词重音类型。汉英双语素双音节词的音高调域比如下图 5.3。

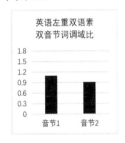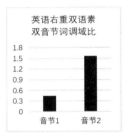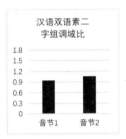

图 5.3　英汉双语素双音节词音高调域比

图 5.3 直观地展现出英汉双语素双音节词中首末音节的音高调域比。与图 5.1 相似，英语两种重音类型的重读音节的调域比均大于非重读音节（左重的首音节和右重的末音节），且英语"轻-重"比"重-轻"首末音节音高调域比的差异更为明显（1.11＞0.18），说明英语"轻-重"型的音高突显更为显著；图 5.3 表明，汉语双语素双音节词中首末音节虽然也呈现出末音节的相对突显，但首末音节音高调域比差异甚微。

和图 5.2 一样，接下来整体对比分析英汉双语素双音节词音高调域比的均值。根据表 5.11，得到英汉双语素双音节词中语音

主突显音节调域比的均值（英语 1.33，汉语 1.06），如下图 5.4
所示。

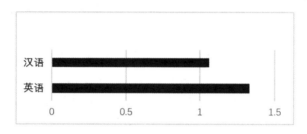

图5.4　英汉双语素双音节词主突显音节音高调域比

图 5.4 表明英汉双语素双音节词主突显音节的音高调域比均
大于 1，表明两种语言双语素双音节词中首末音节确实呈现出不
同的音高突显程度，总有一个音节相对更为突显。通过对比发现
英语词中主突显音节的音高调域比大于汉语（1.33＞1.06)，说明
英语双语素双音节词词中相邻音节的相对音高突显度更大，主突
显音节产出更为明显。但汉语只略高于 1，说明末音节音高突显
不明显。

5.3.1.3　讨论与小结

在 5.3.1.1 和 5.3.1.2 的基础之上，本书进一步对孤立词状态
下英汉单语素和双语素双音节词中主突显音节的音高调域比进行
分析（英语 1.37，汉语 1.06)，见图 5.5。

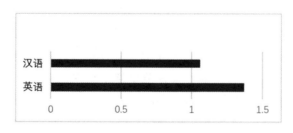

图5.5　英汉双音节词主突显音节音高调域比

图 5.5 表明，英语双音节词主突显音节音高调域比为 1.37，而汉语双音节主突显音节音高调域比 1.06，尽管英汉主突显音节的音高调域比都大于 1，表明整体而言两种语言末音节的音高调域更为突显，但是总体来看英语双音节词主突显音节音高突显程度比汉语双音节词大，整体突显模式更为明显。

综上所述，英汉双音节词音高突显模式可以对比如下表 5.12。

表 5.12　英汉双音节词音高突显模式对比

音高表现 语音比较	对比项	英语	汉语
共同点	音高突显	英汉双音节中的每个音节确实呈现出不同的突显程度，总有一个音节相对更为突显	
不同点	音高突显程度	所有英语双音节词的音高突显模式均与其重音类型相一致。整体而言，主突显音节的音高调域比>1，且首末音节呈现出较为明显的音高突显模式	汉语双音节中，主突显音节的音高调域比≈1，没有呈现出较为明显的首末音节音高突显模式

5.3.2　汉英双音节词焦点重音音高突显模式对比分析

5.3.1 对孤立词状态下的英汉单语素双音节词和英汉双语素双音节进行对比分析。在此基础之上，以宽焦点句为对照组，5.3.2 继续对相同的孤立词在句末焦点重音的音高突显模式进行探讨。

5.3.2.1　汉英单语素双音节词焦点重音音高突显模式对比分析

首先分析英汉单语素双音节词焦点重音状态下主突显音节的情况，见下表 5.13 和表 5.14。

表 5.13   英语单语素双音节词焦点重音首末音节音高百分比分布
及音高调域比

音节 音高	左重				右重			
	宽焦点		窄焦点		宽焦点		窄焦点	
	音节1	音节2	音节1	音节2	音节1	音节2	音节1	音节2
音高上线 (%)	63.6	15.5	100.0	35.7	50.7	61.7	69.2	100.0
音高下线 (%)	45.8	0.0	73.6	14.7	34.2	3.5	48.4	0.0
音高调域 (%)	17.8	15.5	26.4	21.0	16.6	58.2	20.8	100.0
音高调域比	**1.07**	0.93	**1.11**	0.89	0.44	**1.56**	0.34	**1.66**

表 5.14   汉语单语素双音节词焦点重音首末音节音高百分比分布
及音高调域比

音节 音高	宽焦点		窄焦点	
	音节1	音节2	音节1	音节2
音高上线(%)	67.0	80.7	100.0	99.2
音高下线(%)	0.0	3.4	18.9	1.1
音高调域(%)	67.0	77.3	81.1	98.1
音高调域比	0.93	**1.07**	0.91	**1.09**

　　首先考察音高起伏突显模式。（1）音高上线和下线分布：英语单语素双音节词的两种重音焦点中，音高上线的最大值均出现在窄焦点_{重读音节}上（100%）；汉语出现在窄焦点首音节上；两种语言音高下线多位于末音节（汉语宽焦点例外）。（2）首末音节音高起伏突显：英语左重词中，无论是宽焦点还是窄焦点，音高上线和下线均呈现出下倾趋势（宽焦点上线下降 48.1%，下线下降 45.8%；窄焦点上线下降 64.3%，下线下降 58.9%），窄焦点无论是上线还是下线的下降程度都大于宽焦点（64.3%＞48.1%；58.9%

＞45.8%）；右重词中，无论是宽焦点还是窄焦点，音高上线略升而下线下降（宽焦点上线上升 11%，下线下降 30.7%；窄焦点上线上升 30.8%，下线下降 48.4%），窄焦点无论是上线上扬的幅度还是下线下降的幅度都大于宽焦点（30.8%＞11%，48.4%＞30.7%）；汉语宽焦点和窄焦点首末音节音高起伏不同，在宽焦点中上线和下线均上扬，而窄焦点中上线和下线均下降，但是下降的幅度不明显（上线下降了 0.8%，下线下降了 17.8%），下降幅度均远远低于英语左重和右重的窄焦点。

表 5.13 表明，与英语单语素双音节孤立词的音高突显模式一致，焦点_{英语左重词}和焦点_{英语右重词}在句末焦点中均表现出"重—轻"和"轻—重"两种音高突显模式，且"轻-重"音高的焦点重音音高突显模式更为明显（"轻-重"主突显音节的音高调域比为 1.56 和 1.66，而"重-轻"主突显音节调域比仅为 1.07 和 1.11）。窄焦点状态下主突显音节的音高调域比大于宽焦点状态，表明英语发音人倾向于在窄焦点下重读音节产出的更为突显。

汉语单语素双音节词在作为句子焦点时呈现出略微的"轻—重"末音节音高突显模式，但比值均≈1，说明前后音节突显差异甚微。句末窄焦点状态下词中各个音节的调域比相较于宽焦点状态发生略微的扩展。汉英单语素双音节词两种焦点类型中主突显音节的音高调域比见下图 5.6。

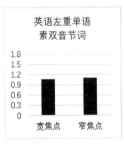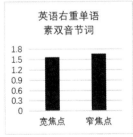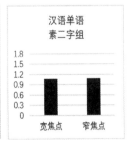

图 5.6 英汉单语素双音节词焦点重音主突显音节音高调域比

图 5.6 直观地展现出焦点_{英汉单语素双音节词}中各主突显音节①的调域比。整体而言，主突显音节中窄焦点的音高调域比均大于宽焦点的音高调域比，其中英语左重词两种焦点的音高调域比（1.07vs1.11）和汉语两种焦点的调域比（1.07vs1.09）接近；焦点_{英语单语素双音节右重词}比焦点_{英语单语素双音节左重词}以及焦点_{汉语单语素双音节词}音高突显程度更高；汉语两种焦点类型中的音高调域比偏小，首末音节虽然也呈现出相对突显，但差异甚微。

接下来对英汉单语素双音节词焦点重音状态下音高突显的异同进行整体分析。表 5.15 分别列出了两种焦点状态下英汉单语素双音节词中主突显音节的音高调域比比值及其平均增长率②。

表 5.15　英汉单语素双音节词主突显音节音高调域比均值及增长率均值

焦点 调域比	英　语			汉　语		
	宽焦点	句末窄焦点	增长率	宽焦点	句末窄焦点	增长率
调域比	1.32	**1.39**	0.05	1.07	**1.09**	0.02

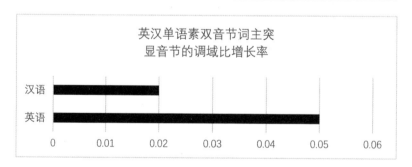

图 5.7　英汉单语素双音节词主突显音节音高调域比增长率

---

① 因为焦点重音中考察了宽焦点和窄焦点两个焦点位置，因此本研究主要观察英汉主语音突显音节在两种焦点中的调域比表现。

② 以宽焦点音节变量为基准，增长率=（窄焦点音高主突显音节的调域比-宽焦点音高主突显音节的调域比）/宽焦点音高主突显音节的调域比。

表 5.15 和图 5.7 表明，与宽焦点相比，英汉母语者在窄焦点情况下产出的主突显音节更为突显，表现为更大的调域比；与汉语相比，英语的焦点重音音高突显模式更突出，且在两种焦点情况下，英语主突显音节的调域比均大于汉语，表明英语词内相邻音节的相对突显度更大；两种语言的调域比的增长率都较低，为0.05 和 0.02，说明与宽焦点相比，两种语言在句末窄焦点情况下，音高在焦点重音中作用相对较小。同时，汉语调域比的增长率明显低于英语调域比，说明受到汉语字调的影响，汉语句调的音高变化受到了消减。

5.3.2.2 英汉双语素双音节词焦点重音音高突显模式对比分析

在 5.3.2.1 对英汉单语素双音节词焦点重音音高突显模式对比分析的基础之上，对英汉双语素双音节词焦点重音音高突显模式展开分析，见下表 5.16 和表 5.17。

表 5.16 英语双语素双音节词首末音节音高百分比分布及音高调域比

音高 \ 音节	左重				右重			
	宽焦点		窄焦点		宽焦点		窄焦点	
	音节1	音节2	音节1	音节2	音节1	音节2	音节1	音节2
音高上线(%)	62.7	17.1	100	34.6	48.3	49.6	64.9	100
音高下线(%)	42.6	0	69.6	14.4	31.3	0	45.6	1.6
音高调域(%)	20.1	17.1	30.4	20.2	16.9	49.6	19.3	98.4
音高调域比	**1.09**	0.92	**1.2**	0.8	0.51	**1.49**	0.33	**1.67**

表 5.17　汉语双语素双音节词首末音节音高百分比分布及音高调域比

音节 音高	宽焦点		窄焦点	
	音节 1	音节 2	音节 1	音节 2
音高上线 (%)	72.2	65.8	97.2	100
音高下线 (%)	12.2	0	27.5	9.7
音高调域 (%)	60	65.8	69.7	90.3
音高调域比	0.95	**1.05**	0.87	**1.13**

首先考察音高起伏突显模式。（1）音高上线和下线分布：英语双语素双音节词的两种重音焦点中，音高上线的最大值均出现在窄焦点重读音节上（100%）；（2）首末音节音高起伏突显：英语左重词中，无论是宽焦点还是窄焦点，音高上线和下线均呈现出下倾趋势（宽焦点上线下降 45.6%，下线下降 42.6%；窄焦点上线下降 65.4%，下线下降 55.2%），窄焦点无论是上线还是下线的下降程度都大于宽焦点（65.4%＞45.6%；55.2%＞42.6%）。右重词中，无论是宽焦点还是窄焦点，音高上线上升而下线下降（宽焦点上线上升 1.3%，下线下降 31.3%；窄焦点上线上升 35.1%，下线下降 44%），窄焦点无论是上线上扬的幅度还是下线下降的幅度都大于宽焦点（35.1%＞1.3%，44%＞31.3%）；汉语双语素双音节词在宽焦点中上线和下线均下降，但下降幅度都不大，上线下降了 6.4%，下线下降了 12.2%；而在窄焦点中上线出现了略上扬的情况，上扬了 2.8%，下线下降了 17.8%。

表 5.16 表明，英语双语素双音节词中焦点英语左重词和焦点英语右重词在两种焦点情况下均表现出"重-轻"和"轻-重"两种音高突显模式，且"轻-重"更为明显（"轻-重"调域比比值为 1.49 和 1.67，"重-重"为 1.09 和 1.2）；句末窄焦点状态下词中各个音节的调域相较于宽焦点状态也均发生扩展，并且主突显音节的扩展程度更

大（30.4%＞20.1%，98.4%＞49.6%）。表 5.17 表明，汉语双语素双音节词作为句子焦点时呈现出略微的"轻—重"突显模式，但比值均≈1，说明首末音节突显差异甚微。句末窄焦点状态下词中末音节的音高调域相较于宽焦点状态均发生扩展。同时，窄焦点状态下主突显音节的调域比大于宽焦点状态，说明窄焦点的首末音节突显程度相对更大。汉英双语素双音节词两种焦点类型中主突显音节的音高调域比见图 5.8。

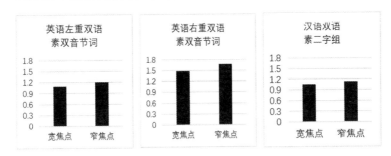

图 5.8　英汉双语素双音节词焦点重音主突显音节音高调域比

图 5.8 直观地展现出焦点_{英汉双语素双音节词}中各主突显音节的音高调域比。整体而言，主突显音节中窄焦点的音高调域比均较明显大于宽焦点，且焦点_{英语双语素双音节右重词}比焦点_{英语双语素双音节左重词}以及焦点_{汉语双语素双音节词}音高调域比比值更大，音高突显更明显；汉语两种焦点类型中调域比整体偏小，首末音节虽然也呈现出相对突显，但差异甚微。目前根据英汉单语素双音节词和双语素单音节词的对比分析表明，汉语在两种语素结构中的音高起伏程度表现不如英语明显。

接下来对英汉双语素双音节词焦点调域比的异同进行整体分析。表 5.18 分别列出了两种焦点状态下英汉双语素双音节词中主突显音节的音高调域比均值及增长率均值。

表 5.18　英汉双语素双音节词主突显音节音高调域比均值及增长率均值

焦点 调域比	英 语			汉 语		
	宽焦点	句末窄焦点	增长率	宽焦点	句末窄焦点	增长率
调域比	1.29	**1.44**	0.12	1.05	**1.13**	0.08

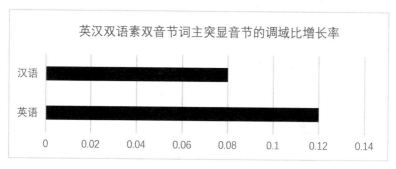

图 5.9　英汉双语素双音节词主突显音节的音高调域比增长率

表 5.18 表明,与宽焦点相比,英汉母语者在窄焦点情况下产出的主突显音节更为突显;且英语的焦点突显模式更突出,即在两种焦点中英语主突显音节的调域比大于汉语,和图 5.7 相比,图 5.9 有了较为明显的变化。首先,汉语的调域比增长率较低,汉语调域比的增长率低于英语调域比,受到汉语字调的影响,汉语句调的音高变化受到了消减。其次,英汉双语素双音节词调域比的增长率均明显高于单语素单音节词。但图 5.7 和图 5.9 的具体变化,需要进一步分析语料,进一步探讨其成因。

5.3.2.3　讨论与小结

在 5.3.2.1 和 5.3.2.2 的基础之上,本书尝试对英汉所有类型双语素双音节词中主突显音节的音高调域比增长率进行均值分析(英语 0.09、汉语 0.05),如图 5.10 所示。

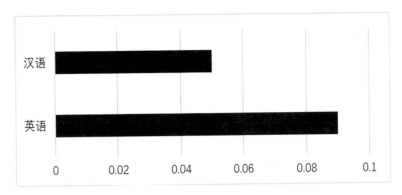

图 5.10　焦点重音状态下英汉双音节词主突显音节的音高调域比增长率

　　图 5.10 清楚地表明英语音高调域比平均增长率高于汉语，且增长率数值上接近汉语的 2 倍，表明英语双音节词音高调域比的焦点重音音高突显程度比汉语双音节词大，整体突显模式更为显著。综上所述，英汉双音节词焦点语音突显的异同点可以如下表5.19。

表 5.19　英汉双音节词焦点重音音高突显模式对比

语音表现 音高对比	对比项	英语	汉语
共同点	音高突显	英汉焦点突显模式在两种类型的焦点状态下保持一致	
不同点	音高突显程度	与宽焦点情况相比，英汉母语者在窄焦点情况下产出的主突显音节音高调域比更为突显	
		英语的焦点突显模式更明显，即主突显音节的音高调域比大于汉语	汉语焦点主突显音节的音高调域比均接近于1，即相较于英语，汉语并没有呈现出较为明显的焦点重音音高突显模式

5.3.3 汉英双音节词音高突显模式和焦点重音音高突显模式对比分析

5.3.1 和 5.3.2 分别对比分析了英汉双音节词两种语素结构中孤立词状态下音高突显模式和焦点重音状态下音高突显模式的异同。5.3.3 将进一步对比分析英汉双音节词在孤立词状态和句末窄焦点状态下主突显音节音高调域比的异同，见表 5.20 和图 5.11。

表 5.20　英汉双音节词音高突显和句末焦点重音主突显音节音高调域比

音高　＼　语音环境	英　语		汉　语	
	孤立词状态	焦点重音状态	孤立词状态	焦点重音状态
音高调域比	1.36	1.41	1.06	1.11

表 5.20 表明，英汉双音节词主突显音节的音高调域比在句末窄焦点状态下均比孤立词状态下大，这表明句末窄焦点对于两种语言音高突显呈现出强化作用；即相较于孤立词状态，当目标词位于句末窄焦点时英语和汉语发音人倾向于将主突显音节音高产出的更为突显。同时，英语无论是孤立词还是焦点重音，音高突显度都比汉语高，证明了重音对英语的整体影响。

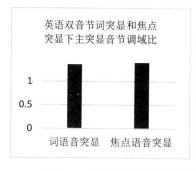
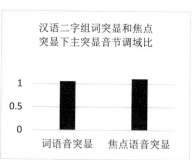

图 5.11　英汉双音节词两种语音环境下主突显音节音高调域比

综上所述，通过对比分析英汉两种语言中词层面音高调域比和句末焦点重音层面的音高调域比，本研究发现无论在哪种状态下，英语词音高突显模式和焦点重音音高突显模式均更为突显；在英汉两种语言中，句末窄焦点对于词突显均呈现出强化作用，即主突显音节的音高调域比比值在句末窄焦点状态下均比孤立词状态下大。总结如下表 5.21。

表 5.21　英汉双音节词音高突显和句末焦点重音音高突显对比

音高对比 ＼ 音高表现	对比项	英语	汉语
共同点	音高突显	英汉双音节词孤立词状态下和句末焦点重音状态下音高突显保持一致	
	音高突显程度	句末窄焦点对于词突显呈现出强化作用，即主突显音节的音高调域比比值在句末窄焦点状态下均比孤立词状态下大。	
不同点	音高突显程度	孤立词状态和句末窄焦点状态下英语词主突显音节的音高调域比均大于汉语；英语两种语音环境下音高突显模式均比汉语更为显著	汉语孤立词状态和句末窄焦点状态下主突显音节的音高调域比均≈1；两种语音环境下，汉语均没有呈现出较为明显的音高突显模式

5.4　汉英三音节孤立词状态下和焦点重音状态下音高突显模式对比分析

5.4.1　汉英三音节词音高突显模式对比分析

5.4.1.1　汉英单语素三音节词音高突显模式对比分析

英语单语素三音节词，包括左重、中重、右重三种重音模型，其音高声学参量值如表 5.22 所示。

表 5.22　英语单语素三音节词各音节音高百分比及音高调域比

音高 ＼ 音节	左重			中重			右重		
	音节 1	音节 2	音节 3	音节 1	音节 2	音节 3	音节 1	音节 2	音节 3
音高上线(%)	100.0	39.4	8.4	96.5	100.0	30.4	79.3	100.0	85.2
音高下线(%)	77.8	26.0	0.0	81.9	61.6	0.0	46.0	86.7	0.0
音高调域(%)	22.2	13.3	8.4	14.6	38.4	30.4	33.3	13.3	85.2
音高调域比	**1.53**	0.91	0.57	0.53	**1.39**	1.09	0.76	0.30	**1.94**

如表 5.22 所示，英语单语素三音节词的三种重音类型中，音高下线均位于末音节上。音高上线最大值多位于主突显的音节，左重位于首音节，中重位于中间音节；但右重除外，右重的音高上线的最大值出现在第二个音节而非末音节；与此同时，在左重中，从首音节—中间音节—末音节，音高上线和下线呈现逐步下降的起伏。而在中重和右重中，第二个音节的音高下线均偏高，尤其是右重的中间音节的下线高达 86.7%。英语母语者在发右重词时，倾向于从首音节到中间音节的下线迅速上升，然后从中间音节到末音节下线有急剧下降，形成陡降，在第二个音节和末音节之间呈现出明显的音高对比，以突显右重重音类型。其深层次的原因需要进一步分析。根据表 5.22，我们得到了英语单语素三音节词中每个音节的音高调域比图，如图 5.12 所示。

图 5.12 显示了英语单语素三音节词三种重音类型中每个音节的调域比，从中可以看到，"宽—中—窄""窄—宽—中"和"中—窄—宽"三种音高调域突显模式可以在三种英语重音类型中得到更直观的体现。此外，通过比较词中主突显音节的音高调域比的值，可以观察到音高调域对右重词影响最大，因为其音高

调域比最大（1.94），汉语单语素三音节词的音高百分比及音高调域比比值见下表 5.23 和下图 5.13。

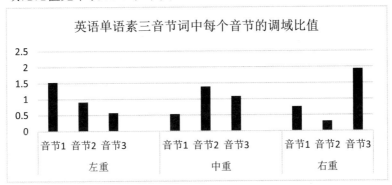

图 5.12　英语单语素三音节词中每个音节的音高调域比

表 5.23　汉语单语素三音节词每个音节的音高百分比及音高调域比

音节 音高	音节 1	音节 2	音节 3
音高上线(%)	100.0	97.4	81.7
音高下线(%)	32.5	32.9	0.0
音高调域(%)	67.5	64.5	81.7
音高调域比	0.95	0.91	**1.15**

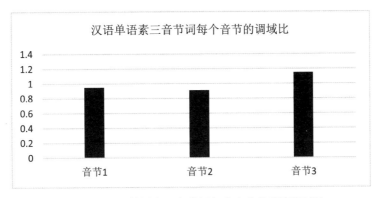

图 5.13　汉语单语素三音节词每个音节的音高调域比

　　表 5.23 表明，音高上线的最大值出现在首音节上，而音高下线的最小值出现在末音节上。音高上线从首音节到末音节依次下降，而音高下线在第二个音节略微上移，然后下降。此外，音高下线从首音节到末音节降低更多（音高上线降低 18.3%，音高下线降低 32.5%），这导致末音节的音高调域（81.7%）比首音节（67.5%）更宽。图 5.13 也清晰表明，由于末音节的音高调域比相较前两个音节更大，因此末音节音高突显较为明显。

　　在分别讨论了英语和汉语单语素三音节词中的音高调域比的基础之上，下面将对英汉单语素三音节词的音高调域比进行综合对比分析，探讨两种语言音高调域比的异同。

　　首先，就相同点而言，两种语言中某些音节间确实有一定程度的语音突显，都存在有一个音节相对突显的情况。其次，汉语和英语存在一些差异：（1）英语三音节词的语音突显模式与其重音类型相同，即左重与首音节音高突显模式相同，中重与中间音节音高突显模式相同，右重和末音节音高突显模式相同，即主重读音节音高突显最明显（音高调域比最宽）；（2）汉语呈现出略微的"中—窄—宽"的音高突显模式。汉语普通话的音高调域比都接近于 1，音高调域相差最大值为 0.24（1.15＞0.91）。英语的音高调域比差别更大。例如，左重的音高调域差异可达到 0.96（1.53＞0.57）；在右重中，音高调域差异高达 1.64（1.94＞0.30）等；（3）英语主突显音节的音高调域比均高于汉语，进一步揭示了英语中不同音节之间的相对音高突显度更大，通过计算英汉单语素三音节词中主突显音节的音高调域比的均值，得到了主突显音节的平均音高调域比，英语为 1.62，汉语 1.15，如图 5.14 所示。

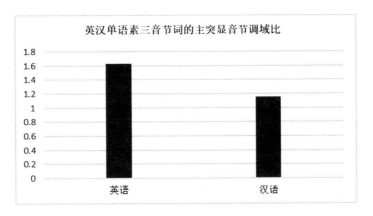

图5.14　英汉单语素三音节词主突显音节的音高调域比

5.4.1.2　汉英双语素三音节词音高突显模式对比分析

5.4.1.2 主要探讨英汉双语素三音节词的音高表现。考虑到语素结构对词语音突显的影响，选取了英语双语素三音节词中的两种语素结构进行分析，"syll1＋syll2syll3"结构是指前一个音节代表一个语素，后两个音节代表一个语素；"syll1syll2＋syll3"是指前两个音节代表一个语素，后一个音节代表一个语素。这两种语素结构又分别按照左重和右重进行分析。英语双语素三音节词中每个音节的音高百分比和音高调域比值见下表5.24。

表5.24　英语双语素词"音节1＋音节2音节3"[①]各音节音高百分比及音高调域比

音高\音节	左重			中重		
	音节1	音节2	音节3	音节1	音节2	音节3
音高上线(%)	100.0	75.8	15.5	97.4	100.0	21.7
音高下线(%)	68.8	52.4	0.0	69.7	60.4	0.0
音高调域(%)	31.2	23.4	15.5	27.7	39.6	21.7
音高调域比	**1.34**	0.98	0.69	0.93	**1.38**	0.70

---

①　由于英语右重双语素三音节词(syll1＋syll2syll3)词例太少，本研究暂没有做分析。

如上表 5.24 所示，首先，左重的音高上线最大值出现在重读音节上（首音节上），音高下线最小值出现在末音节上，音高上线和下线的百分比从首音节到末音节依次下降，首音节音高调域最宽，形成"宽—中—窄"音高突显模式。其次，在中重类型中，音高上线从首音节到末音节先上扬，然后下降。结果表明，第二个音节的音高突显程度最大，首音节的突显程度略大于末音节（0.93＞0.70），第二个音节音高调域最宽，形成"中—宽—窄"音高突显模式。如图 5.15 所示。

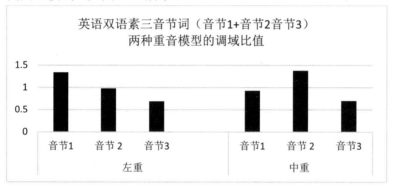

图 5.15　英语双语素"音节 1＋音节 2 音节 3"两种重音类型音高调域比

接下来分析英语双语素三音节词"音节 1 音节 2＋音节 3"语素结构中的音高声学表现。

表 5.25　英语双语素三音节词"音节 1 音节 2＋音节 3"音高百分比及音高调域比

音节 音高	左重			中重			右重		
	音节 1	音节 2	音节 3	音节 1	音节 2	音节 3	音节 1	音节 2	音节 3
音高上线(%)	100	80.6	27.0	100	100	29.3	90.2	100	92.3
音高下线(%)	68.8	67.0	0.0	77.1	58.6	0.0	53.1	80.1	0.0

音节 音高	左重			中重			右重		
	音节1	音节2	音节3	音节1	音节2	音节3	音节1	音节2	音节3
音高调域(%)	31.2	13.5	27.0	22.9	41.4	29.3	37.0	19.9	92.3
音高调域比	**1.34**	0.57	1.10	0.74	**1.35**	0.92	0.74	0.41	**1.86**

表5.25显示了英语双语素"音节1音节2+音节3"语素结构三种重音模式中各音节的音高表现。首先，英语左重类型的音高上线和下线都是从首音节到末音节依次下降，音高调域比表明，首音节音高调域最突显，末音节音高调域比大于第二个音节（1.10＞0.57），形成"宽—窄—中"音高突显模式。其次，在中重类型中，音高上线先保持稳定，这种稳定性一直持续到中间音节，然后陡降，而音高下线则从首音节开始持续下降。第二个音节音高调域最大，从而形成"窄—宽—中"的音高突显模式。第三，在右重类型中，音高上线和下线都是先上升后下降到末音节。与右重类型的单语素三音节词类似（见表5.22），音高上下线的最大值也位于第二个音节上，从而形成"中—窄—宽"的音高突显模式。此外，"中—窄—宽"的音高突显模式的主突显音节比其他两种模式更为明显，且音高调域比数值更大，如图5.16所示。

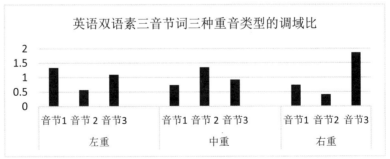

图5.16　英语双语素"音节1音节2＋音节3"三种重音类型音高调域比

汉语双语素三音节词中各音节的音高及音高调域比见下表 5.26。

表 5.26　汉语双语素"音节 1＋音节 2 音节 3"各音节音高百分比及音高调域比

音高 \ 音节	音节 1	音节 2	音节 3
音高上线(%)	100	97.3	81.2
音高下线(%)	25.4	33.1	0
音高调域(%)	74.6	64.2	81.2
音高调域比	1.02	0.88	**1.11**

表 5.27　汉语双语素"音节 1 音节 2＋音节 3"各音节音高百分比及音高调域比

音高 \ 音节	音节 1	音节 2	音节 3
音高上线(%)	100	87.1	74.2
音高下线(%)	41	33.1	0
音高调域(%)	59	54	74.2
音高调域比	0.95	0.87	**1.19**

从表 5.26 和表 5.27 可以看出，音高上线的最大值均在首音节上，而音高下线的最小值在末音节上，这两种语素结构的音高上线和音高下线都呈下降趋势，且音高下线下降得更多（"音节 1＋音节 2 音节 3"中音高上线下降 18.8%，音高下线下降 25.4%，"音节 1 音节 2＋音节 3"中音高上线下降 25.8%，音高下线下降 41.0%）。在两种结构的主突显音节中，音高调域比相差不大，最后一个音节的音高调域比值其他两个音节都偏大。与单语素三音节词类似，末音节音高突显更显著。类似地，在汉语双语素三音

节词中可以再次观察到略微"中-窄-宽"的音高突显模式，如下图 5.17 所示。

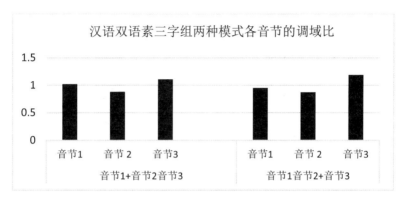

图 5.17　汉语双语素三音节词两种语素结构中各音节的音高调域比

　　基于对英汉双语素三音节词中的音高调域比分别分析的基础之上，对英汉双语素三音节词两种语素结构的音高调域比进行整体对比分析，探讨两种语言音高调域比的异同。

　　英汉双语素词的音节表现出一定程度的突显，英语三音节词的突显模式与其重音类型表现出一致性，而汉语呈现略微"中-窄-宽"的音高突显模式，音节之间的音高调域差异比相比英语偏低，此外，我们计算了两种语言中主突显音节的音高调域比的平均值，得到英语主突显音节的平均音高调域比为 1.45，而汉语主突显音节的音高调域比为 1.15，如图 5.18 所示。

5.4.1.3　讨论与小结

　　在以上对英汉单语素词和双语素词三音节词音高和音高调域的详细分析的基础上，本研究继续对英汉三音节词进行进一步分析。由于各种因素会影响突显程度，这里主要分析英汉主突显的音节，并计算了英汉两种语素结构三音节词中主突显音节的平均音高调域比，见下表 5.28 和图 5.19。

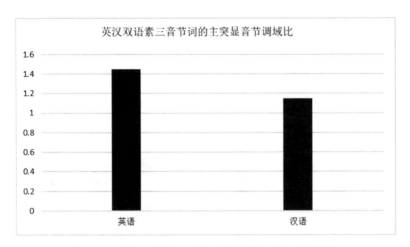

图 5.18　英汉双语素三音节词主突显音节音高调域比

表 5.28　英汉三音节词主突显音节音高调域比均值

	英　语	汉　语
音高调域比	1.54	1.15

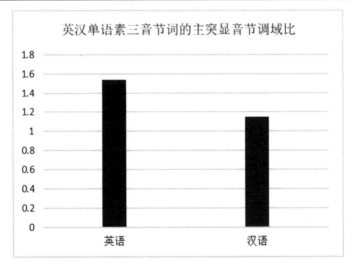

图 5.19　英汉三音节词主突显音节音高调域比

综上所述，音节在英汉确实有不同程度的音高突显，并且在两种语言中总有一个音节比其他音节音高相对更突显。但是两种语言的音高差异很大，英语主突显音节音高调域比均值要比汉语高，因此英语音高的突显更明显，英语中的突显模式有以下特点，首先，英语中相邻音节之间的音高突显较多；其次，英语都呈现出与英语重读模式一致的突显模式，这与英语重读音节总是比非重读音节音高突显的观点一致。此外，我们在英语中观察到，右重的突显模式比左重和中重的突显模式更显著，因为右重的末音节同时包含词重音和边界声调的倾向。汉语略微呈现出"中—窄—宽"的音高突显模式，且末音节只是略为更突显。

表 5.29　英汉三音节词音高突显对比

音高表现 音高对比	对比项	英　语	汉　语
共同点	音高突显	英汉三音节词中每个音节都有一定的音高突显	
不同点	音高 突显程度	（1）英语音高突显表现与英语重音类型相同； （2）英语音高突显明显。	（1）汉语呈现出轻微的"中-窄-宽"模式，末音节略呈现边界调倾向； （2）汉语音高突显不明显。

5.4.2　汉英三音节词焦点重音音高突显模式对比分析

5.4.2 将对相同的英汉三音节词在句末的焦点重音展开分析。由于句子焦点的复杂性和庞杂性，本研究主要探讨宽焦点和句末窄焦点两种句子焦点类型。

5.4.2.1　汉英单语素三音节词焦点重音音高突显模式对比分析

首先分析英语三种不同重音类型中句末焦点的音高表现。表 5.30 提供了两种焦点的英语单语素三音节词中每个音节的音高具体值。图 5.20 体现了两种焦点类型中主突显音节的音高表现。

表 5.30　英语单语素三音节词焦点重音的音高声学表现

音节 音高	左重					
	宽焦点			窄焦点		
	音节 1	音节 2	音节 3	音节	音节 2	音节 3
音高上线(%)	69.7	12.7	6.5	100.0	44.0	26.8
音高下线(%)	54.4	3.9	0.0	77.0	31.2	18.7
音高调域(%)	15.4	8.8	6.5	23.0	12.7	8.1
音高调域比	**1.51**	0.86	0.63	**1.58**	0.87	0.55

音节 音高	中重					
	宽焦点			窄焦点		
	音节 1	音节 2	音节 3	音节	音节 2	音节 3
音高上线(%)	53.3	71.0	20.0	77.5	100.0	22.2
音高下线(%)	44.1	49.3	1.9	70.1	71.9	0.0
音高调域(%)	9.2	21.7	18.1	7.4	28.1	22.2
音高调域比	0.56	**1.33**	1.11	0.38	**1.46**	1.15

音节 音高	右重					
	宽焦点			窄焦点		
	音节 1	音节 2	音节 3	音节	音节 2	音节 3
音高上线(%)	37.4	29.3	43.3	64.2	73.9	100.0
音高下线(%)	18.4	20.6	0.0	38.4	62.7	25.4
音高调域(%)	19.0	8.8	43.3	25.8	11.3	74.6
音高调域比	0.80	0.37	**1.83**	0.69	0.30	**2.00**

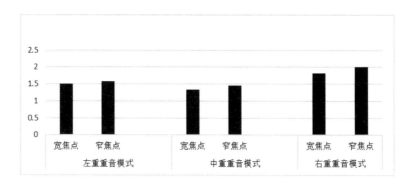

图 5.20　英语单语素三音节词主突显音节的音高调域比

如上表 5.30 和图 5.20 所示，"宽—中—窄""窄—宽—中""中—窄—宽"三种音高突显模式分别在英语左重、中重和右重重音类型中呈现。此外，从宽焦点和窄焦点的对比来看，两种焦点的音高突显模式保持一致。其次，在三种重音类型中，窄焦点的音高上线和音高下线多高于宽焦点，但音高上线的增长幅度大于音高下线的增长幅度（左重词重读音节音高上线和音高下线分别增加 30.3%和 22.6%，中重词重读音节音高上线和下线分别增加 29%和 22.6%，右重词重读音节音高上线和下线分别增加 56.7%和 25.4%）。主突显音节音高调域比最大。

表 5.31　英语单语素三音节词焦点重音中音高调域比增长率

	左重	中重	右重
音高调域比增长率	0.05	0.10	0.09

表 5.31 表明音高调域比在右重词和中重词中增长率都高，左重增长最慢。

接下来分析汉语单语素三音节词词内各音节的音高表现。下表 5.32 列出了汉语单语素三音节词中每个音节的音高百分比值和调域比值。

表 5.32　汉语单语素三音节词焦点重音音高百分比和调域比

音高 ＼ 音节	宽焦点			窄焦点		
	音节 1	音节 2	音节 3	音节 1	音节 2	音节 3
音高上线(%)	68.3	68.6	68.4	88.5	100	83
音高下线(%)	18	26.6	10.6	27.2	43	0
音高调域(%)	50.3	42	57.7	61.3	57	83
音高调域比	1.01	0.84	**1.15**	0.91	0.85	**1.24**

如上表 5.32 所示，在汉语单语素三音节词中，焦点重音音高突显呈现为"中—窄—宽"音高突显模式，两种焦点的突显模式整体一致。同时，虽然窄焦点三个音节的音高调域都比宽焦点宽，但从窄焦点较高的音高调域比可以观察到（见下图 5.21），主突显音节的音高突显明显大于宽焦点。

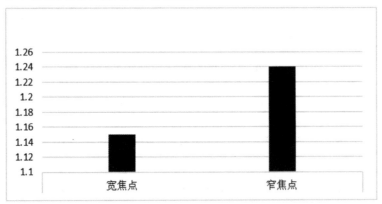

图 5.21　汉语单语素三音节词两种焦点类型中主突显音节的音高调域比

接下来对英汉单语素三音节词的焦点突显进行整体对比分析，探讨焦点突显产生的异同。下表 5.33 分别列出了英汉单语素三音节词两种焦点内主突显音节的音高调域比均值及增长率均值。

表 5.33　英汉三音节词单语素主突显音节的音高调域比均值及增长率均值

焦点 音高	英语			汉语		
	宽焦点	窄焦点	增长率	宽焦点	窄焦点	增长率
音高调域比	1.56	**1.68**	0.08	1.15	**1.24**	0.08

　　从上表 5.33 可以看出，英汉在单语素词的焦点重音音高突显方面有一些相同点，即发音人整体表现出窄焦点比宽焦点上产出的主突显音节音高突显更明显的倾向。不同点主要体现在音高调域比值。首先，无论处于哪种焦点语境，英语三音节词单语素词主突显音节的音高调域比值都高于汉语，表明英语三音节词单语素词相邻音节间的相对音高突显度比汉语词更明显，即英语发音人比汉语发音人表现为主突显音节音高更明显。其次，增长率均值表明，目前的研究中英语和汉语音高调域比对焦点语音突显的影响接近。

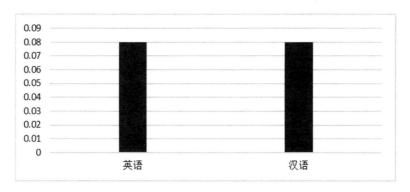

图 5.22　英汉单语素三音节词主突显音节音高调域比平均增长率

5.4.2.2 汉英双语素三音节词焦点重音音高突显模式对比分析

首先，表 5.34 提供了英语双语素三音节词"音节 1+音节 2 音节 3"语素结构中每个音节的音高百分比值和音高调域比值。并根据表 5.34 做出了英语双语素三音节词"音节 1+音节 2 音节 3"语素结构主突显音节的音高调域比，见下图 5.23。

表 5.34 英语双语素"音节 1+音节 2 音节 3"各音节的音高百分比和音高调域比[①]

音节 音高	左重					
	宽焦点			窄焦点		
	音节 1	音节 2	音节 3	音节 1	音节 2	音节 3
音高上线 (%)	62.5	31.8	7.4	100.0	56.0	15.3
音高下线 (%)	48.0	21.4	0.0	74.5	38.5	6.8
音高调域 (%)	14.5	10.5	7.4	25.5	17.4	8.5
音高调域比	**1.35**	0.97	0.68	**1.49**	1.02	0.50
	中重					
	宽焦点			窄焦点		
	音节 1	音节 2	音节 3	音节 1	音节 2	音节 3
音高上线 (%)	43.3	59.3	11.8	73.8	100.0	37.4
音高下线 (%)	27.9	35.3	0.0	55.9	61.0	20.3
音高调域 (%)	15.4	24.0	11.8	17.9	39.0	17.2
音高调域比	0.90	**1.41**	0.69	0.72	**1.58**	0.70

---

① 由于英语右重双语素三音节词(syll1＋syll2syll3)词例太少，本研究暂没有做分析。

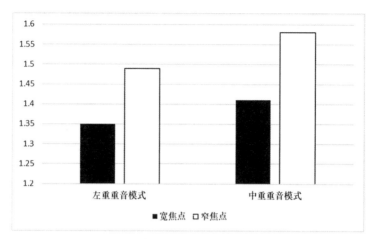

图 5.23　英语"音节 1+音节 2 音节 3"语素结构主突显音节音高调域比

如表 5.34 所示，在"音节 1+音节 2 音节 3"语素结构中，英语左重和中重在句子焦点上分别呈现出"宽-中-窄"和"中-宽-窄"的音高突显模式。通过比较宽焦点和窄焦点，发现在这两种焦点中，音高突显模式保持一致。窄焦点词的音高上线和音高下线都高于宽焦点词，但音高上线的增长较大（左重的音高上线增长 37.5%，音高下线增长 26.5%，中重的音高上线增长 40.7%，音高下线增长 25.7%）。主突显音节的增长大。

此外，基于主突显音节的音高调域比，发现左重和中重词中宽焦点和窄焦点的音高调域比均值增长率很相近，如下表 5.35 所示。

表 5.35　英语双语素"音节 1+音节 2 音节 3"音高调域比增长率

	左重	中重
音高调域比增长率	0.11	0.12

接下来分析英语双语素三音节词"音节 1 音节 2+音节 3"语素结构中各音节的音高表现。见下表 5.36 和图 5.24。

表 5.36　英语双语素"音节 1 音节 2+音节 3"各音节的音高百分比和音高调域比

音高 ＼ 音节	左重					
	宽焦点			窄焦点		
	音节 1	音节 2	音节 3	音节 1	音节 2	音节 3
音高上线(%)	73.4	41.1	15.0	100.0	69.1	24.7
音高下线(%)	57.0	28.5	0.0	68.3	57.1	7.0
音高调域(%)	16.4	12.6	15.0	31.7	12.0	17.7
音高调域比	**1.12**	0.86	1.02	**1.55**	0.58	0.86

音高 ＼ 音节	中重					
	宽焦点			窄焦点		
	音节 1	音节 2	音节 3	音节 1	音节 2	音节 3
音高上线(%)	58.2	67.2	19.5	78.5	100.0	41.2
音高下线(%)	43.7	37.4	0.0	62.7	54.0	14.9
音高调域(%)	14.5	29.8	19.5	15.8	46.0	26.3
音高调域比	0.67	**1.35**	0.98	0.60	**1.65**	0.75

音高 ＼ 音节	右重					
	宽焦点			窄焦点		
	音节 1	音节 2	音节 3	音节 1	音节 2	音节 3
音高上线(%)	46.1	40.1	60.2	66.2	61.1	100.0
音高下线(%)	24.9	25.2	0.0	40.8	47.2	1.0
音高调域(%)	21.2	14.9	60.2	25.4	13.9	99.0
音高调域比	0.66	0.46	**1.88**	0.55	0.30	**2.15**

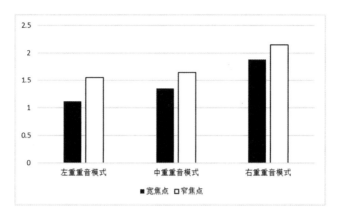

图 5.24　英语双语素"音节 1 音节 2+音节 3"主突显音节音高调域比

从表 5.36 和图 5.24 可以看出，英语左重词、中重词和右重词分别表现为"宽—窄—中""窄—宽—中""中—窄—宽"三种音高突显模式。此外，通过对宽焦点和窄焦点进行比较，发现两种焦点的音高突显模式保持一致。其次，"音节 1 音节 2+音节 3"语素结构中，窄焦点的音高上线和音高下线均高于宽焦点，但音高上线的增长大于音高下线的增长（左重词音高上线增加 26.6%，音高下线增加 11.3%；中重词音高上线增加 32.8%，音高下线增加 16.6%；右重词音高上线增加 39.8%，音高下线增加 1.0%），导致整个窄焦点音高调域变大。第三从窄焦点音高调域比来看，主突显音节的增长大，这说明英语发音人在窄焦点词中倾向于使主突显音节音高更显著。

同时，通过计算宽焦点和窄焦点的音高调域比增长率可以发现，音高调域对左重词焦点重音的音高突显作用最大，见下表 5.37。

表 5.37　英语双语素"音节 1 音节 2+音节 3"音高调域比增长率

	左重	中重	右重
音高调域比增长率	**0.37**	0.22	0.15

接下来继续分析汉语双语素三音节词"音节 1 音节 2+音节 3"语素结构的焦点语音突显。表 5.38 提供了汉语双语素三音节词"音节 1 音节 2+音节 3"语素结构在宽焦点和窄焦点中每个音节的音高百分比和音高调域比值。图 5.24 汉语双语素三音节词"音节 1 音节 2+音节 3"语素结构在宽焦点和窄焦点中主突显音节的音高调域比。

表 5.38　汉语双语素"音节 1+音节 2 音节 3"各音节的音高百分比和音高调域比

音高　＼　音节	宽焦点			窄焦点		
	音节 1	音节 2	音节 3	音节 1	音节 2	音节 3
音高上线(%)	67.3	68.9	63.2	100	87	89.1
音高下线(%)	18.4	25	5.6	27.5	26.9	0
音高调域(%)	48.9	43.9	57.6	72.5	60.1	89.1
音高调域比	0.98	0.88	**1.15**	0.98	0.81	**1.21**

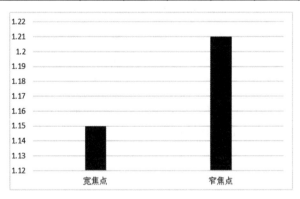

图 5.25　汉语"音节 1+音节 2 音节 3"主突显音节的音高调域比

　　如表 5.38 和图 5.25 所示，在汉语"音节 1 音节 2+音节 3"语素结构中，焦点重音音高突显模式表现为"中—窄—宽"。此外，通过对宽焦点和窄焦点进行比较发现，两种焦点的音高突显模式整体保持一致，窄焦点音高上线增加，而词末音高下线下降，导致词末音节在窄焦点下的音高调域更宽，成为主突显音节。汉语发音人倾向于在窄焦点中使主突显音节语音突显更明显。

　　接下来进一步分析汉语焦点重音音高突显分析中"音节 1 音节 2+音节 3"语素结构的音高表现，见表 5.39 和图 5.26。

　　如表 5.39 和图 5.25 所示，在汉语双语素"音节 1 音节 2+音节 3"语素结构中，焦点重音音高突显模式为"中-窄-宽"。此外，从宽焦点和窄焦点的对比来看，这两种焦点的音高突显模式整体保持一致。其次，窄焦点音高上线增加，这导致窄焦点下整个词的音高调域变宽。第三，汉语发音人倾向于在窄焦点中使主突显音节音高突显更明显。

表 5.39　汉语双语素"音节 1 音节 2+音节 3"各音节的音高百分比和音高调域比

音高 ＼ 音节	宽焦点			窄焦点		
	音节 1	音节 2	音节 3	音节 1	音节 2	音节 3
音高上线(%)	75.5	76.5	63	100	96.2	87.4
音高下线(%)	22.9	31.4	0	38.1	40.7	0.3
音高调域(%)	52.6	45.1	63	61.9	55.4	87.1
音高调域比	0.98	0.84	**1.18**	0.91	0.81	**1.28**

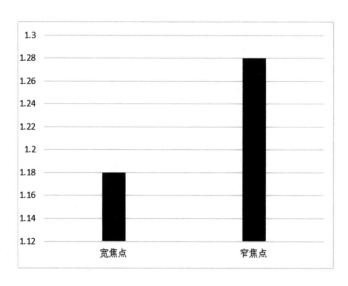

图 5.26   汉语"音节 1 音节 2+音节 3"主突显音节音高调域比

在分别讨论了英汉双语素三音节词的焦点重音音高突显的基础之上，本研究对英汉双语素三音节词的焦点重音音高突显进行整体对比分析，以探讨两种语言焦点重音语境下音高突显模式的异同。表 5.40 分别列出了两种焦点的主突显音节的音高调域比，以及它们在英汉双语素三音节词中的平均增长率。

表 5.40   英汉双语素三音节词的主突显音节音高调域比和增长率

音高　　　　焦点	英　语			汉　语		
	宽焦点	窄焦点	增长率	宽焦点	窄焦点	增长率
音高调域比	1.42	**1.68**	0.18	1.17	**1.25**	0.07

从表 5.40 可以看出，英汉在双语素三音节词的焦点重音音高声学表现方面有一些共同点，发音人整体表现出产出主突显音节时，窄焦点上有更明显的音高突显倾向，其特点是音高调域比数

值更大。

同时，英汉双语素三音节词焦点重音音高突显的差异主要体现在音高调域比值上。英语双语素三音节词中主突显音节的音高调域比值在两种焦点重音中的表现都高于汉语，表明英语词中不同音节之间的相对音高突显大于汉语，即英语发音人相比汉语发音人，其主突显音节的音高突显更为明显。

与此同时，英语增长率更为明显，见下图 5.27。

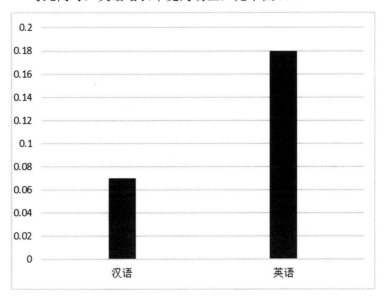

图 5.27　英汉双语素三音节词主突显音节音高调域比平均增长率

5.4.2.3　讨论与小结

以上主要从音高的语音突显模式对英汉三音节词两种焦点中不同类型词的焦点重音音高突显进行了比较。本小节将总结对比研究的结果。

英汉三音节词的焦点重音音高突显模式相同之处表现为，所有发音人在两种语言中窄焦点比在宽焦点上主突显音节音高突显更为显著，其主要特征为音高调域比值更大。在这两种语言中，焦点重音音高突显模式与词音高突显模式整体保持一致。

不同点主要表现在两个方面。在具体的音高调域比值方面，英语三音节词的三种主突显音节的比值在两种焦点重音中都高于汉语。其次，主突显音节的音高调域比的整体增长率表明（见表5.41和图5.28），音高调域比对音高突显的影响略小。此外，英语音高调域比增长率高于汉语，表明焦点类型对英语焦点语音突显度的影响更为显著。

表 5.41　英汉三音节词两种焦点重音类型中主突显音节音高调域比平均增长率

	英语	汉语
音高调域比增长率	0.13	0.08

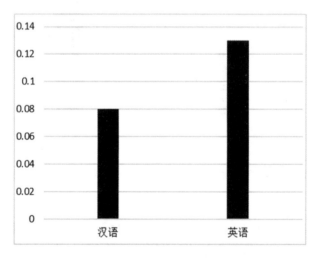

图 5.28　英汉三音节词两种焦点类型中主突显音节音高调域比平均增长率

综上所述，英汉三音节词焦点重音表现的异同可以总结如表5.42。

表 5.42　英汉三音节词焦点重音音高声学表征对比

音高表现 音高对比	对比项	英 语	汉 语
共同点	孤立词和焦点重音	当孤立词位于句末焦点时,孤立词词的音高突显模式和焦点重音的音高突显模式保持一致。	
	两种焦点重音	与宽焦点相比,发音人整体倾向于在窄焦中产出音高更突显的主突显音节。	
不同点	音高突显程度	两种焦点重音中,英语主突显音节的所有音高调域比值都较高,表明不同音节之间的音高突显在英语中更明显。	与英语相比,汉语的主突显音节的音高调域比值接近于1,表明不同音节之间的焦点突显不如英语明显。

5.4.3　汉英三音节词音高突显模式和焦点重音音高突显模式对比分析

前面分别对英汉三音节词孤立词状态下和焦点重音状态下音高突显模式进行了对比分析,从中探寻两种语言的相同点和不同点。本小节将进一步尝试比较英汉三音节词音高突显与焦点重音音高突显。表 5.43 列出了英语和汉语三音节词孤立词和焦点重音状态下主突显音节的音高调域比均值。

表 5.43　英汉三音节词孤立词状态下和焦点重音状态下主突显音节音高调域比均值和增长率

语音环境 音高调域比	英 语			汉 语		
	词	焦点	增长率	词	焦点	增长率
音高调域比	1.52	**1.68**	0.11	1.15	**1.24**	0.08

表 5.43 表明，（1）无论在何种语音环境下，英语主突显音节的音高突显模式都是显著的，而汉语主突显音节的音高突显模式并没有那么明显，其音高调域比值相对偏低。（2）在两种语言中，窄焦点的音高突显都会增强，其主突显音节的语音突显数值更大，即窄焦点对于词音高突显模式有强化作用。然而，音高调域比值表明，音高调域比在不同语言中对强化效果的作用不同，英语中音高调域比对语音突显的强化效果略强于汉语。总结如下表 5.44。

表 5.44 英汉三音节孤立词音高突显与焦点重音音高突显对比

音高表现 音高对比	对比项	英语	汉语
共同点	孤立词和焦点重音	孤立词词的音高突显模式和焦点重音的音高突显模式保持一致。 窄焦点的音高音突显对于孤立词的音高突显模式都有加强作用，其音高调域比值更高。	
不同点	音高突显程度	孤立词和焦点重音中，英语主突显音节的所有音高调域比值都较高，表明不同音节之间的音高突显在英语中更明显。	与英语相比，在孤立词和焦点重音中汉语的主突显音节的音高调域比值≈1，表明不同音节之间的音高突显均不如英语明显。

本次研究主要由三组对比实验组成，分别对英汉三音节词的音高突显和焦点语音突显进行对比分析，找出两种语言在两种语音突显性方面的异同。此外，还比较了两种语言环境中主突显音节的语音突显程度（包括孤立词和句中窄焦点），以验证是否可以在窄焦点语音突显中找到语音强化效果。本研究结论如下：

通过对两种语言三音节词音高突显分析，发现英汉三音节词内确实都具有不同程度的音高突显。同时，两种语言的差异表现为，在音高突显模式方面，英语的音高突显更显著，而汉语与英语相比并没有表现出更显著的音高突显模式。

从英汉焦点重音的音高突显对比分析发现，两种语言的焦点重音音高突显模式与孤立词音高突显模式保持一致，即发音人整体表现出窄焦点状态下比在宽焦点下主突显音节更明显的音高突显的趋势，其特征是音高调域比值更大。另一方面，英语不同音节之间的焦点重音音高突显比汉语更为显著，表现为两种焦点中音高调域比更大。

5.5　讨论与结论

在第 4 章汉英双音节孤立词研究的基础之上，第 5 章基于语素构词，继续沿用韵律格局中音高的测量方法，主要从音高起伏和音高调域两个维度，从分析汉英双音节孤立词扩展到汉英三音节孤立词的音高突显模式，同时分析相同的孤立词（双音节词和三音节词）位于句末焦点时韵律词的音高突显模式的异同，形成了从孤立词到韵律词的音高突显模式异同的比较，力求让研究更为客观。研究发现，（1）在孤立词层面，无论是双音节词还是三音节词，英汉每个音节确实呈现出不同的突显程度，总有一个音节相对更为突显；所有英语双音节词的音高突显模式均与其重音类型相一致，主突显音节的音高调域比＞1，且首末音节呈现出较为明显的音高突显模式；汉语主突显音节的音高调域比≈1，没有呈现出较为明显的首末音节音高突显模式。（2）在焦点重音层面，与宽焦点情况相比，英汉母语者在窄焦点情况下产出的主突显音节音高调域比更为突显，英语的焦点突显模式更明显，即主突显音节的音高调域比大于汉语；即相比较于英语，汉语焦点主突显音节的音高调域比并没有呈现出较为明显的焦点突显模式。（3）在孤立词和相同孤立词位于焦点重音的关联性层面，两种语言词音高突显模式和焦点重音音高突显模式中的音高调域比整体保持一致，句末窄焦点对于词音高突显呈现出强化作用，即主突显音节的音高调域比比值在句末窄焦点状态下均比孤立词状态下大；汉语孤立词状态和句末窄焦点状态下主突显音节的音高调域比均≈1；汉语并没有呈现出较为明显的词音高突显模式和焦点重音音高突显模式，而英语词音高突显模式和焦点重音音高突显模式均比汉语更为显著。研究同时发现，受到汉语字调的影响，汉语在焦点重音中的音高表现会减弱，而英语则受到重读的影响，和孤立词相比，音高在焦点重音中表现保持不变或者有所加强。

　　第 5 章考察了汉语和英语句末焦点中韵律词的音高突显模式，发现英语孤立词状态和句末窄焦点状态下主突显音节的音高调域比均明显大于 1，表现出显著的音高突显模式；汉语孤立词状态和句末窄焦点状态下主突显音节的音高调域比均略大于 1，显示出略微的音高突显。因为是韵律词处于句末焦点，因此这种略微的音高突显模式表现出的是韵律词内自身的声调音高突显还是边界调的音高突显需要进一步论证。曹文（2018：116-117）指出声调语言都存在声调和边界调的共存协调或相互作用的现象，"边界调音高和声调音高的关系是语调对声调的二次调节而形成的量变关系"。许希明（2019：73）指出音高可能是重音的反射特征，因此可能是话语尾部的重要部分，但并不指定在词层。都对本书目前的研究发现进行了进一步的证实。因此第 5 章研究中句末焦点下，汉语韵律词略微的音高突显和英语韵律词显著的音高突显不仅仅是音高声学表现不同，其后的成因应该也有所不同。

　　值得注意的因为汉语声调的特殊性。本研究相同位置是对四种声调进行的整合，是涵盖了四种声调的整体表现。因此和第一个实验中字调对词调的音高表现（第 4 章）的发现有所不同。在第 4 章中每一组对比实验分析中，先是英语左重和英语右重分别和汉语四种声调组合的实验词进行对比分析，然后再是英语两种重音模式综合情况下与汉语四种声调组合的实验词进行实验分析，这样能更好地观察到英语不同重音模式与汉语的异同，以及整体情况的异同。但也许正因为相同的位置把汉语普通话的四种声调都考虑进入了，四种声调在相互影响下整休的音高突显表现有所减弱，类似于汉语字调和语调的代数和的关系，有可能更接近现实生活汉语语流中不同的声调交替发音的真实，因为现实语流中汉语就是不同的声调快速结合、分离、再结合的过程。但这种研究方法仍需要进一步深入分析。因此尽管是基于相同位置四种声调都包括的实验句，第 5 章的语料设计也有实际的语音研究意义，对今后的研究有借鉴价值。在第 7 章中，本书进一步对第 4 章和第 5 章的实验分析进行了"音高突显度"的尝试（见图 7.1—图 7.6）。

王韫佳等（2003：536）的研究表明连续话语中汉语双音节词的重音感知与孤立词的感知特点有所不同，在孤立词层面上词重音的位置比较稳定，整体表现为右重。语流中因受到语流中韵律位置的显著影响，因此没有稳定的模式。本书第 5 章的研究表明因为即使受到词突显和边界调突显的双重影响，汉语也只是表现出略微的突显，因此汉语在孤立词层面是否具有词重音的声学特征需要进一步探索，同时孤立词状态下和（句末焦点位置）韵律词的音高突显模式较为一致。但因为本书目前是语音产出研究，且只考虑了句末焦点位置，以及同一个音节位置包含了四种声调等方面的因素，可能是导致本书目前的发现和王韫佳等研究发现不同的主要因素。

　　端木三（2021：570）指出英语单语素词库中的词非常少，只有 7401 个。而且在现实语流中，无论是汉语还是英语，单纯由语素构成的韵律词整体比例偏低。第 5 章在对孤立词和语流中的韵律词的音高突显模式异同的分析中，汉语和英语均采用了语素结构，尽量减少构词和语法等方面的影响，力求研究分析更为客观。

第六章　基于音高的拓展分析：
语音三要素的综合分析

黄良喜、黄颖思（2018：88）认为音高及其变化是汉语声调最明显的声学体现，同时指出，基频信息不能被视为声调的唯一物理体现。石锋（2021）进一步肯定了韵律三要素（音高、时长和音强）在韵律研究中的重要性。第 6 章对 3.2 和 5.3 进行拓展研究，在第 4 章和第 5 章研究音高突显模式的基础之上，对语音三要素进行整体的语音综合分析，分别见 6.1 和 6.2。基于音高的语音三要素分析是指以音高的分析为主（主要包括音高上线和音高调域），同时对时长和音强_{幅度积}①的相对突显进行简要的时长比和音量比的分析，整体观察语音三要素的"语音突显模式"声学表现，为今后进一步的深入研究奠定基础。

6.1　拓展实验 1：PRID 四维模型

6.1 在 3.2 英汉音高以及音高调域初步分析的基础之上，从音高上线、音高调域、音强_{幅度积}和时长四个维度对英语和汉语孤立词的韵律语音表征展开系统性研究。以英语的双音词和汉语双音节词为研究基础，将英语和汉语放在两个音节的构成中进行可行

---

① 音强和幅度积是相互独立但又相关的声学参量。本书采用音强_{幅度积}一方面保留了传统的音强参量，同时又体现了与音强的不同。见 6.1.1 的说明。全书同。

性比较，对首音节和末音节在四个维度上的相对百分比分布展开分析，提出了 PRID 四维模型图。本研究发现在英语双音节中，不仅仅是重读音节起到了主导作用，音节的前后位置也会对英语语音表征产生影响。而汉语双音节词中声调的影响起到了主导作用。在 PRID 四维模型图中，英语和汉语呈现出类似于对称的分布；与此同时，汉语的韵律结构的语音表征具有多重性。本次实验音高部分的分析见 3.2。下面是分别对时长、音强$_{幅度积}$进行分析以后，再将三个声学参量放在一起进行对比分析。

6.1.1　英语双音节词 PRID 四维模型实验分析

6.1.1.1　英语双音节词音强$_{幅度积}$的强弱变化

在 3.2 音高研究的基础之上，我们继续对英语双音节词音强和时长进行探讨。本研究采用了幅度积。幅度积这一声学参量最初是出现在研究后字为轻声的普通话双音节词中（见梁磊、石锋，2010：35-41），用于研究普通话两字组中前字载调，后字不载调的声学表现。后来逐渐用来研究汉语强调焦点句的研究（田野，2010），语调以及韵律结构中的音量比分析（石锋、焦雪芬，2016；时秀娟，2018；温宝莹、谢郴伟，2018；夏全胜、蒙紫妍等，2019；王萍等，2019 等），在汉语功能韵律研究中取得了显著的成果。

语音的强度受到很多因素的影响，例如音强、音量、振幅和时长等。通常在某一时间段以内发音者发音时音量大，振幅会更为强烈，且音强更为凸显（Poser，2002）。本次实验中所采用的音量比的概念，正是结合了音量、振幅和时长的诸多因素。

关于语音实验中声音信号数字化提取过程中，采样率、采样点和振幅之间的关系，梁磊、石锋（2010：36-37）已经进行了详细说明。采样率是指"1 秒钟内对声音信号的采样次数"，而"各采样点的绝对值对应于波形图的振幅"，因此某段语音的平均振幅可以用公式简洁表示为：

某段语音的平均振幅=各采样点绝对值之和/（采样率×时长）[①]

$$(6-1)$$

在此基础上，梁磊，石锋(2010)介绍了一个新的语音参数——幅度积，所谓幅度积，是指"所选音段内各采样点幅度的总和"

某段语音的幅度积=平均振幅×时长　　　(6-2)

综合公式（6-1）和公式（6-2），"一段语音的幅度积是由所选语音段每个采样点的绝对值之和除以采样率得到"。由于采样点越多，则时长越长；而波形的幅度，决定了语音的强度（即音强）。由此我们可以看见，通过幅度积获得的音强值是一段时间内音强的面积值，这更符合音强的具体声学表现。语音的强度应该通过一段时间区间内整体的语音震动的强度来测量。为了与传统研究方法中的音强进行区分，本研究采用音强_{幅度积}表述。

首先我们获得了英语双音节首末音节的音强_{幅度积}。见表6.1。

表 6.1　英语三种重音类型音强_{幅度积}值

音强_{幅度积} \ 发音人		M1	M2	F1	F2
重+轻	barher	190/87	168/61	150/113	239/52
	budget	126/137	115/75	134/72	111/53
	famous	193/149	94/87	257/63	127/64
	image	125/104	103/93	120/114	99/133
	journey	212/63	177/86	356/47	139/77
轻+重	absorb	75/329	54/290	49/182	101/136
	admire	38/133	44/191	157/332	92/159
	belief	113/166	91/160	168/174	82/108
	career	163/231	75/171	105/138	102/169
	foresee	130/343	106/224	147/150	29/153
次重+重	backyard	126/177	85/109	127/169	114/142
	midday	169/256	118/72	256/174	172/135

[①] 时长为所选段的语音时长，单位为"秒"；"采样率×时长"表示的就是所选语音段内采样点的个数。

四位英语发音人几乎所有的双音节词都表现出重读音节音强幅度积＞非重读音音强幅度积，其中"轻+重"型中所有的重读音节的音强幅度积均大于非重读音节的音强幅度积；而在"重+轻"型的 20 个单词中，有 18 个单词的重读音节音强幅度积＞非重读音节音强幅度积。"次重+重"型的 8 个单词中，有 5 个重读音节音强幅度积＞非重读音节音强幅度积。同 3.2，我们用"a"模式来表示英语双音节词中音强"前强+后弱"，用"b"模式来表示"前弱+后强"。

表 6.2　英语三种重音类型中音强幅度积两种不同分布趋势的百分比

	mode 音强（幅度积）	
	a 前强+后弱	b 前弱+后强
重+轻	90%	10%
轻+重	0%	100%
次重+重	37%	63%

表 6.2 清楚地表明英语的音强幅度积与重读音节关联度很大，发音人重读的同时发音更为用力。

6.1.1.2　英语双音节词时长的长短变化

同上，我们获得了英语双音节首末音节的时长值及其百分比趋势。

表 6.3　英语三种重音类型时长值（秒）

时长值	发音人	M1	M2	F1	F2
重+轻	barher	0.24/0.22	0.19/0.20	0.17/0.14	0.23/0.21
	budget	0.15/0.38	0.12/0.18	0.17/0.25	0.18/0.37
	famous	0.28/0.37	0.15/0.36	0.15/0.36	0.22/0.43
	image	0.14/0.40	0.10/0.32	0.11/0.39	0.14/0.43
	journey	0.23/0.15	0.22/0.20	0.18/0.17	0.21/0.26

时长值 ╲ 发音人		M1	M2	F1	F2
轻+重	absorb	0.16/0.38	0.13/0.36	0.12/0.38	0.17 /0.35
	admire	0.17/0.38	0.13/0.34	0.10/0.46	0.17 /0.41
	belief	0.11/0.45	0.11/0.39	0.15/0.32	0.14/0.49
	career	0.18/0.33	0.14/0.32	0.13/0.26	0.17/0.35
	fore see	0.22/0.39	0.16/0.35	0.20/0.29	0.20/0.39
次重+重	backyard	0.27 /0.40	0.23/0.39	0.25/0.30	0.23/0.40
	midday	0.26/0.31	0.24/0.22	0.28/0.23	0.26/0.29

在"重+轻"型中，20个单词中有14个单词时长$_{非重读音节}$>时长$_{重读音节}$。对语料进行细致分析发现，在"重+轻"型中，类似于"budget"和"famous"这样的单词，虽然第一个音节重读，但是"bu"和"fa"与第二个音节"dget"和"mous"相比音段短小因此导致重读音节的时长反而短。在"轻+重"型中，所有时长$_{重读音节}$>时长$_{非重读音节}$。"次重+重"型的8个单词中，有6个单词的时长$_{重读音节}$>时长$_{非重读音节}$。由此可见，时长在"重+轻"型中的语音表征较为复杂，而在另外两种重音类型中多表现为时长$_{重读音节}$>时长$_{非重读音节}$。同上，我们用"a"代表英语双音节中时长"前长十后短"，用"b"代表英语双音节中时长"前短＋后长"，见表6.4。

表 6.4 英语三种重音类型中时长两种不同分布趋势的百分比

	mode $_{时长}$	
	a 前长+后短	**b** 前短+后长
重+轻	30%	70%
轻+重	0%	100%
次重+重	25%	75%

6.1.1.3   小结

结合 3.2，我们从音高上线、音高调域、音强_{幅度积}和时长四个维度对四位发音人英语双音节词的语音表征进行了分析，从原始数值到百分比分布趋势。研究表明，在双音节中，英语轻重交替的重音特征明显，四位发音人的语音表现整体较为一致，如下表6.5。

表 6.5   英语双音节词三种重音类型语音声学表征

声学维度	语音表征	重音类型
音高上线	首音节＞末音节	重+轻、轻+重、次重+重
音高调域	重读音节＞非重读音节	重+轻、轻+重、次重+重
音强_{幅度积}	重读音节＞非重读音节	重+轻、轻+重、次重+重
时长	重读音节＞非重读音节	轻+重、次重+重
	非重读音节＞重读音节	重+轻

表 6.5 表明，除了音高上线的表现形式是首音节与末音节的对比，其他三个维度都是重读音节和非重读音节的对比。英语作为典型的重音语言，无论是音高上线、音高调域，还是音强_{幅度积}和时长都有较为显著的重音声学表征。其中由于时长是计算的音节时长，所以"重+轻"类型与另外两种类型有所不同。今后在元音时长方面将进行进一步的研究。

6.1.2   汉语双音节词 PRID 四维模型实验分析

6.1.2.1   汉语双音节词音强_{幅度积}的强弱变化

在 3.2 对汉语音高初步研究的基础之上，我们进一步对汉语双音节词音强_{幅度积}和时长的变化进行分析。

表 6.6 汉语双音节词 TN+T4 四种声调组合音强幅度积

声调组合	发音人	M1	M2	F1	F2
T1+T4	声调	152/151	100/66	105/49	172/119
	包办	238/84	100/53	128/52	173/124
	医院	285/136	86/109	105/85	202/161
T2+T4	前后	151/95	70/50	63/49	73/97
	颜色	88/94	34/43	46/45	93/102
	合适	84/135	53/55	81/102	60/91
T3+T4	写字	134/100	57/27	71/48	72/88
	百货	86/83	32/37	59/55	91/78
	洗菜	61/102	42/67	56/42	40/80
T4+T4	绿树	237/140	91/74	133/116	72/89
	善恶	259/104	170/45	133/57	84/67
	种地	234/130	63/82	116/54	100/122

汉语双音节词音强幅度积表现不同于音高上线和音高调域，T1+T4 中阴平对于音强幅度积起到了主导作用，整体表现为首音节音强幅度积＞末音节音强幅度积，高达 11 个；在 T3+T4 中，上声对音强幅度积起到了较大的作用，有 7 个单词首音节音强幅度积＞末音节音强幅度积；T4+T4 中，首音节音强幅度积＞末音节音强幅度积，有 9 个；而在 T2+T4 中，首音节音强幅度积＞末音节音强幅度积只有 4 个。汉语音强幅度积的声学表现规律性不强，明显不同与英语双音节中音强幅度积模式的趋同性（见表 6.1）。

6.1.2.2 汉语双音节词时长的长短变化

接下来考察四位发音人汉语双音节时长的语音表现。

表 6.7　汉语双音节词 TN+T4 四种声调组合时长值（秒）

声调组合	发音人	M1	M2	F1	F2
T1+T4	声调	0.30/0.19	0.31/0.23	0.37/0.24	0.34/0.26
	包办	0.27/0.24	0.23/0.21	0.33/0.29	0.27/0.34
	医院	0.29/0.20	0,19/0.22	0.23/0.25	0.23/0.34
T2+T4	前后	0.41/0.24	0.36/0.22	0.40/0.30	0.35/0.25
	颜色	0.26/0.30	0.20/0.22	0.32/0.30	0.25/0.28
	合适	0.21/0.29	0.19/0.20	0.30/0.36	0.16/0.24
T3+T4	写字	0.30/0.25	0,32/0.21	0.32/0.34	0,25/0,32
	百货	0.25/0.37	0.25/0.27	0.33/0.38	0.30/0.35
	洗菜	0.23/0.28	0.30/0.35	0.26/0.40	0.28/0.36
T4+T4	绿树	0.27/0.33	0.18/0.25	0.24/0.40	0.20/0.34
	善恶	0.42/0.25	0.39/0.20	0.49/0,26	0.34/0.32
	种地	0.33/0.22	0.26/0.19	0.36/0.26	0.22/0.31

表 6.7 表明，在目前的研究中，汉语双音节词的时长表现各异。T1+T4 和 T4+T4 中，首音节$_{时长}$＞末音节$_{时长}$占主导；T2+T4 中，首音节$_{时长}$＜末音节$_{时长}$占主导；T3+T4 中，首音节$_{时长}$＜末音节$_{时长}$占主导（见表 6.9）。

6.1.3　汉英双音节词语音表征对比分析

基于上述分析，我们进一步拓展英汉的比较分析。从发音人四个维度的原始数值，到首、末音节"＋"和"－"的相对比较，再到百分比的分布趋势，将"高""宽""强""长"作为正值"＋"，把"低""窄""弱""短"作为负值"－"，进一步归纳出 a 模式和 b 模式，如下表 6.8（音高见表 3.11、表 3.12）：

表 6.8 英语四个语音维度百分比占比

声学参量	语音表现		重+轻		轻+重		次重+重	
			数目	百分比	数目	百分比	数目	百分比
音高上线	a 音高上线	前高十后低	19	95%	14	70%	6	75%
	b 音高上线	前低+后高	1	5%	6	30%	2	25%
音高调域	a 音高调域	前宽+后窄	13	65%	0	0%	3	38%
	b 音高调域	前窄+后宽	7	35%	20	100%	5	62%
音强幅度积	a 音强幅度积	前强+后弱	18	90%	0	0%	3	37%
	b 音强幅度积	前弱+后强	2	10%	20	100%	5	63%
时长	a 时长	前长十后短	6	30%	0	0%	2	25%
	b 时长	前短十后长	14	70%	20	100%	6	75%

同样，得到四位汉语发音人四个语音维度的百分比趋势。

表 6.9 汉语四个语音维度百分比占比

声学参量	语音表现		T1+T4		T2+T4		T3+T4		T4+T4	
			数目	百分比	数目	百分比	数目	百分比	数目	百分比
音高上线	a 音高上线	前高+后低	5	42%	3	25%	1	8%	11	92%
	b 音高上线	前低+后高	7	58%	9	75%	11	92%	1	8%
音高调域	a 音高调域	前宽+后窄	0	0%	2	17%	1	8%	8	67%
	b 音高调域	前窄+后宽	12	100%	10	83%	11	92%	4	33%
音强幅度积	a 音强幅度积	前强+后弱	11	92%	4	33%	7	58%	9	75%
	b 音强幅度积	前弱+后强	1	8%	8	67%	5	42%	3	25%
时长	a 时长	前长十后短	8	67%	5	42%	2	17%	7	58%
	b 时长	前短十后长	4	33%	7	58%	10	83%	5	42%

表 6.8 中英语双音节的语音表现呈现较为一致的趋势，而表 6.9 表明，汉语的四种声调组合表现各异。其中表现最为稳定的是 T4+T4，首音节无论是音高上线、音高调域、音强还是时长整体大于末音节。而 T4+T4 刚好是相同声调的组合，在这种情况下汉语的双音节词和英语的双音节词的语音环境相似。归纳为下表 6.10。

英汉韵律结构语音突显对比（1）

表 6.10　英汉双音节词语音突显对比

声学参量 ＼ 语音表现	英　语		汉　语	
音高上线	首音节＞末音节	重+轻、轻+重、次重+重	首音节＜末音节	T1+T4、T2+T4、T3+T4
			首音节＞末音节	T4+T4
音高调域	重读音节＞非重读音节	重+轻、轻+重、次重+重	首音节＜末音节	T1+T4、T2+T4、T3+T4
			首音节＞末音节	T4+T4
音强(幅度积)	重读音节＞非重读音节	重+轻、轻+重、次重+重	首音节＜末音节	T2+T4
			首音节＞末音节	T1+T4、T3+T4、T4+T4
时长	重读音节＞非重读音节	轻+重、次重+重	首音节＜末音节	T2+T4、T3+T4
	非重读音节＞重读音节	重+轻	首音节＞末音节	T1+T4、T4+T4

表 6.10 表明，英语作为重音语言的语音表征清晰显著，而汉

语的语音表征并没有表现出一致性。在进一步的分析中，我们暂且不讨论音节重读与否，只关注本研究中英语和汉语的相同点：都是两个音节构成；首末音节在音高上线、音高调域、音强和时长四个维度表现各异。我们用 ab 表示"十一"模式（即前高十后低、前宽＋后窄、前强＋后弱、前长十后短），用 ba 表示"一＋"模式（即前低＋后高、前窄＋后宽、前弱＋后强、前短＋后长）。分别计算出四种维度中英语 ab 模式占英汉 ab 模式总数的百分比，汉语 ab 模式占英汉 ab 模式总数的百分比；以及四种维度中英语 ba 模式占英汉 ba 模式总数的百分比，汉语 ba 模式占英汉 ba 模式总数的百分比，得到了图 6.1。

英汉双音节词语音突显对比（2）

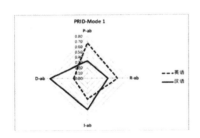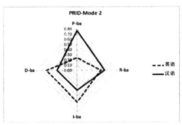

图 6.1　英汉双音节词语音突显对比

图 6.1 是由 P（top line of pitch，简称 pitch），R（pitch range，简称 range），l（intensity）和 D（duration）构成的 PRID 四维图。实线代表汉语，虚线代表英语。该四维图由两个模式（mode）组成：PRID-Mode 1 中四个维度的首音节百分比均大于末音节百分比（PRID-ab）；在 PRID-Mode2 中四个维度的末音节百分比均大于首音节百分比（PRID-ba）。直观地观察首末音节百分比分布情况，会发现无论是 PRID-Mode 1 还是 PRID-Mode2，实线和虚线呈现出类似于对称的分布，说明在同一衡量标准下，英语和汉语有可能分属

于同一测量体系中的两端。本研究证实英语作为重音语言，轻重交替的特征在音高上线、音高调域、音强_{幅度积}和时长都得到了较为一致的体现，尤其是音强_{幅度积}的强弱表现显著。在传统英语词重要的研究中，音强的作用表现不一，如 Fry（1958）认为音高＞时长＞音强，而 Kochanski（2005）认为音强＞时长＞音高。本研究采用幅度积的方法，证实音强在英语词重音的稳定表现。在 PRID 模式中，汉语和英语成近似对称分布，可以推断出汉语受声调的影响更大；而当首末音节的声调组合相同时，即本研究中的 T4+T4，汉语的语音表现为首音节 ˣ＞末音节 ˣ（X 代指四个维度中的任一维度）。至此，本研究只是一个初步的尝试，从一个新的角度来研究英汉的韵律底层语音特征。

6.1.4　结论

　　本次实验以英语的双音节词和汉语双音节词为研究基础，从英语双音节的三种重音类型，汉语双音节词的四种声调组合出发，对首、末音节在音高上线、音高调域、音强_{幅度积}和时长四个维度的相对分布进行分析，逐步弱化个体发音特征，探究英汉双音节词语音突显的特征趋势。鉴于汉语的复杂性，本次研究集中讨论了词末音节为去声的双音节词声调组合情况。本研究发现在英语双音节中，不仅仅是重读音节起到了主导作用（音高调域、音强_{幅度积}和时长），音节的前后位置也会产生影响。如在音高上线的表现中，其主导作用的是首音节。本研究分析了汉语双音节词 TN+T4 四种声调组合中前后音节的语音表征发现，除了声调组合 T4+T4 以外，其他三种声调组合没有较为一致的分布趋势。而在声调模式 T4+T4 中，所有的首音节在四个维度中都表现出了一致性，即首音节 ˣ＞末音节 ˣ（x 代指四个维度中的任一维度）。

　　本次实验对传统研究进行了突破，指出无论是英汉还是汉语都应该分为两种模式进行分析，这样得出的结论更为客观。PRID

四维图模型将音高上线、音高调域、音强_{幅度积}和时长放在同一尺度（百分比占比）中进行比较。针对英语双音节和汉语双音节词前后两个音节在四个维度中的表现形式，分为 PRID-ab 模式和 PRID-ba 模式，两个模型均显示英语双音节和汉语双音节词呈现出类似于对称的分布，即他们可能分属于同一测量体系中的两端。英语是重音语言，那么在 PRID 四维图模型中的汉语在目前的研究中受声调的影响更重。

　　许希明、沈家煊（2016：651）指出汉语的音强表现很弱。本次实验中汉语的音强_{幅度积}的表现也整体较弱，没有一致性的规律，证实了该论点。许希明（2019：74）进一步指出音强是重音的本质特性，而音高是声调的本质特性。本次研究证实音强_{幅度积}在英语中表现极为有规律，可以视为重音语言的重要的声学参考。但音高是否只是声调的本质特性，而不是英语重要的声学特征，本书认为还需要进一步论证。第 4 章和第 5 章的研究表明，音高的确对于汉语声调起到了决定性的作用，可以被视为声调语言的本质特性。但是音高同样对英语产生了重要影响，虽然英语受音高的影响不及汉语明显，但英语的音高突显模式比汉语更有规律性。与此同时，本书也从内在驱动性（见 4.6）尝试着进行分析和解释。因此，音高对英语重音的作用大小和程度需要进一步深入分析。目前的研究表明，不能单纯地将音强划分为英语重音的本质特性，而音高是汉语声调的本质特性。杨国文（2021：89）指出音高、音强、时长这三方面可以共同作用，也可以分开作用，本书目前的研究也表明韵律的三要素可以不同步。

　　受到本研究汉语语料的限制（如汉语固定了词末声调等）以及研究方法有待于进一步完善，本研究还需要大量的后续研究来论证和补充。关于英汉韵律结构底层语音表现的对比需要进一步展开研究。对维度的思考需更加精确，如本研究中的时长提取的是音节时长，应该对元音时长进行进一步分析。我们将在本次研究的基础上继续深入研究，完善研究的方法，探寻语音类型的共性和个性。

6.2　拓展实验 2：英汉双音节词语音突显模式和焦点重音语音突显模式对比分析

第 5 章的 5.3 对英汉双音节词音高突显模式和句末焦点重音音高突显模式进行分析，6.2 将在此基础之上综合分析音高、时长和音强的表现。相关语料见 5.2.2。

6.2.1　各参量测量方法

音高的测量方法见 5.2.4。

关于时长比的计算方法，首先，将句子的全部音节时长相加得到整个句子的时长，继而计算出音节的平均时长；最后得出的时长比计算公式为：

$$Dx=(Sx+Gx)/Smean \tag{6-3}$$

（Dx 代表某个音节 x 的停延率，Sx 代表音节 x 的时长，Gx 为该音节后出现的停顿，Smean 指的是整个句子的音节平均时长。由于我们的研究仅限于单词内部，因此 Gx 均为零。如果停延率大于 1，则被认为发生了音段延长（石锋，2021）。

基于传统语音学关于音强的分析，梁磊、石锋（2010）[①]认为语音软件中的波形图是各个采样点相连得到的，各采样点的绝对值对应于波形图的振幅，由此提出了"幅度积"概念幅度积的计算公式为：

---

① 因为 6.1 只研究了孤立词，而 6.2 研究了孤立词和处于焦点重音的韵律词，涉及到两种不同算法，因此将 6.1 中的计算方法进行简要说明，以便读者更好理解 6.2 中新添加的音量比的算法。

某段语音的平均振幅 ＝ 各采样点绝对值之和 ／(采样率 × 时长)

$$(6-4)$$

　　　　某段语音的幅度积 ＝ 平均振幅 × 时长　　　(6-5)

"音量比"最初表示一个双音节词内部两个音节之间幅度积的比值，其具体算法为：E 值 ＝ 后字幅度积 ／ 前字幅度积　　　(6-6)

　　为了研究强调句中焦点字的语音表现，基于田野（2010）提出语流中各音节的音量比的计算公式，如下所示：

　　音节音量比 ＝ 该音节的幅度积 ／ 句中所有音节的平均幅度积

$$(6-7)$$

词层面语音突显测量方法

　　以上数据计算方法通常用来研究句中焦点的语音表现。本次研究以石锋的韵律格局理论为参考，研究孤立词中各音节的语音表现，具体计算公式如下：

　　音高的测量方法见 5.2.4。

　　　　　　　各音节时长比＝Sv/Vmean　　　　　(6-8)

（Sv 表示此音节的元音时长，Vmean 表示整个词中所有音节元音的平均时长）。

　　各音节音量比 ＝ 该音节幅度积 ／ 词中所有音节的平均幅度积

$$(6-9)$$

　　本部分所有音高的具体分析见 5.3，下面是结合音高、时长和音强_{幅度积}的综合分析。

6.2.2　汉英双音节词语音突显模式对比分析

6.2.2.1　汉英单语素双音节词语音突显模式对比分析

　　表 6.11 中，英语左重词中首、末音节的调域比、时长比和音量比分别相差 0.32（1.16＞0.84），0.32（1.16＞0.84）和 0.94（1.47＞0.53），呈现出"重-轻"的词重音类型；英语右重词中首、

末音节的调域比、时长比和音量比分别相差 1.27（0.37＜1.64），
0.9（0.55＜1.45），1.12（0.44＜1.56），呈现出明显的"轻-重"的
词重音类型。同时，和英语左重词相比，英语右重词首末音节之
间各参量比值的差异更大（1.27＞0.32，0.9＞0.32，1.12＞0.94），
说明英语"轻-重"型词重音的语音突显模式更为明显；汉语首末
音节各参量比值均表现为末音节$_{参量比值}$＞首音节$_{参量比值}$，分别相差 0.1
（0.95＜1.05），0.38（0.81＜1.19），0.12（0.94＜1.06），汉语首末
音节各参量比的差异明显小于英语，说明汉语二字组首末音节整
体差异不大。（5）语音三要素词突显层级：英语左重为音量比＞
时长比≈调域比（1.47＞1.16≈1.16[①]），英语右重为调域比＞音量
比＞时长比（1.64＞1.56＞1.45），汉语双音节词为时长比＞音量比＞
调域比（1.19＞1.06＞1.05）。

表 6.11　英汉单语素双音节词各音节声学参数比

音节 声学参量	英语				汉语	
	单语素左重[②]		单语素右重		单语素	
	首音节	末音节	首音节	末音节	首音节	末音节
调域比	**1.16**	0.84	0.37	**1.64**	0.95	**1.05**
时长比	**1.16**	0.84	0.55	**1.45**	0.81	**1.19**
音量比	**1.47**	0.53	0.44	**1.56**	0.94	**1.06**

---

① 本研究是在原始值计算的基础之上最后取的小数点后面两位，因此会有个别数据接
近或者相同，但不会影响研究整体的发现。全文同。

② 由于英语双音节有左重和右重之分，本研究分别按照左重和右重进行分析；汉语是
否是重音语言尚在争论之中，本研究按照首音节和末音节进行分析。以下同。

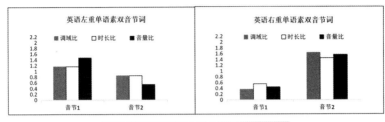

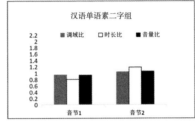

图 6.2　英汉单语素双音节词各音节语音表现

图 6.2 更为直观地展现出英汉单语素双音节词中各音节的语音表现。灰柱、白柱和黑柱分别代表调域比、时长比和音量比。英语"轻-重"类型中，重读音节的调域比、时长比和音量比值更大；相比较于"重-轻"类型，"轻-重"类型语音突显更为显著。汉语首末音节虽然也呈现出末音节的突显，但首末音节差异甚微。语音三要素词突显层级方面，音强(幅度积)对英语左重影响更大；音高对英语右重影响更大，而时长对汉语语音突显影响更大。

接下来整体对比分析英汉单语素双音节词的异同。表 6.12 列出了英汉单语素双音节词中语音主突显音节①的三种声学参数比值的均值。

---

① 由于汉语是否是重音语言存在争议，在进行英汉对比或者汉语分析时，均采用语音主突显音节进行表述。

表 6.12 英汉单语素双音节词语音主突显音节声学参数比均值

声学参量 \ 主突显音节	英 语	汉 语
调域比	1.40	1.05
时长比	1.31	**1.19**
音量比	**1.52**	1.06

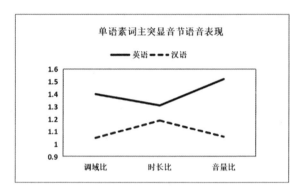

图 6.3 英汉单语素双音节词主突显音节的语音表现

表 6.12 和图 6.3 表明英汉单语素双音节词三种参量的比值均大于 1，即两种语言的双音节词中首末音节确实呈现出不同的突显程度，总有一个音节相对更为突显。其次，英语词中主突显音节的三个声学参数比值均大于汉语（英语参量比最小值为 1.31，而汉语参量比的最大值仅为 1.19），说明英语词中相邻音节的相对突显度更大，主突显音节产出更为明显。此外，语音三要素突显层级也呈现出差异，英语音强幅度积的作用最为突出，整体表现为音强幅度积＞音高＞时长；而时长是汉语词突显中最重要的声学参量，具体表现为时长＞音强幅度积＞音高。

6.2.2.2 汉英双语素双音节词语音突显模式对比分析

表 6.13 英汉双语素双音节词各音节声学参数比

	英 语				汉 语	
	双语素左重		双语素右重		双语素	
	音节 1	音节 2	音节 1	音节 2	音节 1	音节 2
调域比	**1.09**	0.91	0.45	**1.56**	0.95	**1.06**
时长比	**1.18**	0.82	0.62	**1.38**	0.83	**1.17**
音量比	**1.41**	0.59	0.62	**1.38**	0.90	**1.10**

表 6.13 表明，英语左重词_{首音节参量比}＞英语左重词_{末音节参量比}，分别相差 0.18（1.09＞0.91），0.36（1.18＞0.82）和 0.82（1.41＞0.59），呈现出"重-轻"的词重音类型；英语右重词_{首音节参量比}＜英语右重词_{末音节参量比}，分别相差 1.11（0.45＜1.56），0.76（0.62＜1.38），0.76（0.62＜1.38），呈现出明显的"轻-重"的词重音类型。但是英语双语素双音节词的左重词_{音量比差值}＞右重词_{音量比差值}（0.82＞0.76），差异值不明显，只有 0.06。汉语各参量比值的最大值均位于末音节，分别相差 0.11（0.95＜1.06），0.34（0.83＜1.17），0.2（0.90＜1.10），首末音节整体差异不明显。英语左重为音量比＞时长比＞调域比（1.41＞1.18＞1.09），英语右重为调域比＞音量比≈时长比（1.56＞1.38≈1.38），汉语为时长比＞音量比＞调域比（1.17＞1.10＞1.06）。

图 6.4 直观地展现出英汉双语素双音节词中各音节的语音表现。同图 6.3，英语"轻-重"重音类型比"重-轻"型更为显著；汉语首末音节虽然也呈现出末音节的相对突显，但首末音节差异甚微；音强_{幅度积}对英语左重影响更大，时长对汉语语音突显影响更大，音高对英语右重影响更大。

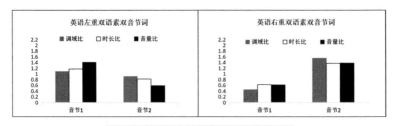

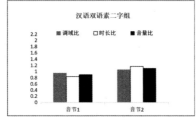

图6.4 英汉双语素双音节词各音节语音表现

接下来整体对比分析英汉双语素双音节词语音突显的异同，见表6.14和图6.5。

表6.14 英汉双语素双音节词语音主突显音节声学参数比

声学参量 \ 主突显音节	英 语	汉 语
调域比	1.33	1.06
时长比	1.28	**1.17**
音量比	**1.40**	1.10

表6.14和图6.5表明英汉双语素双音节词三种参量的比值均大于 1。英语双语素双音节词中主突显音节的三个声学参数比值均大于汉语（英语参量比最小值为1.28，而汉语参量比的最大值仅为1.17）。语音三要素突显层级中，英语音强_{幅度积}的作用最为突出，整体表现为音强_{幅度积}＞音高＞时长；而时长是汉语词突显中最重要的声学参量，具体表现为时长＞音强_{幅度积}＞音高。

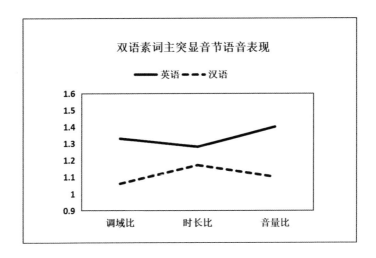

图 6.5 英汉双语素双音节词主突显音节的语音表现

6.2.2.3 小结

在 6.2.2.1 和 6.2.2.2 的基础之上，本研究尝试对英汉所有类型双音节词中主突显音节的声学表现进行均值分析，见表 6.15。

表 6.15 英汉双音节词主突显音节声学参数比均值

声学参量 \ 主突显音节	英 语	汉 语
调域比	1.37	1.06
时长比	1.30	**1.18**
音量比	**1.46**	1.08

表 6.15 和图 6.6 表明，英语双音节词词重音整体表现出音强_{幅度积}＞音高＞时长这一突显等级；而汉语则表现为时长＞音强_{幅度积}＞音高。同时，图 6.6 清晰的表明，英语双音节词三种声学参量的语音突显程度均比汉语双音节词大，整体突显模式更为显著。

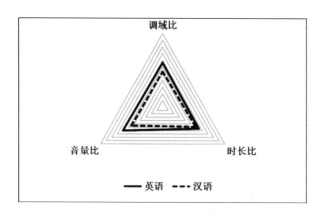

图 6.6 英汉双音节词主突显音节的总体语音表现

综上所述，英汉双音节词语音突显的异同点可以总结如下：

表 6.16 英汉双音节词语音突显比较

语音对比 \ 语音表现	对比项	英语	汉语
共同点	语音突显	英汉双音节中的每个音节确实呈现出不同的突显程度，总有一个音节相对更为突显。	
差异点	突显程度	所有英语双音节词的语音突显模式均与其重音类型相一致，且首末音节呈现出较为明显的词突显模式	汉语词中，主突显音节的语音三要素比值均 ≈1，没有呈现出较为明显的首末音节突显模式
	突显等级	音强幅度积＞音高＞时长	时长＞音强幅度积＞音高

6.2.3 汉英双音节词焦点重音语音突显模式对比分析

6.2.3.1 英汉单语素双音节词焦点重音主突显音节对比分析

表 6.17 英语单语素双音节词焦点重音各音节声学参数比均值

焦点 声学参量比	左重				右重			
	宽焦点		窄焦点		宽焦点		窄焦点	
	音节1	音节2	音节1	音节2	音节1	音节2	音节1	音节2
调域比	**1.07**	0.93	**1.11**	0.89	0.44	**1.56**	0.34	**1.66**
时长比	**1.10**	0.90	**1.26**	0.74	0.58	**1.42**	0.49	**1.51**
音量比	**1.46**	0.54	**1.54**	0.46	0.57	**1.43**	0.39	**1.61**

表 6.18 汉语单语素双音节词焦点重音各音节声学参数比均值

焦点 声学参量比	宽焦点		窄焦点	
	音节1	音节2	音节1	音节2
调域比	0.93	**1.07**	0.91	**1.09**
时长比	0.84	**1.16**	0.71	**1.29**
音量比	0.98	**1.02**	0.87	**1.13**

表 6.17 表明，与英语单语素双音节孤立词的突显模式一致，焦点$_{英语左重词}$和焦点$_{英语右重词}$在句中焦点中均表现出"重-轻"和"轻-重"两种突显模式，且"轻-重"焦点突显模式更为明显（"轻-重"最小值为 1.42，多数在 1.5 以上；而"重-轻"最大值为 1.54，多数在 1.5 以下）。窄焦点状态下主突显音节的音高调域比、时长比和音量比均大于宽焦点状态，表明英语发音人倾向于在窄焦点下重读音节产出的更为突显。

表 6.18 中，汉语单语素双音节词在作为句子焦点时呈现出略微的"轻-重"突显模式，但比值均≈1，说明前后音节突显差异甚

微。句末窄焦点状态下词中各个音节的调域比、时长比和音量比相较于宽焦点状态均发生扩展。

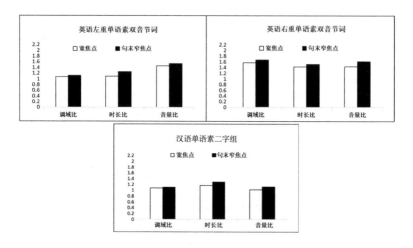

图 6.7 英汉单语素双音节词焦点重音主突显音节

图 6.7 直观地展现出焦点_{英汉单语素双音节词}中各语音主突显音节①的语音表现。整体而言，主突显音节中窄焦点的声学参量均大于宽焦点（其中英语左重词两种焦点的调域比（1.07：1.11）和汉语两种焦点的调域比（1.07：1.09）接近）；焦点_{英语单语素双音节右重词}比焦点_{英语单语素双音节左重词}以及焦点_{汉语单语素双音节词}突显程度更高；汉语两种焦点模式中的声学参量整体偏小，首末音节虽然也呈现出相对突显，但差异甚微；同时，音强_{幅度积}对英语左重影响更大，调域对英语右重突显影响略大，但主突显音节调域比和音量比相差甚微（1.66：1.61），时长对汉语语音突显影响更大。

接下来对英汉单语素双音节词焦点语音突显的异同进行整体分析。表 6.19 分别列出了两种焦点状态下英汉单语素双音节词

---

① 因为焦点重音中考察了宽焦点和窄焦点两个焦点位置，因此本研究主要观察英汉主语音突显音节在两种焦点中的声学表现。

中主突显音节的平均声学参数比值及其平均增长率[①]。

表 6.19　英汉单语素双音节词主突显音节平均声学参数比值及平均增长率

焦点　　　声学参量比	英　语			汉　语		
	宽焦点	句末窄焦点	增长率	宽焦点	句末窄焦点	增长率
调域比	1.32	**1.39**	0.05	1.07	**1.09**	0.02
时长比	1.26	**1.39**	**0.10**	1.16	**1.29**	**0.11**
音量比	1.45	**1.58**	0.09	1.02	**1.13**	**0.11**

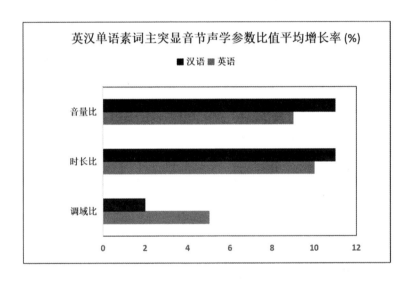

图 6.8　英汉单语素双音节词主突显音节的声学参数平均增长率

表 6.19 表明，与宽焦点相比，英汉母语者在窄焦点情况下产出的主突显音节均更为突显，表现为更大的调域比、时长比和音量比；与汉语相比，英语的焦点突显模式更突出，且在两种焦点

---

① 以宽焦点音节音量为基准，增长率=（窄焦点重读音节各声学参量比值-宽焦点重读音节各声学参量比值）/宽焦点重读音节声学参量比值。

情况下，英语主突显音节的三个声学参数比均大于汉语，表明英语词内相邻音节的相对突显度更大；在语音三要素突显层级方面，英语单语素双音节词的焦点突显整体表现为音强_{幅度积}＞时长≈音高，汉语单语素双音节词表现为时长＞音强_{幅度积}＞音高。

表 6.19 和图 6.8 表明，相对于宽焦点，两种语言窄焦点音量比和时长比的平均增长率均高于调域比，说明窄焦点情况下，两种语言的发音者均倾向于通过用力发音和拉长发音时间来强调语义焦点。且汉语的音量比和时长比的增长率均高于英语母语者，说明汉语发音者在用力程度和时间延长方面的增长速度大于英语发音者。两种语言的调域比的增长率都较低，说明音高在强调焦点中作用相对较小。同时，汉语调域比的增长率明显低于英语调域比，说明受到汉语字调的影响，汉语句调的音高变化受到了消减。

6.2.3.2   英汉双语素双音节词焦点重音主突显音节对比分析

表 6.20   英语双语素双音节词焦点突显各音节声学参数比均值

焦点 声学参量比	左重				右重			
	宽焦点		窄焦点		宽焦点		窄焦点	
	音节1	音节2	音节1	音节2	音节1	音节2	音节1	音节2
调域比	**1.09**	0.92	**1.20**	0.80	0.51	**1.49**	0.33	**1.67**
时长比	**1.14**	0.86	**1.33**	0.67	0.70	**1.30**	0.53	**1.47**
音量比	**1.37**	0.63	**1.55**	0.45	0.77	**1.23**	0.55	**1.45**

表 6.21   汉语双语素双音节词焦点突显各音节声学参数比均值

	宽焦点		窄焦点	
	音节1	音节2	音节1	音节2
调域比	0.95	**1.05**	0.87	**1.13**
时长比	0.87	**1.13**	0.80	**1.20**
音量比	0.93	**1.07**	0.75	**1.25**

表 6.20 表明，英语双语素双音节词中焦点_{英语左重词}和焦点_{英语右重词}在两种焦点情况下均表现出"重-轻"和"轻-重"两种语音突显模式，且"轻-重"更为明显（"轻-重"区间值在 1.23—1.67 之间；"重-轻"在 1.09-1.55 之间）。同时，窄焦点状态下重读音节的调域比、时长比和音量比均大于宽焦点状态。

表 6.21 中，汉语双语素双音节词作为句子焦点时呈现出略微的"轻-重"突显模式，但比值均略大于 1，说明前后音节突显差异甚微。句末窄焦点状态下主突显音节的调域相较于宽焦点状态均发生扩展。同时，窄焦点状态下主突显音节的调域比、时长比和音量比也均大于宽焦点状态，说明窄焦点的首末音节突显程度相对更大。

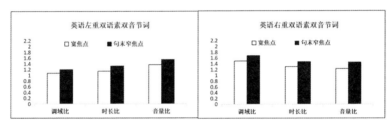

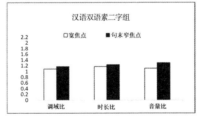

图 6.9 英汉双语素双音节词焦点重音主突显音节声学表现

图 6.9 直观地展现出焦点_{英汉双语素双音节词}中各语音主突显音节的语音表现。整体而言，语音主突显音节中窄焦点的声学参量均较明显大于宽焦点；除了焦点音量比_{英语双语素双音节右重词}比焦点音量比_{英语双语素双音节左重词}小（1.45＜1.55）以外，其他的声学参量中焦点_{英语双语素双音}

音节右重词_{英语双语素双音节左重词}以及焦点_{汉语双语素双音节词}突显程度更高；汉语两种焦点类型中的声学参量整体偏小，首末音节虽然也呈现出相对突显，但差异甚微。

接下来对英汉双语素双音节词焦点重音的语音突显的异同进行整体分析。表 6.22 分别列出了两种焦点状态下英汉双语素双音节词中主突显音节的平均声学参数比值及平均增长率。

表 6.22　英汉双语素双音节词主突显音节平均声学参数比值及平均增长率

焦点 声学参量比	英　语			汉　语		
	宽焦点	句末窄焦点	增长率	宽焦点	句末窄焦点	增长率
调域比	1.29	**1.44**	0.12	1.05	**1.13**	0.08
时长比	1.22	**1.40**	**0.15**	1.13	**1.20**	0.06
音量比	1.30	**1.50**	0.15	1.07	**1.25**	**0.17**

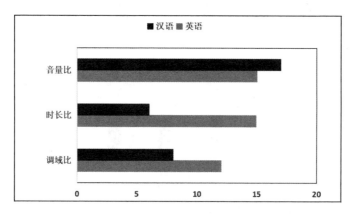

图 6.10　英汉双语素双音节词主突显音节的声学参数平均增长率

表 6.22 表明，与宽焦点相比，英汉母语者在窄焦点情况下产出的主突显音节均更为突显；且英语的焦点重音的语音突显模式

更突出，即在两种焦点中英语主突显音节的三个声学参数比均大于汉语；整体而言，在语音三要素突显层级中，音强_{幅度积}在两种模式中均表现出较为重要的影响。英语双语素双音节词的焦点突表现为音强_{幅度积}＞调域＞时长，而汉语双语素双音节词则呈现出音强_{幅度积}＞时长＞音高的焦点语音突显层级模式。

和图 6.8 相比，图 6.10 有了较为明显的变化。首先，相对于宽焦点，汉语的调域比和时长比的增长率较低，其中时长的增长率最低。其中汉语调域比的增长率低于英语调域比，受到汉语字调的影响，汉语句调的音高变化受到了消减。但图 6.8 和图 6.10 的具体变化，需要进一步分析语料，进一步探讨其成因。

6.2.3.3　小结

在 6.2.3.1 和 6.2.3.2 的基础之上，本书对英汉所有类型双语素双音节词中主突显音节在焦点重音状态下的语音突显变化进行对比分析，见表 6.23 和图 6.10。

表 6.23　焦点状态下英汉双音节词主突显音节声学参数比值的平均增长率

声学参量比＼增长率	英　语	汉　语
调域比	0.09	0.05
时长比	**0.13**	0.09
音量比	0.12	**0.14**

图 6.11 中，英语双语素双音节词焦点重音状态下音高突显变化整体表现为时长＞音强_{幅度积}＞音高这一突显等级；而汉语则表现为音强_{幅度积}＞时长＞音高。同时，图 6.11 清晰的表明，英语双语素双音节词三种声学参量的焦点重音语音突显变化程度整体比汉语双音节词大，整体突显模式更为显著。

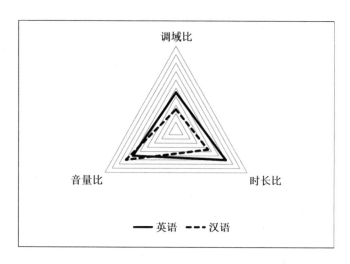

图 6.11　焦点状态下英汉双音节词主突显音节语音突显变化

综上所述，英汉双音节词焦点语音突显的异同点可以总结如下表 6.24：

表 6.24　英汉焦点重音语音突显模式对比

语音对比	对比项	英　语	汉　语
共同点	语音突显模式	英汉焦点突显模式在两种类型的焦点状态下保持一致。	
		与宽焦点情况相比，英汉母语者在窄焦点情况下产出的主突显音节均更为突显。	
不同点	语音突显程度	英语的焦点重音语音突显模式更明显，即主突显音节的三个声学参数比均大于汉语	汉语焦点重音主突显音节的三个声学参数比值均接近于 1，即相较于英语，汉语并没有呈现出较为明显的焦点突显模式
	突显增长程度	时长＞音强_幅度积＞音高	音强_幅度积＞时长＞音高

6.2.4 汉英双音节词语音突显模式和焦点重音语音突显模式对比分析

6.2.2 和 6.2.3 分别对比分析了英汉双音节词语音突显和焦点语音突显的异同点。本小节将进一步对比分析英汉双音节词在孤立词状态和句末窄焦点状态下各音节相对突显度之间的关系和异同。

表 6.25 英汉双音节词语音突显和句末窄焦点下主突显音节平均声学参数比值

声学参量比 ＼ 语音突显	英 语		汉 语	
	词语音突显	句末窄焦点语音突显	词语音突显	句末窄焦点语音突显
调域比	1.37	**1.41**	1.06	**1.11**
时长比	1.30	**1.39**	1.18	**1.25**
音量比	1.46	**1.54**	1.08	**1.19**

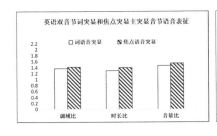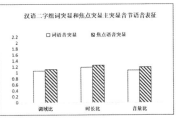

图 6.12 英汉双音节词语音突显和句末焦点突显下主突显音节声学表现

表 6.25 和图 6.12 表明，英汉双音节词主突显音节的三个声学参数比值在句末窄焦点状态下均比孤立词状态下大，这表明句末窄焦点对于两种语言词突显呈现出强化作用；即相较于孤立词

状态，当目标词位于句末窄焦点时英语和汉语发音人倾向于将主突显音节产出的更为突显，即音高提升，时长延长，发音更为响亮。

同时，为了探究声学参量对于该强化作用的影响大小，我们分别计算出三个声学参数比值的增长率，结果表明时长是区分英语词突显和焦点突显作用最明显的参数，其次为音强_{幅度积}（调域比增长率为 3%，时长比增长率为 7%，音量比增长率为 5%）。音强_{幅度积}是区分汉语词突显和焦点突显作用最明显的参数，其次为时长（调域比增长率为 5%，时长比增长率为 6%，音量比增长率为 10%）。

综上所述，通过对比分析英汉两种语言中词语音突显和焦点语音突显，研究发现无论在哪种状态下，英语词语音突显模式和焦点重音语音突显模式均更为突显；在英汉两种语言中，句末窄焦点对于词突显均呈现出强化作用，即主突显音节的三种声学参数比值在句末窄焦点状态下均比孤立词状态下大。无论是词语音突显还是焦点重音语音突显，整体而言，英语均是音强_{幅度积}起主导作用，而汉语是时长起主导作用。但是，语音三要素对于英汉焦点强化作用的突显等级不同，英语双音节词呈现出时长＞音强_{幅度积}＞音高的强化突显层级模式；而汉语双音节词则表现为音强_{幅度积}＞时长＞音高。

表 6.26　英汉双音节词语音突显和焦点重音语音突显对比

语音对比 ＼ 语音表现	对比项	英　语	汉　语
共同点	突显模式	英汉双音节词的词突显模式和焦点突显模式保持一致	
	词突显和焦点重音突显	句末窄焦点对于词突显均呈现出强化作用，即主突显音节的三种声学参数比值在句末窄焦点状态下均比孤立词状态下大。	

续表

语音表现 ＼ 语音对比	对比项	英　语	汉　语
不同点	突显程度	孤立词状态和句末窄焦点状态下英语词主突显音节的声学参数比值均大于汉语，英语词语音突显模式和焦点语音突显模式均比汉语更为显著	汉语孤立词状态和句末窄焦点状态下主突显音节的三个声学参数比值均接近于 1，汉语并没有呈现出较为明显的词突显和焦点突显模式
	语音三要素突显等级	孤立词状态下： 音强_{幅度积}＞音高＞时长	孤立词状态下： 时长＞音强_{幅度积}＞音高
		焦点重音状态下突显变化： 时长＞音强_{幅度积}＞音高	焦点重音状态下突显变化： 音强_{幅度积}＞时长＞音高
		窄焦点对词突显强化： 时长＞音强_{幅度积}＞音高	窄焦点对词突显强化： 音强_{幅度积}＞时长＞音高

6.2.5　结论

6.2 主要包含三组对比分析，首先分别对比分析了英汉双音节词语音突显和焦点语音突显以探究英汉在孤立词和句中焦点这两种不同状态下突显模式的异同，然后进一步对比分析英汉两种语言中词语音突显和焦点语音突显之间的关系以探究句末窄焦点是否对词语音突显模式具有强化作用。具体结论如下：

首先，英汉每个音节确实呈现出不同的突显程度，即总有一个音节相较于其他音节表现出更大的突显。此外，英汉双音节词语音突显主要表现出两方面差异。（1）在词语音突显模式方面，英语语音突显模式更明显。所有类型的汉语双音节词均倾向于呈现出"后字语音略突显"趋势。但是，每个音节之间的突显程度相差不大，可以考虑受到词末边界调的影响出现的语音突显，因此尚不能断定汉语词突显模式为右重。（2）在语音三要素突显层级方面，英语词突显总体表现出音强_{幅度积}＞音高＞时长这一突显等级模式；而汉语则表现为时长＞音强_{幅度积}＞音高。

其次，通过对比分析英汉双音节词焦点突显，我们发现，英汉双音节词焦点语音突显呈现出一些共同之处：（1）与宽焦点情况相比，英汉母语者均倾向于在窄焦点情况下产出主突显音节更为突显；（2）英汉焦点突显模式在两种类型的焦点状态下保持一致。英汉双音节词焦点语音突显主要表现出两方面差异：（1）英语焦点突显模式更明显，即主突显音节的三个声学参数比均大于汉语，而汉语焦点主突显音节的三个参数比值接近于1；（2）在语音三要素突显变化程度方面，英语双音节词焦点重音呈现出时长＞音强_{幅度积}＞音高的突显变化模式；而汉语双音节词则表现为音强_{幅度积}＞时长＞音高。

最后，通过对比分析英汉双音节词语音突显和焦点语音突显二者间的关系，我们发现，在英汉两种语言中，词语音突显模式和焦点语音突显模式呈现出一致性，且英汉均呈现出句末窄焦点"重上加重"的声学表征，即句末窄焦点对于词突显模式均呈现出强化作用。但是，语音三要素对于英汉焦点强化作用的突显等级不同，英语双音节词呈现出时长＞音强_{幅度积}＞音高的突显层级模式；而汉语双音节词则表现为音强_{幅度积}＞时长＞音高。并且，英语词语音突显模式和焦点语音突显模式均比汉语更为显著。

本研究采用语音声学实验，对比分析英汉双音节词语音突显和焦点重音语音突显，以及焦点重音语音突显对词语音突显的作用，较为详尽的探讨了英汉韵律底层和表层的关联性，对于语音类型学的划分和跨语音研究提供了较为客观且有益的视角，更好地启发语音习得的研究。今后的研究中将加大被试者，同时对本次实验中尚未解决的问题，如图 6.8 和图 6.10 的变化的成因，做进一步的分析。

第七章　结语

7.1　研究理念、研究发现及深入思考

7.1.1　研究理念、研究发现

韵律音系学作为后 SPE 时期重要的研究流派，致力于探讨人类语言韵律结构以及韵律-句法接口问题。韵律音系学认为人类所有语言都具有层级性，较小的底层韵律单位自下而上构成较大的表层韵律单位，从而有效地将语流中的话语组成具有系统性的韵律层级结构。基于对国内外韵律音系学的研究，本书认为跨语言的韵律音系比较应该具备基于韵律音系的大音系概念（见绪论和第 1 章），主要原因在于韵律音系学所致力研究的两个内容（韵律层级结构和韵律-句法接口）的整体性和个体差异性。整体性主要体现在所有语言都具备韵律单位自小到大从底层到表层的韵律层级结构（见 1.2），体现了韵律系统的系统性和对人类语言韵律结构普遍性的探索。而个体差异性也正是来自跨语言的韵律层级的差异，即不同语言的韵律底层的个体语音特征和韵律表层的共性语音表现之间潜在的矛盾。如上所述，韵律音系的主要研究内容之一是韵律—句法的接口（韵律词及以上的韵律单位），涉及到功能语言学的内容（如语用强调、焦点重音，边界调，情感语调等），侧重语言使用者的发音意图，研究句子（话语）层面的韵律表现，具有人类语言使用的普遍性特征；而韵律底层则主要探讨的是韵

律基本单位的构成，如汉语词内音节与音节之间构成的词调，英语词内音节与音节之间构成的重音等。受到不同语言自身特定语音特质的影响，尤其是超音段特征的影响（例如汉语的声调和英语的重音），因此不同语言的韵律结构底层（韵律词及以下韵律单位）各异，例如英语的韵律底层是基于重音的轻重交替，而汉语则体现为连读词调和连读变调等。这种跨语言的韵律底层的个体特征和韵律表层的普遍特征导致了跨语言韵律音系研究内容的融合性和不兼容性，本书从而提出跨语言韵律音系研究应该具备基于韵律音系的大音系观，才能将语音的个体和共性有效结合起来，有利于研究的开展。

图 1.6（见 1.2）将八级韵律层级分为三个维度。其中，音系短语以上是基于语篇和焦点的韵律层级，与语义和语用信息相关；音步和语调短语之间的层级是基于形态句法的韵律层级，与形态句法信息相关；韵律词以下的层级是基于语音/音系的韵律层级，与节律信息相关。由此可见，韵律音系学与节律音系学、形态句法学和语义语用学相关，相信随着越来越多的语言纳入韵律音系的分析，也会有越来越多其他音系学的相关领域纳入考量的范围。因此将韵律音系学放置于一个大音系的范畴，更有利于其普遍语言学研究意义的发展，同时也能更为客观地对不同语言的语音事实进行描写，对汉语韵律音系学的研究也能起到更好的借鉴作用。

赵永刚（2018：23）指出语言之间语音表征方面的差异体现为个别音位的差异，音系表征方面的差异主要体现在音位组合模式和韵律模式的不同。本书在做实验分析的过程中逐渐发现，汉语和英语韵律音系对比中有很多比较棘手的问题难以解决。如果不能从音系层面有效地将不同语言的韵律音系特征进行厘清和整合，实验分析将受到诸多的限制和约束，实验结果无法更为明了地阐述清楚。许希明（2020：前言）认为在跨语言的语音对比研究中，音系类型是"纲"，而语音微观层则是"目"。如果"纲"

不清晰，那么就很难清晰地观察到"目"；与此同时，如果忽视了对"目"的具体研究，那么"纲"也无法自证其合理性和有效性。如何对汉英韵律音系研究的"纲"和"目"展开有效探索，是本书一直在思考的问题。其中第 1-3 章是对"纲"的思考，第 4-6 章是对"目"的分析。

　　整体而言，"纲"和"目"的关系正是语音学和音系学的关系。语音学和音系学一个多世纪以来分合的历程见本书 3.1。目前在很多研究中实验语音学和音系学都已经展开了较好地结合分析，如对声调的分析、对边界调的探讨等，但是尽管关于韵律的实验分析的研究日益增多，整体而言，韵律音系理论的研究对韵律语音实验分析的接纳度并不大。这一方面由于韵律音系研究涉及的内容太广，如韵律层级结构从底层到表层的构建等。韵律音系学几乎是涵盖了后 SPE 时期的多数具有代表性的学派，如节律音系学、韵律构词学、自主音段学等，而其表层韵律—句法的接口，又使得韵律音系学或直接、或间接地与功能语言学相连接，焦点重音、边界调、焦点类型等，都是需要考虑的因素，导致汉语韵律音系学在发展的过程中一步一步修订，至今也没有形成学界所能公认的汉语韵律层级，这为实验韵律分析带来了极大的困难。与此同时，因为需要考虑的因素太多，例如汉语的字调音高和句调音高如何有效分析、语料中四种声调如何进行设计、汉语的轻声如何体现等，很难设计出较为理想的实验方案，实验语料难以全面顾及、针对语流的录音或多或少都会出现异常值等，实验结果说服力不够，导致汉语韵律音系研究遭遇了瓶颈。而上述种种，对于尝试通过语音实验进行不同语言的韵律音系对比而言，更是困难重重。在这种大的研究背景下，近些年新描写主义理论应运而生。

　　跨语言视野下的新描写主义主张语音学和音系学相结合，以及应用具体的实验数据分析和探讨抽象的音系特征。胡建华

（2018：475-477）分析了理论研究和科学分析之间的关系，认为理论并不是为了解决科学问题，而是对科学问题的细分，或者在问题分解和置换的过程中有助于更好的理解和认识问题。本书在研究中深有体会。我们采用了新描写主义的观点（见 3.1），但不是为了新描写主义而进行新描写主义，而是解决研究问题过程中发现新描写主义与本书的基本理念契合，新描写主义的包容性能够有利于搁置争议，从而更好地展开研究。

如上所述，在跨语言韵律音系研究中应具有大音系观的同时，相应地也应该具备大语音观的概念，这里的大语音是指跨语言韵律研究中对于声学表征的趋同性描述，以期能更为简明、有效、便捷地进行对比和讨论。跨语言的韵律音系学涉及到不同语言韵律底层，以及底层与表层的比较，如果在实验分析中不能找到一个尽可能涵盖所有声学表征的表述，将会使研究变得困难。原本音系层面的整体性和不兼容性的矛盾，已经使得跨语言的韵律音系研究复杂且易混淆，如果实验研究不能采用具有概括性的描述，尽量去降低这种复杂性，反而是通过各种术语进一步增加这种复杂性，使整体研究更加错综复杂、难以厘清，那就失去了研究的意义。语音实验的目的之一是为了尝试解释音系学所构拟的语音事实或解决音系学研究中遇到的问题，而不是增加研究的难度。本书最终以节律音系学中所强调的相邻音节的相对"突显"为突破口，进行声学表征的描述，突显体现了相对性和差异性，可适用于对不同语言中韵律单位之间以及不同韵律层级之间的对比分析。这样英语音节与音节的相对突显形成不同的重音类型，汉语音节与音节的相对突显形成声调组合音高模式，韵律底层和韵律表层之间具有相对突显性，处于焦点重音的韵律词内部各音节之间会形成相对突显，而韵律表层同一韵律层级（如话语/句子）焦点重音的韵律词也会形成相对突显。音高对于韵律音系研究的重要性毋容置疑，汉语声调通过音高区别词义的特殊性、焦点重音通过音高体现语音用途的重要性，都表明音高应该是汉英韵律音系对比的首选声学参量。在此基础上，本书采用音高突显模式对汉英韵律层级的音高声学表征进行对比分析。

音高突显模式包括音高起伏突显模式和音高调域突显模式。前者是语音在语流中的横向走势，体现了相邻音节音高的差异（例如相邻音节音高最大值的差异）；后者是语音在语流中的纵向跨度范围，体现了相邻音节音高调域的差异。音高起伏和音高调域的观察角度最初得益于韵律格局（石锋，2021）的研究方法。韵律格局在跨语言研究中的优势在于该理论中的音高起伏度和音高调域比都是通过赫兹值转换为半音值，并在半音值的基础之上采用音高百分比进行音高起伏度和音高调域比的计算。由于汉语是声调语言，英语是重音语音，虽然两种语言中音高都起到了重要的作用，但由于属于不同的语言类型，用音高的赫兹值直接进行比较的方法有待商榷。从赫兹值，转换为半音值，再转换为百分比值，在一步一步归一化的过程中，减少了语言的个体差异，使得汉语和英语可以放在音高百分比的同一维度进行对比。基于此，从研究理论、研究视角和研究方法，本书的基本研究思路的构建得以完成。

本书的第 1 章、第 2 章和第 3 章介绍了本书所涉及的国内外大的研究背景以及本书研究的基础。这三章内容的安排是从理论的宏观思考到理论的微观观察，以及实验设计逐步具象化的过程。第 1 章介绍了国内外韵律音系学的研究现状，其中在对汉语韵律音系学的研究进行阐述的过程中（1.3），指出汉语韵律音系学所面临的挑战，而这也正是汉语和英语韵律音系对比所面临的难题。第 2 章具体讨论了英语的重音和汉语的声调，尤其强调了英语重音的二重性（2.1.3），这种对词重音和句重音的有效区分在汉英韵律音系对比中尤为重要，将英语和汉语韵律层级对比分为底层韵律单位对比和表层韵律单位对比，而不是全部都视为一个整体，为解决 1.3 中汉语韵律音系学所面临的难题提供了一个可行的研究视角。由于汉语声调的研究已经比较成熟，2.2 在对汉语声调做了简要概述之后，本书主要侧重于阐述研究汉语声调的两个基本声学维度，为第 3 章中音高声学研究的两个维度奠定基础（见3.5）。第 2 章的最后一部分（2.3）对英语的重音和汉语的声调进行了对比分析，英语重音和汉语声调的异同进行探讨，为本书整个汉语和英语韵律音系对比奠定可行性基础。第 3 章是承上启下的章节，在前 2 章理论阐述的基础之上，基于跨语言对比研究的新描写主义理论维度（见3.1），强调实验语音和音系学研究结合的重要性，并介绍了本书前期的两个前期对比实验(见3.2 和3.3)。在这两个前期对比实验的基础之上，对韵律基本单位维度——音节（见3.4）、声学分析维度——音高突显模式（见3.5）进行阐述，为后 4 章的实验分析奠定了理论基础和实验分析的基础。第 4 章、第 5 章、第 6 章是实验分析的主体部分。而在本章中，将会对第4 章和第 5 章的音高突显模式的内容展开"音高突显度"的进一步探讨，以观察汉语韵律底层和韵律表层音高表现的异同。在对"音高突显度"进行探索之前，先总结各实验的内容及研究发现。

　　本书的实证部分共分为三类。第一类是前期对比实验，共做了两组实验。3.2 是第一组前期对比实验，是基于英语和汉语孤立词状态下的音高上线和音高调域的百分比占比的对比分析。研究发现英语和汉语呈现出类似于近似对称的分布，即作为重音语言的英语和作为声调语言的汉语可能在语音类型分布中处于韵律类型连续统的两端。该实验的研究方法只限于百分比占比，体现了大致的分布趋势，且汉语双音节词的末音节固定为高降调的去声，因此分析不够全面。该实验最主要的意义在于（1）英语的重音研究应该按照重音类型来分别进行分析，这在以往的研究中少见。以往的研究中，尽管研究者在设计语料的时候考虑到了英语重音的不同类型，但在具体分析的时候多把不同重音类型所有的重读音节和非重读音节的声学表现进行整体的对比分析，并没有按照不同的重音类型中的重读音节和非重读音节进行独立的对比分析，因此所得到的结果说服力不够。而这种将英语重音类型分开分析，在图 7.1—图 7.6 中对两种语言的对比分析更为清晰。（2）本实验表明，英语和汉语词内相邻音节之间具有可比性，且具有研究的价值。该实验为第 4 章英汉双音节词音高突显模式对比分析提供了重要的实际操作依据，也是音高突显模式的重要依据。

3.3 是第二组前期对比实验，是基于英语重音最小对比对，针对英语双音节词在孤立词状态下和在句中重读状态下的词重音和焦点重音的对比展开分析。由于汉语没有类似于英语重音最小对比对的词，该实验只做了英语。但对汉语韵律层级的分析也具有启发意义。第二个前期对比实验为第 5 章的研究奠定了基础。

第二类实验是本研究的主体实验，在前期实验的基础之上，以音节为单位的孤立词内相邻音节之间的音高表现、到孤立词和句中焦点重音韵律词之间的音高声学表现的关联，从韵律的底层到韵律的表层，层层递进，进行了一系列的实证研究。

第 4 章是主体实验的第一组对比实验，主要由两个对比实验组成，一个是汉语载调双音节词 16 种声调组合和英语双音节词的两种重音类型的音高突显模式对比（见 4.3 和 4.4）以及汉语双音节词 TN+T0 声调组合和英语双音节词的两种重音类型的音高突显模式对比（见 4.5）。因此第 5 章几乎涵盖了所有常见的汉语双音节词的声调组合。从音高整体起伏度、音高中线起伏度和音高调域比三个维度进行详尽的分析。研究发现，（1）声调不同，声调组合的音高突显模式就会不同；即使是相同声调的组合，也会在声调与声调之间产生不完全中和的连读变调现象，而不是形成较有规律性的音高突显模式；（2）音高对汉语声调组合的影响是显著、广泛、具体且难以形成一致的规律；甚至是相同声调的组合，也会以连读变调的形式来保持其声调的独特性；（3）汉语的词调比字调可能更能体现出声调的韵律特征，因为词调是动态的音高变化，而字调是静态的音高呈现，在动态中还能够体现出声调的具体特征，因此更具有说服力。

与此同时，研究发现音高对于英语词重音有着重要的作用，表现出了高度一致的规律性，（1）无论是"重+轻"，还是"轻+重"，都表现出重读音节_音高调域＞非重读音节_音高调域，表明英语重音类型对于英语音高调域突显模式的重要影响。（2）英语词内音高最大值不受重音类型的影响，两种重音类型中多表现为首音节_音高上线＞末音节_音高上线。（3）音高对英语重音类型的影响是直接的、集中的、具体的且规律性显著，体现了英语重音类型。

第 4 章研究表明，音高对汉语声调组合产生显著影响，对英语重音的影响虽然不及汉语显著，但体现出了较为一致的规律性。本实验的不足，在于汉语语料的设计有一些不是纯语素构成的词（在研究分析中发现词和短语的整体表现一致）。因此在第二个主体实验中考虑了语素的问题。

第 5 章是主体实验的第二组对比实验，在第 4 章的基础之上进一步展开，在研究方面进行了三个方面的突破，（1）在分析汉英双音节孤立词的同时，扩展到汉英三音节孤立词的音高突显模式；（2）分析相同的孤立词位于句末焦点时韵律词的音高突显模式的异同，形成了韵律层级的声学对比；（3）语料设计方面的突破，无论是汉语还是英语，都是由语素构成的语料，使研究更加细化，力求让研究更为客观。

研究发现，在孤立词层面，无论是双音节词还是三音节词，（1）两种语言词内相邻音节确实呈现出不同的突显程度，总有一个音节相对更为突显；（2）英语的音高突显模式均与其重音类型相一致，主突显音节的音高调域比＞1，且首末音节呈现出较为明显的音高突显模式；（3）汉语主突显音节的音高调域比接近 1，没有呈现出较为明显的首末音节音高突显模式。

在焦点重音层面，（1）英汉焦点突显模式在两种类型的焦点状态下保持不变；（2）与宽焦点情况相比，英汉母语者在窄焦点情况下产出的主突显音节音高调域比更为突显，英语的焦点突显模式更明显，即主突显音节的音高调域比大于汉语；（3）汉语焦点主突显音节的音高调域比均接近于 1，即相较于英语，汉语并没有呈现出较为明显的焦点突显模式。

在孤立词和相同孤立词位于焦点重音的关联性层面，（1）英汉词突显模式和焦点突显模式中的音高调域比整体保持一致；（2）句末窄焦点对于词突显呈现出强化作用，即主突显音节的音高调域比比值在句末窄焦点状态下均比孤立词状态下大；（3）孤立词状态和句末窄焦点状态下英语词主突显音节的音高调域比均大于汉语，英语词语音突显模式和焦点语音突显模式均比汉语更为显著；（4）汉语孤立词状态和句末窄焦点状态下主突显音节的音高调域比均≈1；汉语并没有呈现出较为明显的音高词突显和焦点突显模式。研究同时发现，受到汉语字调的影响，汉语在焦点重音中的音高表现会减弱，而英语则受到重读的影响，和孤立词相比，音高在焦点重音中表现保持不变或者有所加强。

值得注意的是，因为语流中韵律的复杂性，第 5 章汉语语料设计的时候，句中相同位置是对四种声调进行的整合，是涵盖了汉语四种声调的整体表现。由于第 5 章同时要考察孤立词和相同孤立词在句中作为焦点重音韵律词的异同，因此汉语孤立词的语料设计也是相同音节位置包含了汉语四种声调组合。这和第 4 章考察汉语双音节词不同声调组合中字调对词调的音高影响有较大的不同。第 4 章和第 5 章进一步的综合探讨见 7.1.2 中的图 7.1—图 7.6。

7.1.2　"音高突显度"的进一步分析

如上所述，第 4 章和第 5 章分别探讨了汉语和英语在孤立词状态下和焦点重音状态下相邻音节（或者相邻韵律单位）的音高突显模式。在本小节中，将第 4 章和第 5 章汉语和英语的音高声学表现进行整体分析，以观全貌。基于前面的研究，本书提出"音高突显度"的概念，以期能够更全面深入地探讨汉语不同声调组合以及英语不同重音类型在不同的语音状态下的异同。因为调域比是主要基于末音节调域/首音节调域所获得的比值，如果比值大于 1，说明末音节音高调域更为突显；如果比值小于 1，则说明首音节音高调域更为突显。基于这一思路，本书继续展开深入分析，以 1 为界限，进一步细化音高突显的分析。音高突显度=音高调域比-1，分别得到图 7.1、图 7.2、图 7.3、图 7.4、图 7.5。如下图所示。

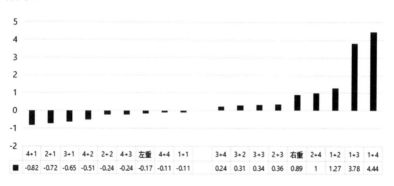

	4+1	2+1	3+1	4+2	2+2	4+3	左重	4+4	1+1		3+4	3+2	3+3	2+3	右重	2+4	1+2	1+3	1+4
■	-0.82	-0.72	-0.65	-0.51	-0.24	-0.24	-0.17	-0.11	-0.11		0.24	0.31	0.34	0.36	0.89	1	1.27	3.78	4.44

图 7.1 汉英双音节词音高突显度

图 7.1 体现的是第 4 章汉英孤立词状态下汉语载调双音节词和英语双音节词两种重音类型的音高突显度对比。图 7.1 清晰表明（1）英语左重的音高突显度为负数（-0.17），右重为正数（0.89），但是|右重|的音高突显度明显大于|左重|（|0.89|＞|-0.17|），说明英语双音节词右重的音高突显程度更高。（2）汉语载调双音节词 16 种声调组合均分为两组，其中有 8 种声调组合的音高突显度为负值，另外 8 种的音高突显度为正值等。在第 4 章分析的基础之上，

通过音高突显度，有了更多的发现。

首先，观察图左音高突显度，（1）整体而言，T4+TN 四种声调组合和 TN+T1 的四种声调组合的音高突显度都为负值，即首音节为高降调的去声以及末音节为高平调的阳平的声调组合中，首音节的音高调域扩展而末音节收缩。（2）除了受到连读变调的 T3+T3 组合以外，其他三种相同声调组合（T1+T1、T2+T2、T4+T4）的音高突显度都是负值，表明相同声调组合中整体表现为首音节的音高调域扩展而末音节收缩。

接下来观察图右音高突显度，（1）除了 T3+T1 以外，T3+TN 的其他三种声调组合的音高突显度都为正值，表现为末音节的音高调域拓展。（2）除了 T1+T1 以外，T1+TN 的其他三种声调组合的音高突显度都为正值。（3）除了 T4+T4 以外，TN+T4 的其他三种声调组合的音高突显度都为正值。其中 T2+T4 的突显度接近于 1，说明末音节去声的音高突显接近于首音节阴平的 2 倍。

最后，对整个图进行观察分析，（1）汉语相同声调组合的音高突显度整体都偏下，都低于 |0.5|，其中 T1+T1 和 T4+T4 的音高突显度甚微，几乎接近 0。（2）除了相同声调组合以及受到连读变调影响比较明显的声调组合（T2+T3 和 T3+T2）以外，汉语其他声调组合的音高图限度整体接近对称分布，如 T4+T1 为音高突显度负值中最大的，位于最左边；T1+T4 则位于最右边，是音高突显度正值中最大的。T2+T1 以及 T3+T1 属于音高突显度负值偏大的，仅次于 T4+T1；T1+T3 和 T1+T2 则是音高突显度正值中偏大的，仅次于 T1+T4，由于图左重 T2+T1 以及 T3+T1 音高突显度非常接近，因此将这两组声调组合放在一起比较。T4+T2 和 T2+T4 分别位于音高正、负值序列的第 4 位，而 T4+T3 和 T3+T4 分别位于汉语正、负值排序的最内左侧和最内右侧（相同声调组合除外）。（3）图右的音高突显度整体明显大于图左的音高突显度，说明图右的声调组合中末音节的音高调域拓展更明显，语音突显

程度更大。（4）英语无论是左重还是右重，在图左和图右的音高突显度序列中排序较低，音高突显度整体不及汉语，但英语右重的音高突显度大于英语左重。

图 7.2、图 7.3、图 7.4 和图 7.5 体现的是第 5 章中汉语和英语双音节词和三音节词在孤立词状态下以及焦点重音状态的音高突显度，分别体现了汉语和英语双音节词和三音节词在孤立词状态下的音高突显度以及汉语和英语双音节词和三音节词在焦点重音状态下的音高突显度。

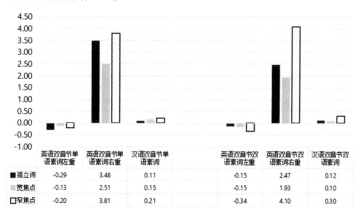

	英语双音节单语素词左重	英语双音节单语素词右重	汉语双音节单语素词		英语双音节双语素词左重	英语双音节双语素词右重	汉语双音节双语素词
■ 孤立词	-0.29	3.48	0.11		-0.15	2.47	0.12
▨ 宽焦点	-0.13	2.51	0.15		-0.15	1.93	0.10
□ 窄焦点	-0.20	3.81	0.21		-0.34	4.10	0.30

图 7.2 汉英双音节孤立词和焦点重音音高突显度

图 7.2 中，（1）英语双音节左重_{单语素}和左重_{双语素}无论在孤立词状态、宽焦点以及句末窄焦点情况下音高突显距离均为负值，但是负值的程度不明显，均低于 0.5，表明首音节的音高调域略为突显。二者的主要区别体现在双音节左重_{单语素}中孤立词首音节的突显程度较为明显、句末焦点次之、宽焦点最不明显，而左重_{双语素}中表现为句末焦点重音较明显，孤立词和宽焦点都不明显。（2）英语双音节右重_{单语素}和右重_{双语素}无论在孤立词状态、宽焦点以及句末窄焦点情况下音高突显距离均为正值，则音高突显范围偏大（1.93—4.10 区间），表明末音节的音高调域拓展明显，语音突显

程度大。英语双音节右重_{单语素}和右重_{双语素}都表现为宽焦点_{音高突显距离}＜孤立词_{音高突显距离}＜句末焦点_{音高突显距离}，表明窄焦点对音高的声学表现影响最大。与此同时，在孤立词和宽焦点状态下，英语双音节右重_{单语素}比英语双音节右重_{双语素}音高突显度明显偏大（3.48＞2.47，2.51＞1.93），但在窄焦点状态下却有所降低（3.81＜4.10）。（3）和英语双音节词相比，汉语无论是单语素结构和双语素结构都体现出了较为一致的规律性，音高突显度都为正值，但是均低于0.5，表明词末音节音高的音高调域有拓展，但不明显，且双语素的句末强化作用略为明显一些。

图7.1中音高对于汉语声调影响明显，而在图7.2中音高对于汉语声调的影响远远不及对英语的明显，主要原因是因为涉及到句子当中的焦点重音，为了尽可能考虑到所有汉语的声调，因此图7.2中语料设计中相同位置一共设计了四种声调，而在图7.1分别探讨了汉语不同声调的组合。图7.2相同位置包含了四个声调，在一定程度上中和了不同声调之间的差异。在这种情况下，汉语的音高表现和英语的左重整体比较接近，只是前者的音高突显度是正值，而后者是负值。关于英汉整体综合对比分析见表7.1和图7.6。

图7.3表明，（1）英语三音节左重_{单语素}、左重_{双语素"音节1+音节2 音节3"}、左重_{双语素"音节1 音节2+音节3"}无论在孤立词状态、宽焦点以及句末窄焦点情况下音高突显距离均为负值，整体音高突显程度不明显，最大值仅为|-0.67|，表明首音节的音高调域略为突显，且均表现为三音节左重中句末窄焦点的突显程度较孤立词和宽焦点明显。（2）英语三音节中重_{单语素}和中重_{双语素"音节1+音节2 音节3"}、中重_{双语素"音节1 音节2+音节3"}均表现为音高突显度为正值，分布范围为0.43—2.80，多数音高突显度大于1，表明中间音节的音高调域较为突显，单语素的整体突显度大于双语素，且均表现为句末焦点_{音高突显度}最为明显。（3）英语三音节右重_{单语素}和右重_{双语素三音节"音节1 音节2+音节3"}无论在孤立

词状态、宽焦点以及句末窄焦点情况下音高突显度均为正值，且相比左重和中重，音高突显距离值明显增加，表明末音节的音高调域拓展明显，语音突显程度大，且句末焦点_{音高突显度}最为突显，表明窄焦点对音高的声学表现影响最大。

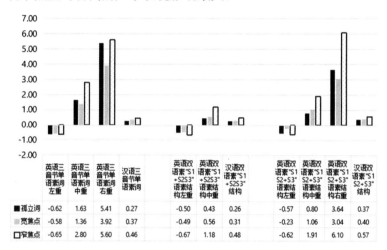

	英语三音节单语素词左重	英语三音节单语素词中重	英语三音节单语素词右重	汉语三音节单语素词		英语双语素"S1+S2S3"语素结构左重	英语双语素"S1+S2S3"语素结构中重	汉语双语素"S1+S2S3"结构		英语双语素"S1+S3"语素结构左重	英语双语素"S1+S3"语素结构中重	英语双语素"S1+S3"语素结构右重	汉语双语素"S1+S3"结构
■ 孤立词	-0.62	1.63	5.41	0.27		-0.50	0.43	0.26		-0.57	0.80	3.64	0.37
▨ 宽焦点	-0.58	1.36	3.92	0.37		-0.49	0.56	0.31		-0.23	1.06	3.04	0.40
□ 窄焦点	-0.65	2.80	5.60	0.46		-0.67	1.18	0.48		-0.62	1.91	6.10	0.57

图 7.3　汉英三音节孤立词和焦点重音音高突显度

和英语三音节词相比，汉语无论是单语素结构和双语素结构都体现出了较为一致的规律性，音高突显度都为正值，但是最大值仅为 0.57，表明词末音节音高的音高调域有拓展，但不明显，且句末焦点_{音高突显度}表现为略更突显。

和图 7.2 一样，图 7.3 语料设计中相同位置一共设计了四种声调，在一定程度上中和了不同声调之间的差异。关于英汉整体综合对比分析见表 7.1 和图 7.6。

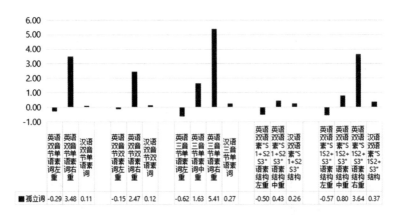

图 7.4　汉英双音节孤立词和三音节孤立词音高突显度

图 7.4 中，（1）英语左重_{双音节单语素}、左重_{双音节双语素}、左重_{三音节单语素}、左重_{三音节双语素} "Syll1+ Syll2 Syll3"、左重_{三音节双语素} "Syll1 Syll2 +Syll3" 的音高突显度均为负值，但程度不明显，最大值为|-0.62|，表明首音节的音高调域相比词内其他音节略为突显，且突显不明显。其中，左重_{三音节单语素}＞左重_{三音节双语素} "Syll1 Syll2 +Syll3"＞左重_{三音节双语素} "Syll1+ Syll2 Syll3"＞左重_{双音节单语素}＞左重_{双音节双语素}（|-0.62|＞|-0.57|＞|-0.50|＞|-0.29|＞|-0.15|），表明英语三音节左重语素结构的音高突显度整体要高于英语双音节左重语素结构。（2）英语中重_{三音节单语素}、中重_{三音节双语素} "Syll1+ Syll2 Syll3"、中重_{三音节双语素} "Syll1 Syll2 +Syll3" 音高突显度都为正值，且中重_{三音节单语素}＞中重_{三音节双语素} "Syll1 Syll2 +Syll3"＞中重_{三音节双语素} "Syll1+ Syll2 Syll3"（1.63＞0.80＞0.43）。（3）英语右重_{双音节单语素}、右重_{双音节双语素}、右重_{三音节单语素}、右重_{三音节双语素} "Syll1 Syll2 +Syll3" 音高突显度均为正值，且音高突显明显，最小为 2.47，最大高达 5.41，表明末音节的音高突显度比相比词内其他音节突显更为显著。其中，右重_{三音节单语素}＞右重_{三音节双语素} "Syll1 Syll2 +Syll3"＞右重_{双音节单语素}＞右重_{双音节双语素}（5.41＞3.64＞3.48＞2.47）。我们会发现比较一致的规律，即英语的三种重音类型中，整体表现为无论是双音节还是三音节中，单语素的音高突

显度大于双语素的音高突显度；而在三音节内部，三音节双语素
"Syll1 Syll2 +Syll3" 的音高突显度大于 "Syll1+ Syll2 Syll3" 的音
高突显度。（4）汉语_{双音节单语素}、汉语_{双音节双语素}、汉语_{三音节单语素}、汉语_三
_{音节 "音节 1+音节 2 音节 3"}、汉语_{三音节 "音节 1 音节 2+音节 3"} 语素结构的词内音高突
显度都为正值，但数值偏小，最大仅为 0.37。表明汉语双音节和
三音节所有的语素结构都表现为词末音节音高调域略有拓展，但
音高突显不明显。和英语有所不同的是，汉语的语素结构整体表
现为汉语_{三音节双语素"Syll1 Syll2 +Syll3"}＞汉语_{三音节单语素}＞汉语重_{三音节双语素"Syll1+}
_{Syll2 Syll3"}＞汉语_{双音节双语素}＞汉语_{双音节单语素}（0.37＞0.27＞0.26＞0.12＞
0.11。

更值得注意的是，当对双音节和三音节进行对比，发现无论
是英语，还是汉语，随着词内音节数目的增加，均出现了音高突
显度的进一步加大，即音高突显程度的增加。其中英语左重_{三音节单}
_{语素}＞英语左重_{双音节单语素}（|−0.62|＞|−0.29|）、左重_{三音节双语素}＞左重_{双音节双}
_{语素}（|−0.50|＞|−0.15|，|−0.57|＞|−0.15|）；英语右重_{三音节单语素}＞英语右
重_{双音节单语素}（5.41＞3.48），右重_{三音节双语素}＞右重_{双音节双语素}（3.64＞2.47）；
汉语_{三音节单语素}＞汉语_{双音节单语素}（0.27＞0.11）、汉语_{三音节双语素}＞汉语_{双音节}
_{双语素}（0.26＞0.12， 0.37＞0.12）。表明随着音节的延长，音高突显
加强，从而能更从容地完成多增加的一个音节的发音。当汉语和
英语的音节数从双音节增加到三音节的时候，多增加出来的音节，
使得发音人的发音状态出现了变化，为了完成多增加的这个音节，
音高调域最大的音节和最小的音节之间的突显程度进一步加大，
给多增加的这个音节留出足够的音高空间，顺利完成发音。但具
体的成因需要进一步深入分析。

和图 7.2 以及图 7.3 一样，图 7.4 语料设计中相同位置一共设
计了四种声调，在一定程度上中和了不同声调之间的差异。

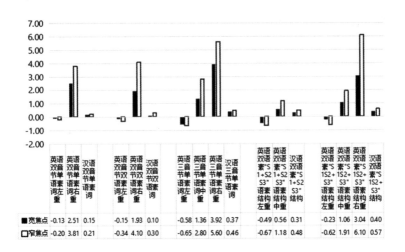

	英语双音节单语素词左重	英语双音节语素词右重	汉语双音节单语素词	英语双音节双语素词左重	英语双音节双语素词右重	汉语双音节双语素词	英语三音节单语素词左重	英语三音节单语素词中	英语三音节单语素词右重	汉语三音节单语素词	英语双语素"S1+S2 S3"语素结构左重	英语双语素"S1+S2 S3"语素结构中重	汉语双音节素"S1+S2 S3"结构	英语双语素"S1 S2+S3"语素结构左重	英语双语素"S1 S2+S3"语素结构中重	英语双语素"S1 S2+S3"语素结构右重	汉语双音节素"S1 S2+S3"结构
■宽焦点	-0.13	2.51	0.15	-0.15	1.93	0.10	-0.58	1.36	3.92	0.37	-0.49	0.56	0.31	-0.23	1.06	3.04	0.40
□窄焦点	-0.20	3.81	0.21	-0.34	4.10	0.30	-0.65	2.80	5.60	0.46	-0.67	1.18	0.48	-0.62	1.91	6.10	0.57

图 7.5　汉英双音节焦点重音和三音节焦点重音音高突显度

图 7.5 表明，（1）英语左重_{双音节单语素}、左重_{双音节双语素}、左重_{三音节单语素}、左重_{三音节双语素} "Syll1+ Syll2 Syll3"、左重_{三音节双语素} "Syll1 Syll2 +Syll3" 无论是宽焦点还是窄焦点音高突显度都为负值，但数值不大，最高为 |-0.67|。且窄焦点的音高突显度大于宽焦点（|-0.20|＞|-0.13|、|-0.34|＞|-0.15|、|-0.65|＞|-0.58|、|-0.67|＞|-0.49|、|-0.62|＞|-0.23|），表明窄焦点中首音节的音高突显更为明显。（2）英语中重_{三音节单语素}、中重_{三音节"音节1+音节2 音节3"}、中重_{三音节"音节1+音节2 音节3"} 音高突显度均为正值，且句末窄焦点的音高突显度更为明显（|2.80|＞|1.36|、|1.18|＞|0.56|、|1.91|＞|1.06|）。（3）英语右重_{双音节单语素}、右重_{双音节双语素}、右重_{三音节单语素}、右重_{三音节"音节1 音节2+音节3"} 两种焦点情况下的音高突显度均为正值，而且音高突显度整体值偏大（|3.81|＞|2.51|、|4.10|＞|1.93|、|5.60|＞|3.92|、|6.10|＞|3.04|）。和英语左重所有的语素结构相比，英语右重的窄焦点的音高突显度明显大于宽焦点。（4）汉语_{双音节单语素}、汉语_{双音节双语素}、汉语_{三音节单语素}、汉语_{三音节"音节1+音节2 音节3"}、汉语_{三音节"音节1 音节2+音节3"}语素结构的词内音高突显度都为正值，但数值偏小。

表明汉语双音节和三音节所有的语素结构在两种焦点情况下都表现为词末音节音调调域略有拓展，但音高突显不明显，且句末窄焦点音高突显度略大于宽焦点（|0.21|>|0.15|、|0.30|>|0.10|、|0.46|>|0.37|、|0.48|>|0.31|、|0.57|>|0.40|）。

和图 7.4 中汉英双音节词和三音节词在孤立词状态下保持一致，在两种焦点情况下，无论是英语还是汉语，当随着词内音节数目从双音节增加到三音节，均出现了音高突显度的进一步加大，即音高突显程度的增加。其中英语左重$_{三音节单语素}$>英语左重$_{双音节单语素}$（宽焦点|-0.58|>|-0.13|、窄焦点|-0.65|>|-0.20|）、左重$_{三音节"音节1+音节2 音节3"}$>左重$_{双音节双语素}$（宽焦点|-0.49|>|-0.15|、窄焦点|-0.67|>|-0.34|）、左重$_{三音节"音节1 音节2+音节3"}$>左重$_{双音节双语素}$（宽焦点|-0.23|>|-0.15|、窄焦点|-0.62|>|-0.34|）；英语右重$_{三音节单语素}$>英语右重$_{双音节单语素}$（宽焦点 3.92>2.51、窄焦点 5.60>3.81）、右重$_{三音节"音节1 音节2+音节3"}$>右重$_{双音节双语素}$（宽焦点 3.04>1.93、窄焦点 6.10>4.10）；汉语$_{三音节单语素}$>汉语$_{双音节单语素}$（宽焦点 0.37>0.15、窄焦点 0.46>0.21）、汉语$_{三音节"音节1+音节2 音节3"}$>汉语$_{双音节双语素}$（宽焦点 0.31>0.10、窄焦点 0.48>0.30）、汉语$_{三音节"音节1 音节2+音节3"}$>汉语$_{双音节双语素}$（宽焦点 0.40>0.10、窄焦点 0.57>0.30）。表明在焦点重音的情况下，为了完成多增加的这个音节，音高调域最大的音节和最小的音节之间的突显程度进一步加大，给多增加的这个音节留出足够的音高空间，顺利完成发音。但具体的成因需要进一步深入分析。

和图 7.2 一样，图 7.3 语料设计中相同位置一共设计了四种声调，在一定程度上中和了不同声调之间的差异。

整体而言，图 7.5 焦点重音情况下汉英双音节和三音节的音高突显表现和孤立词状态下保持一致，（1）英语左重中音高突显度为负值，突显不明显；英语右重为正值，突显明显；英语中重为正值，突显较为明显；汉语所有语素结构音高突显度为正值，但突显不明显。（2）从双音节词延展到三音节词，音高突显度加大，说明音高调域最大值和音高调域最小值之间的音高突显程度随着音节数的增加而扩大。

进一步观察会发现，图 7.1 和图 7.2—图 7.5 汉语和英语音高突显模式不同。在图 7.1 孤立词状态下的汉语和英语双音节音高突显模式中，汉语明显受到音高的影响，声调组合不同，音高突显模式也随之改变。英语受音高影响虽然不及汉语明显，但是音高对于英语的词重音也产生了重要的影响，并表现出较为一致的规律，如重读音节_{音高调域}＞非重读音节_{音高调域}，首音节_{音高上线}＞末音节_{音高上线}。但在图 7.2—图 7.5 中我们发现汉语受到音高的影响反而弱，追究其根本原因是因为图 7.2—图 7.5 中由于考虑到句子语流中相邻音节连续不断的声调的更替，因此在词内相同音节的位置包括了四种声调，这样能够把汉语普通话载调的 4 种声调都考虑进去。但当相同音节位置四种声调都纳入考量的范围之后，声调之间的字调的彼此中和，消减了音高的作用。但值得注意的是，图 7.1 考察的是孤立词状态下，图 7.2—图 7.5 考察的是孤立词状态下和语流当中的音高声学表现，而在语流当中有可能图 7.2—图 7.5 所设计的语料也是真实语音现象当中的一种，因为语流当中汉语不停的声调的更替，不停的字调之间彼此抵消，可能音高的作用会减弱。尽管图 7.2—图 7.5 的研究中是一种特殊的语音情况，英语和汉语的音高突显相差比较大，但也可以从这种特殊的语音情况推断出语流当中的汉语声调的音高相比较于英语而言，音高突显会有所减缓。

值得注意的是，因为图 7.2—图 7.5 中汉语是做了所有声调的中和，而英语是按照不同重音类型进行的分析。现在我们把英语也按照所有重音类型的综合进行分析。得到表 7.1。

表 7.1　汉语和英语孤立词状态下和焦点重音状态下音高突显模式总对比

英语	音高突显度	汉语	音高突显度
英语双音节_{单语素孤立词}	1.60	汉语双音节_{单语素孤立词}	0.11
英语双音节_{单语素宽焦点}	1.19	汉语双音节_{单语素宽焦点}	0.15
英语双音节_{单语素窄焦点}	1.80	汉语语双音节_{单语素窄焦点}	0.21
英语双音节_{双语素孤立词}	1.16	汉语双音节_{双语素孤立词}	0.12
英语双音节_{双语素宽焦点}	0.89	汉语双音节_{双语素宽焦点}	0.10
英语双音节_{双语素窄焦点}	1.88	汉语双音节_{双语素窄焦点}	0.30
英语三音节_{单语素孤立词}	2.41	汉语三音节_{单语素孤立词}	0.27
英语三音节_{单语素宽焦点}	1.57	汉语三音节_{单语素宽焦点}	0.37
英语三音节_{单语素窄焦点}	2.58	汉语三音节_{单语素窄焦点}	0.46
英语三音节_{双语素孤立词}	0.76	汉语三音节_{双语素孤立词}	0.32
英语三音节_{双语素宽焦点}	0.79	汉语三音节_{双语素宽焦点}	0.35
英语三音节_{双语素窄焦点}	1.58	汉语三音节_{双语素窄焦点}	0.53

　　并根据表 7.1 得到了图 7.6，如下所示。

　　表 7.1 和图 7.6 表明，当无论是英语的重音类型，还是汉语的声调组合都进行了中和以后，整体而言两种语言的音高突显度都是正值，整体而言都是词末音节表现为音高更加突显。在这种情况下，我们可以清楚地观察到英语无论是孤立词，还是焦点重音情况下都比汉语的音高突显度要高，即音高突显度要更为明显。

　　图 7.1 和图 7.6 可以视为汉语和英语词层音高突显模式和语流层面音高突显模式的典型代表。图 7.1 是对汉语双音节词 16 种载调声调组合和英语双音节词两种重音模式展开的共计 18 种音段组合的对比分析，更接近音系研究中词层面的音段组合模式的语音探索。研究表明，在词层面，音高对于汉语词调有明显的影响，声调组合不同，音高突显模式各异，难以形成一致的规律；与此同时，英语重音模式对音高突显模式也影响明显，重音模式和音高突显模式保持一致；和汉语相比，音高对于英语的影响偏小，但能形成较为一致的规律。图 7.1 是理想状态下对汉语和英语孤立词状态下的词层面音高突显模式对比。

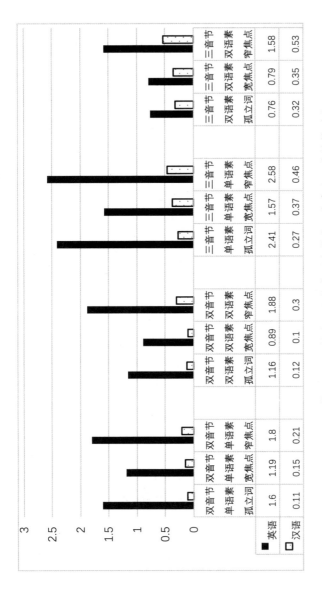

	双音节 单语素 孤立词	双音节 单语素 宽焦点	双音节 单语素 窄焦点	双音节 双语素 孤立词	双音节 双语素 宽焦点	双音节 双语素 窄焦点	三音节 单语素 孤立词	三音节 单语素 宽焦点	三音节 单语素 窄焦点	三音节 双语素 孤立词	三音节 双语素 宽焦点	三音节 双语素 窄焦点
英语	1.6	1.19	1.8	1.16	0.89	1.88	2.41	1.57	2.58	0.76	0.79	1.58
汉语	0.11	0.15	0.21	0.12	0.1	0.3	0.27	0.37	0.46	0.32	0.35	0.53

图 7.6 汉语和英语孤立词状态下焦点重音状态下首音突显度趋势对比

图 7.6 是对汉语和英语双音节词和三音节词不同语素结构中四种声调组合和英语两种（或三种）重音类型（左重、中重和右重）展开的综合分析。尽管图 7.6 也包含了孤立词，但该系列研究中孤立词的设计受到了语流中韵律词设计的影响，更接近韵律词。在前面展开的一系列研究分析的基础之上，图 7.6 考察的是汉语和英语整体综合情况。图 7.6 显示，（1）汉语和英语的音高突显度都为正值，表明两种语言整体而言更呈现出末音节的音高更为突显。但是和英语的音高突显度相比，汉语的音高突显度远远偏低。英语音高突显度＞0.7，且多数＞1，整体区间为 0.76—2.58；而汉语音高突显度整体＜0.5，且大多数＜0.4，整体区间为 0.1—0.53。因此，如图 7.6 所示，虽然汉语也表现出末音节音高的突显，和英语显著的音高突显相比，这种音高突显有可能是词末/句末边界调的声学表现，而不是"右重"的表现。（2）无论是孤立词，还是焦点重音情况下，英语都比汉语的音高突显程度更为明显，即音高突显度更高（英语音高突显度均值为 1.52，汉语音高突显度均值仅为 0.27）。这表明在真实的语流中，当将汉语的不同声调组合和英语的各种重音模式进行综合考察，极有可能[①]音高整体对于英语的影响要大于汉语。由于汉语底层的字调和表层的句调的音高表现相互中和，减少了音高的影响。这也在一定程度上进一步印证了赵元任先生关于汉语"大波浪"和"小波浪"的说法。当我们只考察孤立词中不同声调组合时（图 7.1），汉语音节与音节的音高突显非常明显。当在语流中的时候，由于受到字调和焦点重音的影响，汉语声调的语音突显整体表现有所减弱。正如大海一样，海面的波浪"大"而"舒缓"，海底的波浪"小"而"迅猛"。图 7.1 和图 7.6 的对比研究表明，由于语流中汉语不同字调交替导致的相互对音高作用的消减，以及汉语底层的字调

---

① 此处采用"极有可能"，是基于目前本书的研究发现。

和表层的句调的音高作用的相互中和，音高突显在汉语韵律表层的表现不及英语明显。

　　图 7.1 和图 7.6 体现了汉英韵律深层机制中词层面的音高突显异同和近似[①]于语流层面的韵律词的音高突显异同，而二者的发现并非一致。前者表现出音高对汉语的影响显著，而后者表现出音高对于英语的影响更为明显。这在一定程度上解决了本书 1.3.2 中关于汉语韵律音系研究中"英律中用"和"中律中用"两种研究视角的矛盾。图 7.1 表明，汉语"中律中用"的韵律音系层级构建的必要性，因为本书基于词层面的研究发现音高在两种语言中所起到的作用不一样。汉语的声调组合深受音高模式的影响。而图 7.6 的研究表明，以往的研究中认为汉语具有重音的趋势存在某种程度的合理性，因为无论是双音节词还是三音节词，在孤立词层面和焦点重音韵律词层面都表现出了末音节存在一定程度的音高突显程度要大于其他的音节。但是，当我们把英语的音高突显度和汉语的音高突显度进行比较，就会发现汉语的音高突显度远远低于英语的音高突显度（0.27＜1.52），这种微弱的音高突显度是否将汉语定义为重音语言，还是只是词末/句末边界调的声学表现，需要我们进一步思考和深入展开分析。同时，目前的研究只是基于音高的探讨，还需要结合时长和音强的分析，才能得出更为全面和客观的结论。本书的第三类实验关于语音三要素进行了初步的探讨。

　　第三类实验是在第一类和第二类关于音高声学表现基础之上的拓展研究，基于韵律三要素（音高、时长和音强）的综合分析，探究音高突显模式在韵律三要素综合声学作用下的具体表现。包括两组实验，而这两个实验都是基于前面章节中涉及到的实验的进一步考察。其中实验一（见 6.1）是对 3.2 实验的拓展，而实

　　[①] 此处采用"近似于"，是因为本书目前采用的是实验句。

验二（见 6.2）是对 5.3 实验的拓展。

6.1 是拓展对比实验 1，对比分析了英语双音节词三种重音类型和汉语 TN+T4 声调组合的音高突显。该实验提出的 PRID 模式虽然包含了四个维度，但考察的也是三个韵律要素，其中的音高分为了音高上线起伏和音高调域，而对音高的二维细分，正是第 4 章—第 6 章音高突显模式的基础。PRID 模式提出要分为两个模式进行对比研究，其中 PRID-Mode 1 中四个维度的首音节_{百分比}均大于末音节_{百分比}（PRID-ab）；在 PRID-Mode2 中四个维度的末音节_{百分比}均大于首音节_{百分比}（PRID-ba）。研究发现无论是 PRID-Mode 1 还是 PRID-Mode2，实线和虚线呈现出类似于对称的分布，说明在同一衡量标准下，英语和汉语有可能分属于同一测量体系中的两端。实验表明英语作为重音语言，轻重交替的特征在音高上线、音高调域、音强_{幅度积}和时长都得到了较为一致的体现，尤其是音强_{幅度积}的强弱表现显著，这为英语词重音音高的研究提供了重要的参考。汉语和英语成近似对称分布，可以推断出汉语受声调的影响更大；而当首末音节的声调组合相同时，汉语的语音表现为首音节 ^x＞末音节双 ^x（X 代指四个维度中的任一维度）。但因为汉语只初步研究了"TN+T4"声调组合，进一步的研究需要展开。

6.2 是拓展对比实验 2，是对 5.3 对比实验分析的继续拓展，从音高、时长和音强_{幅度积}三个维度对汉语和英语双音节语素结构孤立词和相同孤立词在句末焦点重音的音高突显模式的异同进行探索。研究发现，在孤立词层，（1）英汉词中的每个音节确实呈现出不同的突显程度，即总有一个音节相较于其他音节表现出更大的突显度，但是英语语音突显模式更明显，所有类型的汉语双音节词均倾向于呈现出"后字语音突显"趋势，但是，每个音节之间的突显程度相差不大，可以考虑受到词末/句末边界调的影响出现的语音突显；（2）词层面，在语音三要素突显层级中，英语词突显总体表现出音强_{幅度积}＞音高＞时长这一突显等级模式；而汉语则表现为时长＞音强_{幅度积}＞音高。焦点重音层面，（1）与宽焦点情况相比，英汉母语者均倾向于在窄焦点情况下产出主突显音节更为突显；英汉焦点重音音高突显模式在两种类型的焦点状态下保持一致；（3）英语焦点重音音高突显模式更明显，即主突显音节的三个声学参数比均大于汉语，而汉语焦点主突显音节的三个参数比值接近于 1。在语音三要素突显变化程度中，英语双音节词焦点突显呈现出时长＞音强_{幅度积}＞音高的突显层级模式；而汉语双音节词则表现为音强_{幅度积}＞时长＞音高。英汉双音节词语音突显和焦点语音突显二者间的关系层面，研究表明在英汉两种语言中，词语音突显模式和焦点重音语音突显模式呈现出一致性，且英汉均呈现出句末窄焦点"重上加重"的声学表征，即句末窄焦点对于词语音突显模式均呈现出强化作用。但是，语音三要素对于英汉焦点强化作用的突显等级不同，英语双音节词呈现出时长＞音强_{幅度积}＞音高的突显层级模式；而汉语双音节词则表现为音强_{幅度积}＞时长＞音高。并且英语词语音突显模式和焦点重音语音突显模式均比汉语更为显著。

7.2　创新和研究突破

基于以往的研究，本书在以下几个方面进行了研究的创新和突破，尤其是（3）、（4）弥补了国内外研究的空白。

（1）将语音学和音系学结合，运用实验语音的具体分析，开展跨语言韵律音系层级对比。用语音实验的方法，探索音系深层结构中不同层级之间的关系和相邻韵律单位的关系。无论是从理论层面还是从实验分析层面都难度较大，因此在研究的逐步推进过程中，本书提出跨语言的韵律音系对比应该具备"大音系"的观念，这样才能更为客观地观察到不同语言韵律底层的语音特征；

相应的，语音的声学研究也应该具备"大语音"的声学表征描写方式，避免过于具象的描述反而使原本就复杂的音系特征变得更为难以厘清，于是采用了非线性音系学中的相对突显进行描述。突显性即差异性，但这种差异性又是相对的，这样无论是不同语言韵律底层之间，还是韵律底层和表层之间都可以采用突显分析其相对的差异性。沈家煊（2017：16-17）从语言社会性的角度出发，比较了西方语言学研究和中国语言学研究的异同，认为重分析和精确的西方语言研究和偏艺术的中国语言学研究，二者之间应取长补短，并肯定了当前现代汉语研究对语言精确表达的借鉴。本研究中具象的实验语音分析和抽象的音系学的结合，也可以视为对语言精确层级表达的探索。

（2）提出了音高突显模式的概念，将音高的声学具象表征所体现出来的差异性进行相对化分析。音高突显模式包括相邻音段横向的音高高低起伏的突显变化和纵向的音高调域宽窄的突显变化，较为全面地涵盖了音高整体空间的声学表现，并有效地整合在一起。同时音高起伏度和音高调域比彼此之间紧密联系，例如音高的上升可能会导致音高调域的扩展，反之亦然。对二者加以细化，主要是通过不同的观察角度，力求更为全面的进行量化分析，并不是要将二者独立分开，分别进行分析。基于音高突显模式，就可以对孤立词、焦点韵律词，以及孤立词和焦点韵律词之间的音高声学表征差异有效展开研究分析。本书结合了韵律格局（石锋，2021）中音高起伏度和音高调域比的概念，以及该韵律格局理论中从音高赫兹到音高半音、再到音高百分比的数据计算方法，这样就能把汉语声调的音高表现和英语重音的音高声学表现都放在归一化以后的音高百分比进行有效地对比和分析。并进一步提出"音高突显度"，开展深入探索。

（3）考察了孤立词和相同孤立词在句末焦点重音的音高突显模式的异同。目前，这类研究在国内外都少有。通常，多数研究会探讨句子或者语流中韵律词的焦点重音情况，但是孤立词的语音特征是韵律词的根本，没有孤立词，就不会有韵律词的存在；与此同时，多数音系学层面研究对所谓韵律词的探讨，其实都是基于孤立词的分析，比如英语的词重音结构、词重音的重音指派，英语音节构成的轻重交替的音步等；汉语基于字调的韵律分析，也多是先从孤立词层面开始展开的。因此二者之间的探讨在跨语言的无论是在韵律音系学还是实验语音学中都很有必要。本书在这方面进行的系统性的实验语音分析的探索，弥补了国内外在这一研究领域的空白。也正是因为将二者都纳入考察的范围，本书的研究结果发现了汉英韵律深层机制中词层面的音高突显模式和句内韵律词的音高突显模式的异同。前者表现出音高对汉语的影响显著，而后者表现出汉语字调和句调的音高相互抵消，减弱了音高对于汉语韵律的影响，而音高对于英语的影响表现得更为明显。这在一定程度上解决了本书 1.3.2 中关于汉语韵律音系研究中"英律中用"和"中律中用"两种研究视角的矛盾。

（4）在考察孤立词和相同孤立词在句末焦点重音的音高突显模式的异同的过程中，本书第 5 章从韵律构词的角度，将语素结构纳入了考察的范围，无论是汉语还是英语，都是由语素构成的语料，力求让研究更为客观。而且这种语素结构的考虑不仅仅涉及双音节，同时也包括三音节；不仅仅是对孤立词进行了两种语言语素结构的对比分析，也做了两种语言在焦点韵律词环境下的对比分析，以及两种语言中孤立词和韵律词音高声学表现的异同。英语双音节词包括"左重单语素双音节词、右重单语素双音节词、左重双语素双音节词、右重双语素双音节词"；英语三音节词包括"左重单语素三音节词、中重单语素三音节词、右重单语素三音节词、左重双语素三音节词、中重双语素三音节词、右重双语素三音节词"。汉语双音节词包括"单语素双音节词、双语素双音节词"、汉语三音节词包括"单语素三音节词、双语素三音节词"，语素结构考虑全面，排除了句法对实验词的影响，使研究结果更为客观，有说服力。目前国内外这样系统性的从语素结构出发对汉语和英语的韵律层级展开实验分析的甚少，本书弥补了国内外这一研究领域的空白。

7.3 不足和今后的展望

由于无论是韵律音系理论层面还是实验分析层面所面临的难度，本书存在以下的不足，这些不足也是今后进一步研究的方向：

（1）本书的三个主体实验中每个实验的实验语料是分别设计的。因此没有形成采用同一批语料从孤立词的分析（见第 4 章）—孤立词与焦点重音韵律词的关联性（见第 5 章）的具有连续性的系统分析，从而能够更好地通过实验分析观察韵律层级的层级间的异同。造成这种不足的两个主要原因如下，

1）本书渐进性研究的实验性质决定了研究所需要的时间跨度偏长。因为是做跨语言分析，要对两种语言现象单独分析以后，进一步深入层级性的对比分析。而这种层级性的分析是需要做完第一个实验以后，在第一个实验的基础之上，总结经验，完善实验设计，再进行第二个实验，依次类推，这样做出来的实验更客观且有说服力。如果把同一批实验语料设计成三个实验，同时进行分析，会导致后面各种实验混乱的出现和不可控。

在研究过程中，遇到了疫情的影响。在近三年的时间中寻找发音人遇到了较大的困难，尤其是英语母语者很难找到。而且很多录音不能面对面完成，需要发音者根据我们的指导，自己录音以后发给我们。有的录音不符合要求，需要请录音者重录，所需要的时间比计划的要长。因此不同的实验最后决定采用不同的实

验语料进行。尽管研究语料不同，但从第 4 章、第 5 章和第 6 章的实验分析过程中也可以看出本书研究的一致性和对实验的不停修订和完善。

2）汉语和英语自身语音特征的不同导致韵律层级的实验对比分析采用相同语料的难度很大。如上所述，语素结构是跨语言的韵律对比中最为理想的结构，因为避免了句法和构词等的影响，尽可能地只关注韵律的表现。本书第 5 章大多数语料都是语素结构。但是在句子层面如果只采用语素结构观察焦点重音在句末焦点位置声学表现，在跨语言的对比研究中难度很大。首先汉语和英语中具有相同语素结构的单词有限，将具有相同语素结构的单词放在句子中不同的位置，受到汉语和英语各自句法和语法的影响，如果没有思考全面，所设计出来的句子会不自然，从而使实验分析失去意义。

今后的研究拟从以下几个方面展开：

①为了能够更深入地进行系统性的探讨，本书仅对音高进行了较为全面的分析。在今后的研究中，将对韵律三要素（音高、时长和音强）进行综合分析。本书的第 6 章已经进行了一些初步的探讨，今后在此基础之上进一步展开研究分析。

②本研究所采用的是实验句，没有对语流中的自然句进行分析。在本书研究的基础之上，今后将对语流中的自然句进行分析，探索自然语流中韵律的声学表征。

③除了实验部分，本书前 4 章的理论部分需要进一步完善。跨语言的韵律音系对比涉及到语音、语法和语用问题的方方面面，同时还需要考虑如何有效和实验分析部分相结合，实非易事。本书已经做了大量的分析，但仍有很多不足之处。在今后的研究中，将进一步完善理论部分。

此外，由于研究涉及的内容较多，实验分析量大，本书中其他各方面的不足，都将在今后进一步完善。

　　将隐形的、看不见的、有声的，具有个体心理和群体社会属性的语音通过字、图示和数据的方式清晰地表达出来，将抽象的声波转换为具体的程式（言语工程研究的内容），长期以来一直是国内外语音学家致力的研究方向。当在对语音韵律层级展开研究的时候，需要对语音的各种表达式进行综合性的分析，因为语音所具有的各种发音特征息息相关，在人一张嘴，一发音的时候，各层级的一连串反应就犹如"多米诺效应"一样环环相扣，形成"连锁反应"（吴宗济，2008：194）。

　　胡建华（2018：476）指出"自然语言的语法系统，其运作既有简单、有效、经济、可靠、稳定的特点，也有灵活、多变、特异、无序的特性，而这一切都反映了语言的本性（nature）"，研究语言的目的就在于对语言的普遍性和个体性进行探索，从而能对语言的本质有更好和更深入地认识。

　　王文斌（见许希明 2020：总序）指出，西方语言研究模式对汉语研究的影响已经超过了一个世纪，"中国语言学即得益于西方语言学的研究方法，同时也受缚于西方语言学的研究范式；即成功观察并描写了许多汉语事实，也留下了汉语的一些特殊语言现象因难以纳入西方语言学的分析框架而无法得到充分的解释"，其中就包括汉语韵律音系学的发展，无论是 1.3.2 中提到的"英律中用"，还是"中律中用"，都在讨论和争论中推动了我们对汉语韵律音系学的思考，促进我们去寻找能够解决当前韵律音系学研究瓶颈的方法，通过实验语音的方法来探讨音系层面的构建便是其中的路径之一，而实验语音分析的方法在跨语言的韵律音系研究中尤为重要。

　　跨语言研究对比不能单纯地依附于普通音系学的理论基础，如何解决语言的个体语音特征和普通音系学之间的共性和个性是语言研究者致力的方向，李行德、张洪明（2021：320）提出解决跨语言的音系层级分类的争议最好的解决办法之一，就是进行深入的实证研究，从而避免在双语音系学术语转码的过程中，因"缺乏清晰严谨的定义或操作标准"，难以具有普遍的说服力。同时我们也应注意到，语音学和音系学的结合，并不是包治百病的万能药，正如张吉生（2021a：449-465）所指出的那样，基于具体的语音细节与基于抽象的音系范畴可能会得出不同的结果，有一些音系变化无法从实验语音分析中找到答案，语音形式也可能与音系范畴全然相反。赵忠德、马秋武（2011：434）也指出，由于语音实验分析所受到的各种限制，例如被试者的情况、录音环境以及语料设计等，要谨慎对待实验数据。沈家煊（2017：16-17）肯定了现代汉语当前研究中对西方语言研究致力于精确表达的研究方式的借鉴，但同时也指出西方这种对语言研究精确的表达是否真的适合汉语研究也需要辩证对待。

那么什么是研究语言最好的方式呢？沈家煊（2017：17）指出语言研究要面向真实的语言，而无需"一律用一个模型做参照系"的观点高屋建瓴。胡建华（2018：476）也指出，任何语言学理论在更好的、新的工具出现之前，仅具有"临时有效性"。这种开放的态度和海纳百川的心态有利于研究的良性发展，从"和而不同"中"由异求同"（潘文国、谭慧敏，2018：10/609），必将有助于语言研究在反复思考、不断求真的过程中螺旋式循环上升，而不是固守自封的闭环重复。

附　录

附录 1　英语母语发音人词重音 SVlexical 调域比

	M1	M2	F1	F2
address	3.67	3.63	1.42	2.28
combine	1.89	1.3	2.87	1.6
conflict	1.55	2.21	1.41	1.44
construct	1.51	1.62	1.27	0.96
contest	1.68	2.86	2.08	1.55
decrease	4.13	9.47	1.87	1.54
extract	4.18	4.25	1.39	4.65
import	1.66	2.45	1.39	1.56
increase	1.64	2.4	2.78	1.1
insult	1.19	3.85	1.52	1.63
rebel	1.44	2.27	1.84	1.26
record	4.44	5.24	3.86	2.55
reject	0.43	1.59	1.42	1.46
research	3.48	4.92	1.18	3.46
retail	3.68	8.17	2.06	1.3
transfer	1.91	2.71	1.85	2.5

附录 2　英语母语发音人词重音 SNlexical 调域比

	M1	M2	F1	F2
address	14.19	1.65	1.14	1.62
combine	2.35	3.64	6.16	1.93

续表

	M1	M2	F1	F2
conflict	1.41	2.68	1.85	1.38
construct	8.99	4.69	5.53	0.53
contest	4.56	1.78	1.00	1.14
decrease	1.89	0.95	1.25	1.25
extract	0.88	2.29	1.17	1.88
import	2.63	2.50	1.52	1.59
increase	1.71	3.53	2.35	3.52
insult	2.08	1.59	2.02	3.23
rebel	2.16	2.79	32.44	3.18
record	0.44	1.32	1.49	0.65
reject	1.73	22.17	9.92	3.44
research	1.88	2.10	2.56	1.43
retail	4.62	2.37	1.13	0.96
transfer	2.95	1.81	3.21	1.10

附录 3　英语母语发音人词重音 SVmetrical 调域比

	M1	M2	F1	F2
address	1.09	2.49	3.18	2.28
combine	1.38	1.61	2.37	2.55
conflict	1.02	2.08	1.33	1.15
construct	1.49	1.22	1.76	1.41
contest	1.54	1.28	1.27	2.5
decrease	1.09	13.44	2.52	8.95
extract	1.23	5.27	1.91	3.34
import	1.98	0.94	1.77	6.74
increase	1.95	7.27	2.16	5.61
insult	1.36	2.58	3.46	3.19

	M1	M2	F1	F2
rebel	1.48	2.24	1.54	2.2
record	3.69	2.92	1.3	3.94
reject	1.09	1.39	0.91	1.76
research	1.15	3.72	1.69	2.6
retail	2.88	1.95	4.16	14.37
transfer	1.87	1.81	2.18	2.7

附录 4　英语母语发音人词重音 S^{N}metrical 调域比

	M1	M2	F1	F2
address	1.9	1.52	2.2	1.58
combine	2.41	1.87	12.92	2.56
conflict	2.77	0.93	2.37	1.08
construct	3.13	1	9.38	3.66
contest	4.19	0.93	1.13	1.55
decrease	2.1	1.26	0.78	0.77
extract	0.2	0.68	2.95	0.73
import	2.35	0.75	2.67	2.61
increase	2.03	1.03	10.27	2.26
insult	1.91	0.99	7.67	1.11
rebel	1.41	1.26	13.23	1.31
record	1.62	1.82	6.85	1.66
reject	2.53	1.84	2.1	3.84
research	2.18	1.69	7.87	2.35
retail	1.63	1.72	4.55	3.15
transfer	1.87	0.66	5.27	0.73

附录 5　英语母语发音人 S^{V}lexical 音高斜率值

	M1	M2	F1	F2
address	69.3	79.03	168.6	35.71
combine	71.83	52.95	135.1	25.5
conflict	121.5	83.01	162.85	177.95
construct	83.23	53.75	120.75	38.33
contest	51.28	47.92	183.05	75.1
decrease	52.2	97.12	135.4	93.53
extract	31.08	30.42	131.75	50.72
import	94.84	70.56	166.8	133.25
increase	66.09	75.77	217.7	135.49
insult	60.34	82.66	205.55	67.45
rebel	74.05	85	151.1	39.78
record	73.71	68.67	198.2	64.09
reject	19.79	81.49	124.8	46.53
research	105.65	83.79	202.65	216.95
retail	69.17	70.07	132.64	46.34
transfer	66.95	67.35	117.43	66.06

附录 6　英语母语发音人 S^{N}lexical 音高斜率值

	M1	M2	F1	F2
address	149.95	143.2	116.58	280.45
combine	195.1	107.95	278.63	282.6
conflict	202.9	168.5	131.7	156.25
construct	148.4	109.05	274.75	172.95
contest	214.75	121.75	210.5	167.45
decrease	111.29	114.65	97.7	43.22
extract	200.1	121.95	92.7	198.4
import	173.65	131.7	276.1	210.05

	M1	M2	F1	F2
increase	183.9	149.4	205.75	367.95
insult	177.75	198.2	246.05	253.15
rebel	272.55	62.8	394.1	536.75
record	161.55	78.64	266.7	206.45
reject	123.29	54.38	227.7	186.15
research	174.15	88.05	317.3	302.1
retail	183.3	89.85	236.15	316.55
transfer	212.65	132.25	64.32	225.25

附录 7　英语母语发音人 S^{V}metrical 音高斜率值

	M1	M2	F1	F2
address	122.4	68.56	135.9	136.35
combine	51.62	16.34	106.79	4.46
conflict	99.06	48.49	197.55	229.4
construct	88.72	106.48	139.95	176.45
contest	104.25	26.33	150.7	76.75
decrease	105.1	42.59	179.5	96.42
extract	80.75	11.5	93.99	43.99
import	121.08	48.5	208.1	205.65
increase	111.95	66.33	235.2	154.5
insult	81	108.05	227.75	260.5
rebel	44.23	3.26	113.09	30.97
record	47.85	7.23	126.29	23.96
reject	106.72	35.49	162.35	188.15
research	125.45	24.17	162.25	182.55
retail	67.54	42.91	34.24	59.55
transfer	51.46	9.53	59.75	19.06

附录 8　英语母语发音人 S^{N}metrical 音高斜率值

	M1	M2	F1	F2
address	146.85	83.48	232.37	179.5
combine	171.85	141.6	667.85	118.7
conflict	182.4	122.1	282.25	189.6
construct	161.3	104.65	385.15	184.15
contest	184.35	82.69	57.53	313.4
decrease	194.35	142.5	99.29	250.5
extract	129.75	74.6	387.25	263.7
import	168.55	120.49	208.95	403.6
increase	134.75	138.75	261.4	340.6
insult	165.1	133	339.3	374.1
rebel	210.2	42.33	535.45	106.6
record	108.45	58.77	436.6	86.15
reject	164	43.42	293.7	146.55
research	171.2	54.99	593.45	214.95
retail	177	87.75	204.65	170.3
transfer	133.9	107.94	426.5	200.45

附录 9　汉语男性发音人 M1 汉语双音节词 16 种声调组合首末音节音高赫兹值

声调组合 / 音节		首音节	末音节	声调组合 / 音节		首音节	末音节
T1+TN	T1+T1	7.83 145.33– 153.17	5.50 132.83– 138.33	T2+TN	T2+T1	35.00 103.17– 138.17	8.33 146.50– 154.83
	T1+T2	13.83 160.67– 174.50	15.50 122.17– 137.67		T2+T2	48.67 109.83– 158.50	28.83 102.67– 131.50
	T1+T3	11.17 193.33– 204.50	19.50 143.17– 162.67		T2+T3	45.50 117.17– 162.67	19.50 119.00– 138.50

续表

声调组合		首音节	末音节	声调组合		首音节	末音节
	T1+T4	12.33 159.00- 171.33	39.67 134.33- 174.00		T2+T4	48.17 115.67- 163.83	81.50 110.50- 192.00
T3+TN	T3+T1	30.50 106.67- 137.17	14.00 154.17- 168.17	T4+TN	T4+T1	55.50 109.17- 164.67	12.50 144.83- 157.33
	T3+T2	20.33 101.17- 121.50	41.83 105.50- 147.33		T4+T2	71.67 100.17- 171.83	42.00 96.17- 138.17
	T3+T3	44.83 131.17- 176.00	34.67 116.83- 151.50		T4+T3	69.33 113.67- 183.00	32.17 119.83- 152.00
	T3+T4	34.00 105.00- 139.00	64.67 99.83- 164.50		T4+T4	51.67 126.67- 178.33	43.17 121.50- 164.67

附录 10　汉语男性发音人 M2 汉语双音节词 16 种声调组合首末音节音高赫兹值

声调组合		首音节	末音节	声调组合		首音节	末音节
T1+TN	T1+T1	19.17 122.17- 141.33	21.83 150.83- 172.67	T2+TN	T2+T1	26.83 97.50- 124.33	15.17 130.83- 146.00
	T1+T2	19.33 128.00- 147.33	16.00 108.50- 124.50		T2+T2	24.00 102.17- 126.17	18.50 96.50- 115.00
	T1+T3	10.00 158.83- 168.83	16.00 98.50- 114.50		T2+T3	32.33 113.83- 146.17	25.50 87.67- 113.17
	T1+T4	11.00 154.67- 165.67	43.50 116.67- 160.17		T2+T4	21.17 98.17- 119.33	43.17 104.50- 147.67

续表

声调组合 / 音节		首音节	末音节	声调组合 / 音节		首音节	末音节
T3+TN	T3+T1	19.83 116.00– 135.83	12.67 170.50– 183.17	T4+TN	T4+T1	58.00 91.67– 149.67	13.50 136.00– 149.50
	T3+T2	19.00 88.17– 107.17	30.17 91.00– 121.17		T4+T2	67.00 114.33– 181.33	25.50 91.33– 116.83
	T3+T3	35.33 118.83– 154.17	28.33 114.33– 142.67		T4+T3	50.83 122.00– 172.83	26.83 81.33– 108.17
	T3+T4	30.33 77.17– 107.50	36.33 82.17– 118.50		T4+T4	55.83 102.83– 158.67	36.50 113.67– 150.17

附录 11　汉语男性发音人 M3 汉语双音节词 16 种声调组合首末音节音高赫兹值

声调组合 / 音节		首音节	末音节	声调组合 / 音节		首音节	末音节
T1+TN	T1+T1	11.83 153.50– 165.33	7.00 160.50– 167.50	T2+TN	T2+T1	36.83 120.50– 157.33	7.33 169.33– 176.67
	T1+T2	11.67 171.33– 183.00	28.33 109.50– 137.83		T2+T2	56.83 117.33– 174.17	28.17 110.67– 138.83
	T1+T3	15.17 170.50– 185.67	37.50 89.67– 127.17		T2+T3	56.83 121.00– 177.83	63.00 98.83– 161.83
	T1+T4	12.00 170.50– 182.50	81.33 112.83– 194.17		T2+T4	22.50 118.00– 140.50	93.50 104.50– 198.00

声调组合	音节	首音节	末音节	声调组合	音节	首音节	末音节
T3+TN	T3+T1	21.33 112.33- 133.67	13.50 164.17- 177.67	T4+TN	T4+T1	67.83 124.50- 192.33	12.33 151.50- 163.83
	T3+T2	16.33 113.00- 129.33	49.33 115.67- 165.00		T4+T2	90.83 124.83- 215.67	38.17 110.67- 148.83
	T3+T3	59.83 115.50- 175.33	65.17 98.67- 163.83		T4+T3	77.50 128.00- 205.50	19.00 100.83- 119.83
	T3+T4	31.50 105.83- 137.33	65.50 108.17- 173.67		T4+T4	70.33 123.83- 194.17	67.17 106.83- 174.00

附录 12　汉语男性发音人 M4 汉语双音节词 16 种声调组合首末音节音高赫兹值

声调组合	音节	首音节	末音节	声调组合	音节	首音节	末音节
T1+TN	T1+T1	9.50 159.33- 168.83	7.00 156.50- 163.50	T2+TN	T2+T1	25.17 132.00- 157.17	6.83 161.00- 167.83
	T1+T2	11.00 167.00- 178.00	27.83 104.00- 131.83		T2+T2	33.33 134.50- 167.83	17.33 120.00- 137.33
	T1+T3	9.17 172.33- 181.50	72.83 120.17- 193.00		T2+T3	38.83 129.33- 168.17	36.33 132.00- 168.33
	T1+T4	7.67 166.33- 174.00	62.17 129.50- 191.67		T2+T4	15.83 125.50- 141.33	57.00 130.83- 187.83

续表

声调组合	音节	首音节	末音节	声调组合	音节	首音节	末音节
T3+TN	T3+T1	28.17 112.83- 141.00	9.33 158.67- 168.00	T4+TN	T4+T1	51.00 137.00- 188.00	7.00 142.33- 149.33
	T3+T2	18.00 112.83- 130.83	29.33 110.17- 139.50		T4+T2	60.17 136.17- 196.33	20.67 114.83- 135.50
	T3+T3	36.50 127.17- 163.67	35.17 131.83- 167.00		T4+T3	55.83 137.33- 193.17	59.00 133.33- 192.33
	T3+T4	31.67 102.67- 134.33	29.33 138.33- 167.67		T4+T4	56.00 136.17- 192.17	24.00 138.83- 162.83

附录 13　汉语男性发音人 M5 汉语双音节词 16 种声调组合首末音节音高赫兹值

声调组合	音节	首音节	末音节	声调组合	音节	首音节	末音节
T1+TN	T1+T1	9.17 148.00- 157.17	6.67 152.83- 159.50	T2+TN	T2+T1	24.67 94.83- 119.50	9.67 130.67- 140.33
	T1+T2	10.67 154.83- 165.50	24.67 141.83- 166.50		T2+T2	31.17 117.83- 149.00	17.17 80.33- 97.50
	T1+T3	10.00 159.50- 169.50	35.67 128.00- 163.67		T2+T3	36.33 109.83- 146.17	36.17 95.17- 131.33
	T1+T4	11.67 150.17- 161.83	42.50 111.50- 154.00		T2+T4	17.33 99.67- 117.00	43.83 116.33- 160.17

续表

声调组合	音节	首音节	末音节	声调组合	音节	首音节	末音节
T3+TN	T3+T1	8.83 86.33- 95.17	9.67 120.67 130.33	T4+TN	T4+T1	35.50 132.00- 167.50	7.50 129.50- 137.00
	T3+T2	15.17 88.67- 103.83	10.67 89.33- 100.00		T4+T2	47.17 125.33- 172.50	8.67 82.33- 91.00
	T3+T3	31.83 118.17- 150.00	38.17 86.00- 124.17		T4+T3	28.17 133.50- 161.67	32.50 82.50- 115.00
	T3+T4	18.83 87.00- 105.83	40.17 99.83- 140.00		T4+T4	24.17 136.00- 160.17	35.67 104.33- 140.00

附录 14　汉语女性发音人 F1 汉语双音节词 16 种声调组合首末音节音高赫兹值

声调组合	音节	首音节	末音节	声调组合	音节	首音节	末音节
T1+TN	T1+T1	12.00 250.33- 262.33	19.00 257.00- 276.00	T2+TN	T2+T1	52.17 174.00- 226.17	21.50 255.17- 276.67
	T1+T2	18.67 261.17- 279.83	38.33 190.50- 228.83		T2+T2	40.17 182.00- 222.17	37.00 196.17- 233.17
	T1+T3	23.33 269.83- 293.17	27.50 197.67- 225.17		T2+T3	47.33 189.50- 236.83	43.00 211.67- 254.67
	T1+T4	24.67 265.67- 290.33	50.50 234.50- 285.00		T2+T4	24.83 180.50- 205.33	51.33 164.00- 215.33

续表

声调组合 \ 音节		首音节	末音节	声调组合 \ 音节		首音节	末音节
T3+TN	T3+T1	27.33 157.83– 185.17	29.83 241.67– 271.50	T4+TN	T4+T1	69.83 211.50– 281.33	19.00 244.67– 263.67
	T3+T2	34.17 163.50– 197.67	26.33 165.33– 191.67		T4+T2	74.83 223.67– 298.50	17.00 182.83– 199.83
	T3+T3	44.17 184.83– 229.00	26.33 180.00– 206.33		T4+T3	75.83 218.00– 293.83	21.83 189.83– 211.67
	T3+T4	21.83 171.83– 193.67	41.17 181.67– 222.83		T4+T4	50.83 229.00– 279.83	41.83 204.17– 246.00

附录 15　汉语女性发音人 F2 汉语双音节词 16 种声调组合首末音节音高赫兹值

声调组合 \ 音节		首音节	末音节	声调组合 \ 音节		首音节	末音节
T1+TN	T1+T1	12.50 247.33– 259.83	14.50 249.33– 263.83	T2+TN	T2+T1	31.67 204.67– 236.33	23.17 259.83– 283.00
	T1+T2	24.50 279.33– 303.83	27.33 203.17– 230.50		T2+T2	24.33 219.67– 244.00	44.33 200.17– 244.50
	T1+T3	21.33 271.33– 292.67	10.00 226.00– 236.00		T2+T3	30.33 210.17– 240.50	50.00 208.67– 258.67
	T1+T4	18.33 250.67– 269.00	45.67 222.83– 268.50		T2+T4	31.17 202.33– 233.50	62.00 216.00– 278.00

声调组合	音节	首音节	末音节	声调组合	音节	首音节	末音节
T3+TN	T3+T1	36.17 175.33- 211.50	22.67 245.33- 268.00	T4+TN	T4+T1	59.67 226.33- 286.00	22.00 243.50- 265.50
	T3+T2	34.00 177.50- 211.50	59.83 194.83- 254.67		T4+T2	53.50 222.67- 276.17	37.17 195.83- 233.00
	T3+T3	35.83 211.00- 246.83	30.00 163.17- 193.17		T4+T3	43.17 244.67- 287.83	22.17 214.17- 236.33
	T3+T4	37.50 181.33- 218.83	34.83 235.83- 270.67		T4+T4	72.67 224.67- 297.33	60.67 204.17- 264.83

附录16　汉语女性发音人F3汉语双音节词16种声调组合首末音节音高赫兹值

声调组合	音节	首音节	末音节	声调组合	音节	首音节	末音节
T1+TN	T1+T1	6.33 271.50- 277.83	10.17 267.67- 277.83	T2+TN	T2+T1	53.67 180.17- 233.83	8.33 265.33- 273.67
	T1+T2	9.83 275.50- 285.33	20.33 166.00- 186.33		T2+T2	64.83 183.33- 248.17	24.00 169.33- 193.33
	T1+T3	9.17 281.83- 291.00	80.83 92.17- 173.00		T2+T3	70.00 181.83- 251.83	129.50 93.00- 222.50
	T1+T4	7.50 273.33- 280.83	116.83 170.83- 287.67		T2+T4	58.83 171.33- 230.17	111.50 177.00- 288.50

续表

声调组合	音节	首音节	末音节	声调组合	音节	首音节	末音节
T3+TN	T3+T1	40.33 166.50– 206.83	8.50 252.67– 261.17	T4+TN	T4+T1	76.33 196.83– 273.17	6.83 240.00– 246.83
	T3+T2	41.50 163.00– 204.50	31.67 170.33– 202.00		T4+T2	109.67 188.83– 298.50	19.83 166.67– 186.50
	T3+T3	67.33 184.33– 251.67	80.50 112.83– 193.33		T4+T3	118.00 187.67– 305.67	62.83 125.83– 188.67
	T3+T4	52.33 153.50– 205.83	83.50 187.00– 270.50		T4+T4	96.83 195.67– 292.50	69.00 175.17– 244.17

附录 17　汉语女性发音人 F4 汉语双音节词 16 种声调组合首末音节音高赫兹值

声调组合	音节	首音节	末音节	声调组合	音节	首音节	末音节
T1+TN	T1+T1	10.33 272.33– 282.67	9.00 267.33– 276.33	T2+TN	T2+T1	59.33 203.67– 263.00	9.17 270.33– 279.50
	T1+T2	10.67 281.67– 292.33	17.83 185.00– 202.83		T2+T2	61.33 208.33– 269.67	37.33 187.17– 224.50
	T1+T3	17.00 280.33– 297.33	108.67 103.50– 212.17		T2+T3	79.00 214.67– 293.67	114.67 131.50– 246.17
	T1+T4	11.67 273.67– 285.33	115.50 188.83– 304.33		T2+T4	45.83 200.50– 246.33	92.17 201.83– 294.00

续表

声调组合	音节	首音节	末音节	声调组合	音节	首音节	末音节
T3+TN	T3+T1	82.50 151.17- 233.67	7.17 262.67- 269.83	T4+TN	T4+T1	129.67 181.67- 311.33	8.50 242.33- 250.83
	T3+T2	56.00 180.83- 236.83	27.50 189.67- 217.17		T4+T2	124.17 190.33- 314.50	20.67 190.33- 211.00
	T3+T3	85.00 207.33- 292.33	137.17 101.17- 238.33		T4+T3	124.83 197.67- 322.50	59.17 140.5- 199.67
	T3+T4	91.50 139.33- 230.83	133.33 150.00- 283.33		T4+T4	128.67 178.83- 307.50	90.67 173.33- 264.00

附录18　汉语女性发音人 F5 汉语双音节词 16 种声调组合首末音节音高赫兹值

声调组合	音节	首音节	末音节	声调组合	音节	首音节	末音节
T1+TN	T1+T1	13.00 278.00- 291.00	7.50 308.00- 315.50	T2+TN	T2+T1	21.00 191.17- 212.17	17.00 312.33- 329.33
	T1+T2	26.67 312.50- 339.17	57.50 196.67- 254.17		T2+T2	69.17 207.67- 276.83	58.67 188.17- 246.83
	T1+T3	24.67 312.50- 337.17	72.83 148.50- 221.33		T2+T3	58.17 204.83- 263.00	132.50 176.17- 308.67
	T1+T4	23.33 291.83- 315.17	68.50 270.67- 339.17		T2+T4	15.50 180.33- 195.83	51.17 286.67- 337.83

续表

声调组合 \ 音节		首音节	末音节	声调组合 \ 音节		首音节	末音节
T3+TN	T3+T1	44.17 167.83- 212.00	36.33 288.17- 324.50	T4+TN	T4+T1	66.00 245.00- 311.00	10.33 300.67- 311.00
	T3+T2	29.67 184.50- 214.17	48.83 188.00- 236.83		T4+T2	63.83 273.50- 337.33	45.00 171.67- 216.67
	T3+T3	69.17 206.17- 275.33	129.50 162.17- 291.67		T4+T3	60.67 279.50- 340.17	53.33 153.17- 206.50
	T3+T4	44.00 162.33- 206.33	45.33 271.50- 316.83		T4+T4	48.50 277.50- 326.00	50.67 250.00- 300.67

附录 19 英语 5 位男性发音人英语双音节词两种重音类型首末音节音高赫兹值

英语男性发音人 M1 两种重音类型首末音节音高赫兹均值					
	首音节	末音节		首音节	末音节
重轻型 （左重）	20.95 109.12-130.07	11.94 102.48- 114.43	轻重型 （右重）	13.33 107.69- 121.02	18.04 103.64- 121.68
英语男性发音人 M2 两种重音类型首末音节音高赫兹均值					
	首音节	末音节		首音节	末音节
重轻型 （左重）	35.37 109.80-145.17	17.35 111.79- 129.14	轻重型 （右重）	17.05 119.99- 137.04	39.56 108.29- 147.85
英语男性发音人 M3 两种重音类型首末音节音高赫兹均值					
	首音节	末音节		首音节	末音节

续表

重轻型 （左重）	17.43 116.26-133.68	15.07 96.78-111.86	轻重型 （右重）	16.26 113.48- 129.74	27.09 95.49-122.58

英语男性发音人 M4 两种重音类型首末音节音高赫兹均值					
	首音节	末音节		首音节	末音节
重轻型 （左重）	23.67 133.54-157.21	14.55 118.26- 132.81	轻重型 （右重）	20.37 132.98- 153.35	19.84 119.62- 139.46

英语男性发音人 M5 两种重音类型首末音节音高赫兹均值					
	首音节	末音节		首音节	末音节
重轻型 （左重）	13.73 128.00-141.73	17.72 78.55-96.26	轻重型 （右重）	14.60 105.76- 120.36	27.85 87.54-115.39

附录20　英语5位女性发音人英语双音节词两种重音类型首末音节音高赫兹值

英语女性发音人 F1 两种重音类型首末音节音高赫兹均值					
	首音节	末音节		首音节	末音节
重轻型 （左重）	51.59 213.73-265.32	12.05 106.00- 118.06	轻重型 （右重）	40.64 199.49- 240.13	77.47 151.77- 229.24

英语女性发音人 F2 两种重音类型首末音节音高赫兹均值					
	首音节	末音节		首音节	末音节
重轻型 （左重）	41.67 204.28-245.96	22.80 156.45- 179.25	轻重型 （右重）	21.77 214.08- 235.85	45.52 203.38- 248.90

英语女性发音人 F3 两种重音类型首末音节音高赫兹均值					
	首音节	末音节		首音节	末音节

重轻型 （左重）	19.44 152.78-178.51	16.57 118.98- 134.98	轻重型 （右重）	20.36 170.18- 190.54	27.03 134.14- 161.17

英语女性发音人 F4 两种重音类型首末音节音高赫兹均值

	首音节	末音节		首音节	末音节
重轻型 （左重）	23.86 197.12-220.98	17.90 143.43- 161.33	轻重型 （右重）	21.38 184.28- 205.66	25.66 153.20- 178.86

英语女性发音人 F5 两种重音类型首末音节音高赫兹均值

	首音节	末音节		首音节	末音节
重轻型 （左重）	32.99 233.00-265.99	33.50 172.51- 206.01	轻重型 （右重）	27.16 223.62- 250.78	50.92 184.51- 235.42

附录 21　英语孤立词音高值（单位：赫兹）

		女性			男性		
		音节 1	音节 2	音节 3	音节 1	音节 2	音节 3
语素结构 1	最大值	252	176	none	131	111	none
	最小值	223	159	none	108	99	none
语素结构 2	最大值	229	238	none	129	131	none
	最小值	215	174	none	118	89	none
语素结构 3	最大值	239	193	none	139	106	none
	最小值	205	172	none	115	89	none
语素结构 4	最大值	235	243	none	122	124	none
	最小值	217	181	none	110	87	none
语素结构 5	最大值	261	164	149	130	101	88
	最小值	238	155	146	110	92	82
语素结构 6	最大值	239	231	172	127	136	104
	最小值	228	202	156	116	107	86

续表

		女性			男性		
		音节 1	音节 2	音节 3	音节 1	音节 2	音节 3
语素结构 7	最大值	215	208	225	115	137	124
	最小值	201	203	181	102	130	92
语素结构 8	最大值	256	203	158	126	124	91
	最小值	222	186	145	105	107	84
语素结构 9	最大值	228	235	156	134	132	101
	最小值	207	198	147	108	103	85
语素结构 10	最大值	253	213	175	136	131	98
	最小值	223	202	159	110	119	80
语素结构 11	最大值	253	223	173	117	131	102
	最小值	235	193	159	103	107	86
语素结构 12	最大值	216	212	212	112	121	125
	最小值	201	203	176	98	113	90

附录 22　英语宽焦点音高值（单位：赫兹）

		女性			男性		
		音节 1	音节 2	音节 3	音节 1	音节 2	音节 3
语素结构 1	最大值	208	150	none	122	97	none
	最小值	190	139	none	108	86	none
语素结构 2	最大值	210	210	none	107	117	none
	最小值	201	165	none	97	90	none
语素结构 3	最大值	209	164	none	117	90	none
	最小值	189	148	none	102	81	none
语素结构 4	最大值	211	208	none	108	111	none
	最小值	193	163	none	98	84	none
语素结构 5	最大值	204	133	128	121	101	91
	最小值	190	129	126	107	93	86
语素结构 6	最大值	186	207	135	109	118	101
	最小值	177	181	123	102	102	88

		女性			男性		
		音节 1	音节 2	音节 3	音节 1	音节 2	音节 3
语素结构 7	最大值	179	167	184	115	107	116
	最小值	165	162	158	102	101	89
语素结构 8	最大值	206	177	133	122	100	92
	最小值	190	168	128	108	91	86
语素结构 9	最大值	203	209	158	102	122	93
	最小值	182	179	146	95	106	87
语素结构 10	最大值	217	177	150	134	109	92
	最小值	201	167	139	115	97	80
语素结构 11	最大值	213	212	156	108	120	103
	最小值	201	191	144	98	97	91
语素结构 12	最大值	197	197	204	110	105	119
	最小值	185	190	172	100	98	91

附录 23　英语窄焦点音高值（单位：赫兹）

		女性			男性		
		音节 1	音节 2	音节 3	音节 1	音节 2	音节 3
语素结构 1	最大值	259	165	none	158	117	none
	最小值	221	144	none	133	102	none
语素结构 2	最大值	227	242	none	114	140	none
	最小值	215	164	none	101	88	none
语素结构 3	最大值	276	172	none	137	108	none
	最小值	233	153	none	114	97	none
语素结构 4	最大值	228	273	none	122	151	none
	最小值	213	161	none	106	86	none
语素结构 5	最大值	247	177	160	150	103	90
	最小值	220	168	154	125	92	84
语素结构 6	最大值	235	252	157	113	145	100
	最小值	229	219	135	106	117	84

续表

		女性			男性		
		音节 1	音节 2	音节 3	音节 1	音节 2	音节 3
语素结构 7	最大值	202	201	244	128	142	156
	最小值	183	191	171	110	134	108
语素结构 8	最大值	275	213	145	161	109	94
	最小值	235	195	135	130	92	89
语素结构 9	最大值	228	256	191	133	165	101
	最小值	208	209	175	118	127	90
语素结构 10	最大值	272	214	161	161	134	95
	最小值	221	198	141	132	122	85
语素结构 11	最大值	230	244	179	127	153	108
	最小值	216	204	159	115	112	91
语素结构 12	最大值	204	207	255	123	117	128
	最小值	187	196	177	112	112	89

附录 24 英语孤立词元音时长值（单位：毫秒）

		女性			男性		
		音节 1	音节 2	音节 3	音节 1	音节 2	音节 3
语素结构 1	时长	125	96	none	122	85	none
语素结构 2	时长	61	167	none	69	192	none
语素结构 3	时长	157	108	none	153	102	none
语素结构 4	时长	95	210	none	93	206	none
语素结构 5	时长	124	67	55	131	61	59
语素结构 6	时长	65	178	130	63	177	130
语素结构 7	时长	85	58	190	104	63	177
语素结构 8	时长	153	90	80	136	93	72
语素结构 9	时长	79	193	79	87	181	77
语素结构 10	时长	97	46	78	94	43	82
语素结构 11	时长	79	151	114	64	144	96
语素结构 12	时长	91	48	304	93	59	248

附录 25   英语宽焦点元音时长值（单位：毫秒）

		女性			男性		
		音节 1	音节 2	音节 3	音节 1	音节 2	音节 3
语素结构 1	时长	114	98	none	98	85	none
语素结构 2	时长	53	153	none	50	125	none
语素结构 3	时长	130	101	none	147	108	none
语素结构 4	时长	97	217	none	107	180	none
语素结构 5	时长	114	60	53	106	55	46
语素结构 6	时长	72	140	108	72	123	90
语素结构 7	时长	78	49	116	82	52	143
语素结构 8	时长	128	81	75	118	79	66
语素结构 9	时长	78	164	76	75	142	58
语素结构 10	时长	91	40	82	82	39	73
语素结构 11	时长	69	133	98	54	115	82
语素结构 12	时长	86	41	211	87	40	208

附录 26   英语窄焦点元音时长值（单位：毫秒）

		女性			男性		
		音节 1	音节 2	音节 3	音节 1	音节 2	音节 3
语素结构 1	时长	151	100	none	143	80	none
语素结构 2	时长	53	212	none	55	193	none
语素结构 3	时长	190	105	none	188	82	none
语素结构 4	时长	109	383	none	100	271	none
语素结构 5	时长	142	51	49	141	48	41
语素结构 6	时长	77	192	116	71	241	91
语素结构 7	时长	89	96	241	87	53	179
语素结构 8	时长	230	97	86	172	74	55
语素结构 9	时长	88	244	84	83	262	74
语素结构 10	时长	101	39	78	107	42	89
语素结构 11	时长	74	188	86	61	196	72
语素结构 12	时长	94	43	389	78	41	269

附录 27　英语孤立词音强_{幅度积}

		女性			男性		
		音节 1	音节 2	音节 3	音节 1	音节 2	音节 3
语素结构 1	音强_{幅度积}	234	109	none	401	133	none
语素结构 2	音强_{幅度积}	57	296	none	137	451	none
语素结构 3	音强_{幅度积}	256	142	none	360	118	none
语素结构 4	音强_{幅度积}	168	400	none	186	370	none
语素结构 5	音强_{幅度积}	267	98	59	329	94	29
语素结构 6	音强_{幅度积}	113	400	232	136	437	144
语素结构 7	音强_{幅度积}	210	120	412	180	170	402
语素结构 8	音强_{幅度积}	418	153	136	386	136	40
语素结构 9	音强_{幅度积}	186	573	216	185	554	108
语素结构 10	音强_{幅度积}	333	92	176	253	82	78
语素结构 11	音强_{幅度积}	190	507	235	106	429	104
语素结构 12	音强_{幅度积}	256	80	632	176	98	385

附录 28　英语宽焦点音强_{幅度积}

		女性			男性		
		音节 1	音节 2	音节 3	音节 1	音节 2	音节 3
语素结构 1	音强_{幅度积}	151	83	none	155	53	none
语素结构 2	音强_{幅度积}	115	323	none	60	133	none
语素结构 3	音强_{幅度积}	246	179	none	206	79	none
语素结构 4	音强_{幅度积}	244	493	none	124	177	none
语素结构 5	音强_{幅度积}	248	94	55	118	45	15
语素结构 6	音强_{幅度积}	115	361	231	51	133	56
语素结构 7	音强_{幅度积}	185	116	303	69	43	120
语素结构 8	音强_{幅度积}	307	128	130	149	59	37
语素结构 9	音强_{幅度积}	143	321	102	64	142	30
语素结构 10	音强_{幅度积}	250	83	173	88	29	34
语素结构 11	音强_{幅度积}	87	351	55	54	186	48
语素结构 12	音强_{幅度积}	185	61	300	80	31	124

附录 29　英语窄焦点音强幅度积

		女性			男性		
		音节 1	音节 2	音节 3	音节 1	音节 2	音节 3
语素结构 1	音强幅度积	439	193	none	248	66	none
语素结构 2	音强幅度积	118	752	none	47	174	none
语素结构 3	音强幅度积	731	338	none	208	58	none
语素结构 4	音强幅度积	399	1349	none	110	283	none
语素结构 5	音强幅度积	527	123	51	171	34	16
语素结构 6	音强幅度积	149	788	352	56	371	64
语素结构 7	音强幅度积	326	167	1089	88	61	184
语素结构 8	音强幅度积	885	261	225	299	66	22
语素结构 9	音强幅度积	257	936	219	102	405	58
语素结构 10	音强幅度积	427	119	226	216	43	46
语素结构 11	音强幅度积	122	767	219	38	337	50
语素结构 12	音强幅度积	233	95	944	95	38	200

附录 30　汉语孤立词音高值（单位：赫兹）

		女性			男性		
		音节 1	音节 2	音节 3	音节 1	音节 2	音节 3
语素结构 1	最大值	233	233	none	129	122	none
	最小值	195	189	none	105	96	none
语素结构 2	最大值	245	231	none	133	124	none
	最小值	201	184	none	106	97	none
语素结构 3	最大值	237	234	224	130	131	124
	最小值	199	196	181	107	109	97
语素结构 4	最大值	240	240	232	129	126	121
	最小值	197	201	184	105	107	98
语素结构 5	最大值	247	240	228	133	126	121
	最小值	206	203	181	108	106	93

附录 31　汉语宽焦点音高值（单位：赫兹）

		女性			男性		
		音节 1	音节 2	音节 3	音节 1	音节 2	音节 3
语素结构 1	最大值	217	223	none	120	115	none
	最小值	182	187	none	99	93	none
语素结构 2	最大值	220	222	none	121	116	none
	最小值	187	183	none	99	94	none
语素结构 3	最大值	223	222	225	118	119	117
	最小值	193	198	190	101	104	98
语素结构 4	最大值	225	229	229	118	117	113
	最小值	197	205	196	104	104	98
语素结构 5	最大值	224	229	219	120	117	113
	最小值	197	206	184	99	100	92

附录 32　汉语窄焦点音高值（单位：赫兹）

		女性			男性		
		音节 1	音节 2	音节 3	音节 1	音节 2	音节 3
语素结构 1	最大值	228	235	none	130	127	none
	最小值	194	190	none	101	94	none
语素结构 2	最大值	236	246	none	134	129	none
	最小值	197	191	none	105	96	none
语素结构 3	最大值	234	241	226	129	133	128
	最小值	196	203	177	106	112	98
语素结构 4	最大值	241	231	243	133	129	124
	最小值	198	201	193	110	108	98
语素结构 5	最大值	238	235	232	132	130	125
	最小值	200	204	181	108	109	93

附录 33 汉语孤立词元音时长（单位：毫秒）

		女性			男性		
		音节 1	音节 2	音节 3	音节 1	音节 2	音节 3
语素结构 1	时长	175	221	none	119	190	none
语素结构 2	时长	117	163	none	89	137	none
语素结构 3	时长	122	117	158	121	99	158
语素结构 4	时长	148	108	198	127	113	192
语素结构 5	时长	148	93	222	133	85	213

附录 34 汉语宽焦点元音时长（单位：毫秒）

		女性			男性		
		音节 1	音节 2	音节 3	音节 1	音节 2	音节 3
语素结构 1	时长	120	149	none	91	138	none
语素结构 2	时长	93	116	none	63	99	none
语素结构 3	时长	92	79	106	83	72	89
语素结构 4	时长	97	88	135	81	73	95
语素结构 5	时长	107	58	154	99	67	129

附录 35 汉语窄焦点元音时长（单位：毫秒）

		女			男		
		音节 1	音节 2	音节 3	音节 1	音节 2	音节 3
语素结构 1	时长	112	171	none	98	196	none
语素结构 2	时长	77	123	none	77	132	none
语素结构 3	时长	111	81	138	92	84	146
语素结构 4	时长	125	101	181	91	80	152
语素结构 5	时长	128	72	202	116	72	200

附录 36　汉语孤立词音强幅度积

		女			男		
		音节 1	音节 2	音节 3	音节 1	音节 2	音节 3
语素结构 1	音强幅度积	596	551	none	985	1324	none
语素结构 2	音强幅度积	310	358	none	636	926	none
语素结构 3	音强幅度积	366	319	414	1219	1011	1462
语素结构 4	音强幅度积	403	389	510	1388	1292	1904
语素结构 5	音强幅度积	615	214	642	1629	825	2073

附录 37　汉语宽焦点音强幅度积

		女			男		
		音节 1	音节 2	音节 3	音节 1	音节 2	音节 3
语素结构 1	音强幅度积	176	189	none	274	268	none
语素结构 2	音强幅度积	157	163	none	290	352	none
语素结构 3	音强幅度积	151	135	156	353	309	404
语素结构 4	音强幅度积	196	162	218	281	267	361
语素结构 5	音强幅度积	212	82	223	273	177	306

附录 38　汉语窄焦点音强幅度积

		女			男		
		音节 1	音节 2	音节 3	音节 1	音节 2	音节 3
语素结构 1	音强幅度积	223	253	none	657	950	none
语素结构 2	音强幅度积	160	242	none	549	789	none
语素结构 3	音强幅度积	247	226	248	484	470	776
语素结构 4	音强幅度积	306	309	405	696	606	988
语素结构 5	音强幅度积	318	125	360	785	370	959

参考文献

1. 奥哈拉. 语音学和音系学的总合[J]. 石锋，译. 国外语言学. 1992（02）：1-11+22.

2. 包智明，侍建国，许德宝. 2015. 生成音系学理论及其应用[M]. 北京：中国社会科学出版社.

3. 曹剑芬. 普通话轻声音节特性分析[J]. 应用声学. 1986（04）：1-6.

4. 曹剑芬. 汉语声调与语调的关系[J]. 中国语文. 2002（3）：195-202.

5. 曹文. 汉语的声调应何时教？怎么教？[J]. 韵律语法研究. 2018（02）：112-122.

6. 陈保亚，严智. 单音节声调和多音节声调——以汉语和日语为例[J]. 汉语史与汉藏语研究. 2019（02）：35-49.

7. 陈倩，周卫京. 大学生英语短语重音习得调查：初探性研究[J]. 江苏外语教学研究. 2014（03）：5-8.

8. 陈桦，史宝辉. 语音学与音系学新发展研究[M]. 北京：清华大学出版社. 2021.

9. 陈桦，王馨敏. 中国学生英语短语重音特点研究[J]. 外语与外语教学. 2015（03）：13-18+40.

10. 邓丹. 汉语语音研究与对外汉语语音教学[J]. 国际汉语教育（中英文）. 2020，5（02）：51-59.

11. 端木三. 重音理论和汉语的词长选择[J]. 中国语文. 1999（4）：246-254.

12. 端木三. 重音、信息和语言的分类[J]. 语言科学. 2007（05）：3-16.

13. 端木三. 重音理论及汉语重音现象[J]. 当代语言学. 2014（3）：288-302+377.

14. 端木三. 音步和重音[M]. 北京：北京语言大学出版社. 2016.

15. 端木三. 英汉音节分析及数量对比[J]. 语言科学. 2021，20（6）：561-588.

16. 冯胜利. 韵律构词与韵律句法之间的交互作用[J]. 中国语文. 2002（6）：515-524+575.

17. 冯胜利. 韵律语法理论与汉语研究[J]. 语言科学. 2007（02）：48-59.

18. 冯胜利. 汉语的韵律、词法与句法[M]. 北京：北京大学出版社. 2009.

19. 冯胜利. 北京话是一个重音语言[J]. 语言科学. 2016a（5）：449-473.

20. 冯胜利. 汉语韵律语法问答[M]. 北京：北京语言大学出版社. 2016b.

21. 高名凯，石安石. 语言学概论[M]. 北京：中华书局. 1987.

22. 高薇，许毅，穆凤英.中国英语学习者韵律焦点教学的实验研究[J]. 外语教学与研究. 2015，47（06）：861-873+960.

23. 高永安. 从声调标记到标记声调[J]. 语言研究. 2018，38（04）：48-54.

24. 耿丽君. 韵律形态学研究综述[J]. 成都理工大学学报（社会科学版）. 2020，28（01）：98-104.

25. 郭承禹，江荻. 声调的社会群体约定性——来自跨方言单字调辨认实验的启示[J]. 语言科学. 2020，19（06）：623-639.

26. 郭嘉，贾思怡，崔思涵等. 重音数据库-Stress Type 2 的编码及应用[J]. 实验语言学. 2020，9（2）：96-103.

27. 郭嘉，张秦玮，贾思怡. 2020. 英汉韵律结构中语音表征实验对比研究[J]. 南开语言学刊（01）：16-29.

28. 郭嘉，周朝岚. 汉语韵律音系学的理论源流及发展[J]. 现代语文. 2021.（02）：110-115.

29. 郭嘉，崔思涵，王佳璇. 英语词重音和焦点重音声学表征实验对比分析[J]. 外文研究. 2022a.（04）：8-16.

30. 郭嘉. 英语词重音研究的音量比维度分析[J]. 南开语言学刊（01）. 2022b.：36-45.

31. 郭嘉，崔思涵. 英汉双音节词语音突显模式对比分析[J]，现代语文. 2022c.（04）：60-67.

32. 郭嘉，昂秋香，翟润钰. 汉语轻声组合和英语重音类型音高突显模式对比实验分析[J]. 语文学刊. 2023a.（03）：46-55.

33. 郭嘉. 英语重音研究的理论源流及发展[J]. 天津大学学报（社会科学版）. 2023b.（01）：70-78.

34. 郭嘉，蔚佳琦. 汉英双音节词音高突显模式及其内在机制研究[J]. 南开语言学刊. 2024.（01）：1-9.

35. 郭嘉，蔚佳琦. 汉英双音节词音高突显模式多维对比研究. 现代语文. 2024.（12）.

36. 何丹. 试论汉语的音节结构与认知模式——从对外汉语教学中的"经典案例（"爱"[ai]的发音）"谈起[J]. 中国文字研究. 2007（01）：201-206.

37. 胡建华. 什么是新描写主义[J]. 当代语言学. 2018，20（04）：475-477.

38. 胡伟，李兵. 音系范畴是天赋的还是浮现的？[J]. 外语教学与研究. 2018，50（05）：679-691+799-800.

39. 黄良喜，黄颖思. 重音与声调的语言节律共性[J]. 当代语言学. 2018，20（01）：85-102.

40. 黄靖雯. 焦点词在陈述句不同位置的韵律表现[J]. 汉语学习. 2019（06）：103-112.

41. 黄小萍. 英语词重音的参数设定与规则[J]. 外语教学. 2002（1）：59-64.

42. 基廷. 音系学与语音学的接面[J]. 王嘉龄，译. 国外语言学. 1988（02）：53-57+71.

43. 纪艳春. 基于 DIVA 模型的汉语元音声调和英语音节重音发音机制的研究[D]. 南京：南京邮电大学. 2014.

44. 贾媛、李爱军、陈轶亚. 普通话五字组焦点成分音高和时长模式研究[J]. 语言文字应用. 2008（04）：53-61.

45. 江荻. 重音、重调和声调[J]. 语言教学研究. 2011（4）：73-80.

46. 克里斯特尔. 现代语言学词典[M]. 4 版. 沈家煊，译. 北京：商务印书馆. 2004.

47. 赖福吉. 语音学与音系学的若干接面[J]. 宫齐，译. 暨南学报（哲学社会科学版）. 2002（06）：94-99.

48. 李爱军，袁一. 普通话多焦点的语音实现[J]. 中国语音学报. 2019（01）：1-26.

49. 李洪儒. 论语言的人类中心论与言语的自我中心性[J]. 外语学刊. 2018，1：2-7.

50. 李行德，张洪明. 导语：音系表征与语音表征的关系——来自新描写主义的思考[J]. 当代语言学. 2021，23（03）：317-323.

51. 李永宏. 北京话音位结构负担研究[J]. 语言学论丛. 2016（02）：117-132.

52. 连淑能. 英汉对比研究[M]. 北京：高等教育出版社. 2010.

53. 梁磊，石锋. 普通话两字组的音量比分析[J]. 南开语言学刊. 2010（02）：35-41+186.

54. 林茂灿. 普通话语句的韵律结构和基频（F₀）高低线构建[J]. 当代语言学. 2002（04）：254-265+316.

55. 林茂灿. 汉语焦点重音和功能语气及其特征[J]. 汉字文化. 2011（06）：10-23.

56. 林茂灿, 颜景助, 孙国华. 北京话两字组正常重音的初步实验[J]. 方言. 1984（1）：57-73.

57. 刘春卉, 李可纯, Francis Nolan. 论声调语言的节奏与重音模式[J]. 四川大学学报（哲学社会科学版）. 2022（03）：151-163.

58. 刘芳芳. 论英语重音与汉语声调之间的联系[J]. 佳木斯教育学院学报. 2012（05）：345+349.

59. 刘俐李. 20 世纪汉语轻声研究综述[J]. 语文研究. 2002a（03）：43-47.

60. 刘俐李. 20 世纪汉语连读变调研究回望[J]. 南京师范大学文学院学报. 2002b（02）：176-182.

61. 刘俐李. 二十世纪汉语声调理论的研究综述[J]. 当代语言学. 2004,（01）：45-56+94.

62. 刘俐李. 近八十年汉语韵律研究回望[J]. 语文研究. 2007（02）：5-12.

63. 刘娜. 轻声：普通话声调的特殊调类[J]. 汉字文化. 2022（08）：9-11.

64. 刘现强. 现代汉语节奏研究[M]. 北京：北京语言大学出版社. 2007a.

65. 刘现强. 现代汉语节奏支点初探[J]. 语言教学与研究. 2007b（3）：56-62.

66. 罗常培, 王均. 普通语音学纲要[M]. 北京：商务印书馆. 2002.

67. 马秋武, 洪薇. OT 制约条件：交互关系与表现方式[J]. 外语与外语教学. 2008（02）：1-4.

68. 马秋武，赵永刚. 音系学、语音学与语音教学[J]. 北京第二外国语学院学报. 2017，39（04）：40-55+131.

69. 梅耶.历史语言学中的比较方法[M]. 岑麟祥，译. 北京：世界图书出版公司. 2013.

70. 潘文国. 汉英语对比纲要[M]. 北京：北京语言大学出版社. 1997.

71. 潘文国，谭慧敏. 中西对比语言学——历史与哲学思考（上、下）[M]. 上海：华东师范大学出版社. 2018.

72. 潘悟云. 东亚语言声调起源的内因与外因[J]. 韵律语法研究. 2019（02）：1-17.

73. 彭泽润. 论"词调模式化"[J]. 当代语言学. 2006（02）：97-120+189.

74. 桥本万太郎. 汉语调值的纵横两个角度的研究[J]. 吴新华，译. 青海师范大学学报（哲学社会科学版）. 1985（01）：82-90.

75. 秦祖宣，马秋武. 韵律音系学研究综述[J]. 同济大学学报（社会科学版）. 2016，27（01）：109-118.

76. 冉启斌，段文君，贾媛. 汉语句重音、焦点问题研究回顾与展望[J]. 南开语言学刊. 2013（2）：52-61.

77. 沈家煊. 怎样对比才有说服力一以英汉名动对比为例[J]. 现代外语. 2012，35（01）：1-13.

78. 沈家煊. 汉语"大语法"包含韵律[J]. 世界汉语教学. 2017，31（01）：3-19.

79. 沈炯. 北京话声调的音域和语调[C] // 林焘，王理嘉等. 北京语音实验录. 北京：北京大学出版社. 1985. 73-130.

80. 石锋. 天津方言双字组声调分析[J]. 语言研究. 1986（01）：77-90.

81. 石锋. 语调格局——实验语言学的奠基石[M]. 北京：商

务印书馆. 2013.

82. 石锋. 韵律格局—语音和语义、语法、语用的结合[M]. 北京：商务印书馆. 2021.

83. 石锋, 焦雪芬. 普通话命令句语调的时长和音量分析[J]. 汉语学习. 2016（01）：65-73.

84. 石锋, 冉启斌. 音节的定义—基于语言学的思考[J]. 南开语言学刊. 2019，（2）：1-9.

85. 石锋, 王萍. 汉语韵律层级系统刍议[J]. 南开语言学刊. 2014（1）：1-12.

86. 石锋, 王萍, 梁磊. 汉语普通话陈述句语调的起伏度[J]. 南开语言学刊. 2009，（2）：4-13+178.

87. 时秀娟. "不"字句否定焦点的韵律表现[J]. 南开语言学刊. 2018（01）：86-96.

88. 侍建国. 汉语声调与当代音系理论[J]. 国外语言学. 1997（01）：36-47.

89. 田方. 西方音系学重音指派研究[J]. 杭州电子科技大学学报（社会科学版）. 2020，16（01）：72-78.

90. 田野. 北京话强调焦点句音量分析[C]// 中国语言学会语音学分会, 中国声学学会语言, 音乐和听觉专业委员会, 等. 第九届中国语音学学术会议论文集. 2010.

91. 田朝霞. 英语口语语篇中的调核位置与信息焦点[J]. 外语与外语教学. 2005（04）：60-64.

92. 王力. 汉语语音史上的条件音变[J]. 语言研究. 1983（01）：1-5.

93. 王蓓, 杨玉芳, 吕士楠. 汉语语句中重读音节音高变化模式研究[J]. 声学学报. 2002（03）：234-240.

94. 王洪君. 试论汉语的节奏类型——松紧型[J]. 语言科学. 2004（3）：21-28.

95. 王洪君. 汉语非线性音系学—汉语的音系格局与单字音（增订版）[M]. 北京大学出版社. 2008.

96. 王嘉龄. 语音学与音系学的趋同倾向[J]. 外语教学与研究. 1996（02）：29-33+80.

97. 王嘉龄. 实验语音学、生成音系学与汉语轻声音高的研究[J]. 当代语言学. 2000（04）：227-230+279.

98. 王晶，王理嘉. 普通话多音节词音节时长分布模式[J]. 中国语文. 1993（2）：1-6.

99. 王萍，石锋，熊金津，等. 汉语普通话"是"字焦点句的韵律表现[J]. 语言文字应用. 2019（03）：134-143.

100. 王士元. 声调的音系特征[J]. 国外语言学. 1987（1）：1-11.

101. 王文斌. 对比语言学：语言研究之要[J]. 外语与外语教学. 2017（05）：29-44+147-148.

102. 王余娟，黄贤军，吕士楠. 疑问语气和焦点对汉语声调音高实现的影响[J]. 声学技术. 2021，40（06）：822-831.

103. 王韫佳，初敏，贺琳，等. 连续话语中双音节韵律词的重音感知[J]. 声学学报. 2003（06）：534-539.

104. 王韫佳，丁多永，东孝拓. 不同语调条件下的声调音高实现[J]. 声学学报. 2015，40（06）：902-913.

105. 王韫佳，东孝拓，丁多永. 焦点和句末音高的恒定、变异及其相关问题[J]. 语言学论丛. 2016（02）：66-99.

106. 王志洁，冯胜利. 声调对比法与北京话双音组的重音类型[J]. 语言科学. 2006，（1）：3-22.

107. 温宝莹，谢郴伟. 日本学习者汉语陈述句语调的韵律匹配[J]. 南开学报（哲学社会科学版）. 2018（04）：72-81.

108. 吴为善. 双音化、语法化和韵律词的再分析[J]. 汉语学习. 2003（2）：8-14.

109. 吴宗济. 什么叫"区别特征"[J]. 国外语言学. 1980（01）：44-46.

110. 吴宗济. 吴宗济语言学论文集[M]. 北京：商务印书馆. 2008.

111. 席留生，黄春迎. 近 70 年国内语音学和音系学研究综览[J]. 云南师范大学学报（对外汉语教学与研究版）. 2020，18（02）：64-69.

112. 习晓明. 英语普通话与汉语普通话词重音比较[J]. 外语教学. 1990（01）：33-41.

113. 夏全胜，蒙紫妍，吴羲淼. 汉语"都"字句语义焦点的韵律表现——"都"关联句首主语的实验分析[J]. 南开语言学刊. 2019（02）：83-90.

114. 解宏，石锋. 谈言语信息结构的韵律编码方式[J]. 天津大学学报（社会科学版）. 2019，21（04）：301-309.

115. 熊子瑜. 普通话语流中的声调音高特征分析[C]//. 第八届中国语音学学术会议暨庆贺吴宗济先生百岁华诞语音科学前沿问题国际研讨会论文集. 2008：976-982.

116. 徐丹. 关于汉语声调的一些思考[J]. 南开语言学刊. 2017（02）：11-23.

117. 徐烈炯，潘海华. 焦点结构和意义的研究[M]. 北京：外语教学与研究出版社. 2005.

118. 徐世梁. 藏语和汉语声调演变过程的对比[J]. 南开语言学刊. 2019a（1）：33-40.

119. 徐世梁. 词形结构、韵律模式和两种声调格局[J]. 汉语史与汉藏语研究. 2019b（2）：50-66.

120. 徐通锵. 声母语音特征的变化和声调的起源[J]. 民族语文. 1998（01）：1-15.

121. 许高渝，王之光. 论二十世纪我国的汉英语音对比研究

[J]. 浙江大学学报（人文社会科学版）. 2002（05）：51-56.

122. 许曦明. 英语重音动态研究[M]. 上海：上海交通大学出版社. 2008.

123. 许希明. 英汉语声调的音系差异[J]. 宁波大学学报（人文科学版）. 2019，32（04）：71-77.

124. 许希明. 英汉语音对比研究[M]. 北京：外语教学与研究出版社. 2020.

125. 许希明. 英语重音与音节重量的相互影响[J]. 外语教学与研究. 2021，53（5）：643-655+798.

126. 许希明，沈家煊. 英汉语重音的音系差异[J]. 外语教学与研究. 2016（5）：643-656+799.

127. 许余龙. 对比语言学概论[M]. 上海：上海外语教育出版社. 2000.

128. 严学宭. 1959. 汉语声调的产生和发展[J]. 人文杂志（01）：42-52.

129. 杨彩梅. Hayes 的重音理论与汉语词重音系统[J]. 现代外语. 2008（1）：37-48.

130. 杨国文. 体现汉语韵律特征的分联小段[J]. 语言教学与研究. 2016（4）：36-45.

131. 杨国文. 汉语小句的尾调及末尾音节的声调变化[J]. 当代语言学. 2021，23（01）：87-96.

132. 杨军，张娜，陈震宇. 韵律句法映射的英汉对比研究：新闻和故事朗读语料[J]. 外语研究. 2010（4）：22-27.

133. 杨自俭. 对比语言学的理论建设问题[J]. 四川外语学院学报. 2004（05）：123-127+133.

134. 于蕊铭. 汉语声调实验研究概述[J]. 汉字文化. 2020（01）：53-56.

135. 尹玉霞. 自主音段音系学和汉语声调研究[J]. 遵义师范

学院学报. 2016，18（02）：86-89.

136. 尹玉霞，钱有用. 优选论中的音系获得：回顾与展望[J]. 当代语言学. 2022，24（02）：175-191.

137. 叶军. 汉语韵律词语音研究[J]. 吉林师范大学学报（人文社会科学版）. 2014，42（2）：36-43.

138. 张本楠. 谈北京话上上连读时前一个上声之变调[J]. 语言文字应用. 2012（S1）：139-144.

139. 张洪明. 韵律音系学与汉语韵律研究中的若干问题[J]. 当代语言学. 2014（3）：303-327.

140. 张洪明，尹玉霞. 《句法与音系接口研究：来自汉语方言连读变调的论证》介绍[J]. 当代语言学. 2017，19（04）：622-629.

141. 张吉生. 英汉音节结构对比[J]. 宁波大学学报（人文科学版）. 1994（01）：56-62.

142. 张吉生. 从跨语言语料看语音单位与音系范畴的区别和互补[J]. 当代语言学. 2021a，23（03）：449-465.

143. 张吉生. 也论汉语词重音[J]. 中国语文. 2021b（01）：43-55+127.

144. 张吉生. 英汉音系对比研究 [M]. 北京：外语教学与研究出版社. 2022.

145. 张妍. 普通话双字组声调语音韵律特征分析[J]. 唐山学院学报. 2020，33（05）：44-50.

146. 赵世开. 英汉对比中微观和宏观的研究[J]. 外国语文教学. 1985（Z1）：34-41.

147. 赵永刚. 韵律结构音系—句法接口研究：问题、目标及对策[J]. 外语教学. 2016，37（04）：24-29.

148. 赵永刚. 句法-音系的交互与汉语韵律层级理论研究[J]. 北京第二外国语学院学报. 2018，40（02）：23-44.

149. 赵元任. 赵元任语言学论文集[M]. 北京：商务印书馆. 2007.

150. 赵忠德，马秋武. 西方音系学理论与流派[M]. 北京：商务印书馆. 2011.

151. 郑梅，曹文. 普通话阴平单音节句语调实验研究——汉语声调和语调关系的再考察[J]. 汉语学习. 2018（02）：73-84.

152. 周流溪. 谈谈英汉语音对比[C]//. 中国英汉语比较研究会第二届代表大会暨第三次学术研讨会论文集. 1998：34-43.

153. 周韧. 汉语韵律语法研究中的轻重象似、松紧象似和多少象似[J]. 中国语文. 2017（05）：536-552+638.

154. 周韧. 争议与思考：60 年来汉语词重音研究述评[J]. 语言教学与研究. 2018（6）：102-112.

155. 周韧. 从节律到韵律——三种生成音系学理论评介[J]. 语言学论丛. 2021（01）：1-39.

156. 朱晓农. 基频归一化——如何处理声调的随机差异？[J]. 语言科学. 2004（02）：3-19.

157. 庄会彬. 韵律语法视域下汉语"词"的界定问题[J]. 华文教学与研究. 2015（2）：61-69.

158. 祖漪清. 基于智能语音系统的声调研究[J]. 中国语音学报. 2019（02）：54-62.

159. Adams C, Munro R R. 1978. In search of the acoustic correlates of stress: fundamental frequency, amplitude, and duration in the connected utterance of some native and non-native speakers of English [J]. Phonetica, 35(3): 125-156.

160. Altmann H. 2006. The perception and production of second language stress: A cross-linguistic experimental study [D]. Newark: University of Delaware.

161. Bloor T, Bloor M. 2001. The functional analysis of English:

A Hallidayan approach[M]. Beijing: Foreign Language Teaching and Research Press.

162. Bolinger D. 1972. Accent is predictable (if you're a mind reader). Language 48: 633 -644.

163. Büring D. 2016. Intonation and meaning [M]. Oxford University Press.

164. Chen M Y. 2000. Tone sandhi: Patterns across Chinese dialects. London: Cambridge University Press.

165. Chomsky N, Halle M. 1968. The sound pattern of English[M]. New York: Harper & Row.

166. Chomsky N, Halle M, Lukoff F. 1956. On accent and juncture in English [C]// HALLE M, LUNT H, McLEAN H, et al. For Roman Jacobson: Essays on the Occasion of his Sixtieth Birthday. The Hague: Mouton & Co. Publishers, 65-80.

167. Conlen, M. M. 2016. A linguistic comparison: stress-timed and syllable-timed languages and their impact on second language acquisition[D]. Detroit: Wayne State University.

168. Cruttenden A. 2002. Intonation[M]. 2nd edition. Beijing: Peking University Press.

169. Firbas J. 1992. Functional sentence perspective in written and spoken communication [M]. London: Cambridge University Press.

170. Fry D B. 1955. Duration and intensity as physical correlates of linguistic stress[J]. The Journal of the Acoustical Society of America, 27(4): 765-768.

171. Fry D B. 1958. Experiments in the perception of stress [J]. Language & Speech, 1(02), 126-152.

172. Goldsmith J. 1976. Autosegmental phonology[D].

Cambridge, Mass: MIT.

173. Gordon M. 2002. A factorial typology of quantity-insensitive stress[J]. Natural Language & Linguistic Theory, 20(3): 491-552.

174. Gordon M. 2016. Phonological typology [M]. Oxford: Oxford University Press.

175. Goedemans R, Jeffrey H, Van Der Hulst H. 2019. The Study of Word Stress and Word Accent: Theories, Methods and Data. London: Cambridge University Press.

176. Guo J, Yang L. & Yu J.Q. A comparative study of the pitch effects on focal accent between English and Standard Chinese[J], Experimental Linguistics (02): 2021.76-83.

177. Guo J. & Cui Sihan. 2022a. A comparative study on phonetic prominence between Mandarin Chinese and English tri-syllabic words[J]. Chinese Journal of Phonetics (02):100-117.

178. Gussenhoven C. 1984. Focus, mode and the nucleus/*On the Grammar and Semantics of Sentence Accents*. Foris: Dordrecht. 11-62.

179. Halliday M. 1967. Notes on transitivity and theme in English: Part 2[J]. Journal of Linguistics, 3(2): 177-274.

180. Halliday M, Greaves W S. 2008. Intonation in the Grammar of English[M]. London: Equinox Publishing Ltd.

181. Halle M, Vergnaud J R. 1987. An essay on stress[M]. Cambridge: The MIT Press.

182. Hayes B. 1980. A metrical theory of stress rules [D]. Cambridge, Mass: MIT.

183. Hayes B. 1995. Metrical stress theory: principles and case studies [D]. Chicago: University of Chicago Press.

184. Hirschberg J, Pierrehumbert J. 1986. The intonational structuring of discourse [J]. Association for Computational Linguistics: 136-144.

185. Huss V. 1978. English word stress in the post-nuclear position[J]. Phonetica, 35: 86-105.

186. Hyman L.M. 2009. How (not) to do phonological typology: The case of pitch-accent[J]. Language Science, 31: 213-238.

187. Hyman L.M. 2014. Do all languages have word accent? [C]// van der Hulst H. Word Stress: Theoretical and Typological Issues. Cambridge: Cambridge University Press, 56-82.

188. Hyman L. M. 2019. Positional prominence versus word accent-is there a difference? [C]// Goedemans R., Heinz J. & van der Hulst H. The Study of Word Stress and Word Accent: Theories, Methods and Data. London: Cambridge University Press: 60-75.

189. Itô J. 1986. Syllable theory in prosodic phonology[D]. Amherst: University of Massachusetts.

190. Jones D. 1975. An outline of English phonetics (9th edition)[M]. Cambridge University Press.

191. Jensen J T. 1993. English phonology[M]. Amsterdam/ Philadelphia: John Benjamins Publishing Company.

192. Kahn D. 1976. Syllable-based Generalizations in English Phonology [D]. Cambridge, Mass: MIT.

193. Kenstowicz M. 1994. Phonology in generative grammar [M]. Oxford: Blackwell Publishers.

194. Keyworth P R. 2014. A cross-linguistic study of lexical stress shifts in level 1 [+ cyclic] derivations[C]//Proceedings of Meetings on Acoustics 167ASA. Acoustical Society of America, 21(1): 060001.

195. Kochanski G, Grabe E, Coleman J, et al. 2005. Loudness predicts prominence: Fundamental frequency lends little[J]. The Journal of the Acoustical Society of America, 118(2): 1038-1054.

196. Koffi E, Mertz G. 2018. Acoustic correlates of lexical stress in central Minnesota English[J]. Linguistic Portfolios, 7(1): 7.

197. Kuznetsova N. 2019. What Danish and Estonian can show to a modern word-prosodic typoloy [C]// Goedemans R, Jeffrey H, Van Der Hulst H. The Study of Word Stress and Word Accent: Theories, Methods and Data. London: Cambridge University Press: 102-143.

198. Ladd, R. 1980. The structure of intonational meaning evidence from English[M]. Bloomington & London: Indiana University Press.

199. Ladefoged P, Johnson K. 2015. A course in phonetics [M]. 7th. Stanford: Cengage Learning.

200. Lambrecht K. 1994. Information structure and sentence form: topic, focus and the mental representation of discourse referents [M]. Cambridge: Cambridge University Press.

201. Leben W. 1973. Suprasegmental phonology[D]. Cambridge, Mass: MIT.

202. Lehiste I. 1970. Suprasegmentals. Cambridge: The MIT Press.

203. Lehiste I, Fox R A. 1992. Perception of prominence by Estonian and English listeners [J]. Language & Speech, 35(4), 419-434.

204. Liberman M. 1975. The Intonational system of English[D]. Cambridge, Mass: MIT.

205. Liberman M, Prince A. 1977. On stress and linguistic rhythm[J]. Linguistic Inquiry (2): 249-336.

206. Lieberman P, Katz W, Jongman A, Et Al. 1985. Measures of the sentence intonation of read and spontaneous speech in American English[J]. The Journal of the Acoustical Society of America, 77(2): 649-657.

207. Mccarthy J, Prince A. 1986. Prosodic morphology[D]. University of Massachusetts, Brandies University.

208. Mccarthy J, Prince A. 2001. Prosodic morphology[C]// Spencer A, Zwicky A M. The Handbook of Morphology. Oxford: Blackwell, 283-305.

209. Nespor M, Vogel I. 1986. Prosodic phonology[M]. Dordrecht: Foris Publications.

210. Nespor M, Vogel L. 2007. Prosodic phonology: with a new forward[M]. Berlin: Mouton de Gruyter.

211. Poser B. 2001. Amplitude, intensity and loudness [OL]. Retrieved from http://www.billposer.org/Linguistics/PhoneticsHandouts. html.

212. Prince A 1983. Relating to the grid[J]. Linguistic inquiry: 19-100.

213. Prince A, Smolensky P. 1993. Optimality theory: constraint interaction in generative grammar. Technical Report 2. New Brunswick, NJ: Rutgers university center for Cognitive Science.

214. Ryan K M. 2019. Prosodic weight: categories and continua[M]. Oxford University Press.

215. Roach P. 2007. English phonetics and phonology: a practical course[M]. Beijing: Foreign Language Teaching and Research Press.

216. Selkirk E. 1980. The role of prosodic categories in English

word stress[J]. Linguistic Inquiry, 11(3): 563-605.

217. Selkirk E. 1984. Phonology and syntax: The relation between sound and structure. Cambridge: The MIT Press.

218. Selkirk E. 1986. On derived domains in sentence phonology[J]. Phonology Yearbook, 3: 371-405.

219. Selkirk E. 2011. The Syntax-phonology interface[C]// Goldsmith J, Riggle J, Yu A. The Handbook of Phonological Theory, 2nd ed. Oxford: Blackwell Publishing.

220. Sereno J A, Jongman A. 1995. Acoustic correlates of grammatical class[J]. Language and Speech, 38(1): 57-76.

221. Stavropoulou P. 2002. Predicting prosodic phrasing[D]. University of Edinburgh.

222. Tseng Chiu-yu. 2010. An F0 analysis of discourse construction and global information in realized narrative prosody[J]. Language and Linguistics, 11(2): 183-218.

223. Trask R L. 1995. A dictionary of phonetics and phonology[M]. New York: Routledge

224. Van Heuven V. 2019. Acoustic correlates and perceptual cues of word and sentence stress towards a cross-linguistic perspective[M]// Goedemans R, Jeffrey H, Van Der Hulst H. The Study of Word Stress and Word Accent: Theories, Methods and Data. London: Cambridge University Press, 15-59.

225. Yip M. 2002. Tone [M]. Cambridge: Cambridge University Press.

226. Yuan Yi, Li Aijun, Jia Yuan, Et Al. 2016. Phonetic realizations of post-nuclear accent under dual-focus conditions in

Standard Chinese[J]. Speech Prosody: 941-945.

227. Zhang Hongming. 2017. Syntax-phonology interface: argumentation from tone sandhi in Chinese dialects[M]. New York: Routledge.

228. Zubizarreta M L. 1998. Prosody, focus, and word order[M]. Cambridge: The MIT Press.

后　记

　　《汉英韵律层级音高突显模式》一书是我的国家社会科学基金一般项目"汉英音系结构深层机制中的音高突显模式对比研究（17BYY037）"的研究成果。该项目 2017 年立项，到 2022 年顺利结项，再到今年专著的出版，历经 7 年有余。期间遇到了很多的困难，其中既有理论构建层面的，如确定不同韵律音系间可比较的维度等，也有具体实验操作层面的，如因为疫情，语音被试者很难招募，尤其是英语母语者等。中途一度担心项目是否能顺利完成。所幸一路坚持，如今项目顺利结项，专著也将付梓。

　　专著的内容书中已经有较为详尽的介绍和阐述。这篇后记更多的是感谢，旨在向那些在这几年的研究历程中给予我帮助和支持的老师和同学们致以最诚挚的谢意。若没有他们的一路相伴，这本专著很难顺利完成。

　　首先，要感谢我的博士生导师——南开大学文学院石锋教授。有幸成为石老师的一名博士生，遇到了博爱的老师和友善的同门，是我一生的幸福。作为一名实验语音学零基础的学生，石老师耐心地把我引入实验语音学的大门，引领我看到了一个完全不同的世界，也激发了我对实验语音分析的兴趣。近 20 年的师生情谊，让我不仅受益于他的谆谆教导，他和师母田美华大夫对我生活的关心，也让我倍感温暖。在他们面前我总不经意间多了几分孩子般的无拘无束。石老师韵律格局的计算方法，为跨语言实验分析提供了极具价值的对比维度。整个研究过程中石老师一直给予鼓励，每当我遇到难题，他总是耐心解答。国社科项目顺利结项的消息，还是石老师在网上看到并亲自把网上公布的信息发给我，那一刻让我一直悬着的心瞬间轻松了下来。昨天拜读石老师给我写的序言，颇为感动，感谢老师对我研究成果的肯定。

在此，我向南开大学文学院的曾晓渝教授致以真挚的感谢。我从小不善言辞，内心长久社恐。曾老师用她温润如玉的性格，舒缓了我内心的压力与紧张。语言对比需要对不同的语言有深入的了解，跨语言的韵律对比研究则需要对不同语言从语音—构词音段组合—句法—语用的方方面面的异同加以考量。每每遇到问题，曾老师总是在繁忙中耐心回复，一直用她的那份亲切鼓励着我向前。读博期间上了曾老师的课以后，我逐渐被汉语古音韵的魅力所折服。中国汉语古音韵的研究成果，足以比肩国际上的音系学研究。在曾老师潜移默化的影响下，近些年，我也逐渐致力于把汉语古音韵研究成果翻译成英文，为这门珍贵的国学走向国际，尽一份自己的绵薄之力。

同时，衷心感谢美国威斯康辛大学麦迪逊分校的张洪明教授。这本专著的最初萌芽起源于多年前在大连召开的语调和韵律的会议，会上讨论了汉语语调和韵律研究前沿的相关问题。作为一名英语研究者，我开始思考汉语是否有类似于英语的轻重交替的音步结构。2014 年，我到美国威斯康辛大学麦迪逊分校访学，师从张洪明老师，我得以更深入了解了英语节律音系学和韵律音系学的异同。回国后，我感到如果要以英语韵律音系特征作为汉语韵律音系特征的一种界定标准，需要把两种语言韵律的底层特征和表层表现同时纳入考量，因此，我提出跨语言的韵律对比研究需要具有"大音系观"和"大语音观"。本书第三章和第四章的部分语料设计和录音，来源于在美访学期间与张老师以及他的博士生燕芳的合作。

　　感谢国家社科基金项目规划办的经费支持，使我们有条件进行大量的汉语和英语的语音实验分析，研究项目得以顺利结项。同时，我还要向我所任职的南开大学外国语学院表达谢意，感谢阎国栋院长、李民副院长和学术委员会的各位教授，在他们的支持下，学院慷慨出资，使得书稿能在南开大学出版社顺利出版。

　　感谢参与该课题的学生，谢谢他们陪着老师走过了一段不易但有收获的历程。他们当中有些同学，从实验语音的零起点开始，到能自己独立进行实验操作和数据分析，付出了无数的时间和精力。其中，特别要感谢崔思涵和蔚佳琦，他们分别参与了这本专著的主体实验部分，从语料设计，到被试录音、数据提取和分析的探索，为此她们付出了大量的时间和精力。我还要感谢张秦玮、杨蕾、贾思怡、孙妍婷、周朝岚、唐晓雪、王晓琳、王佳璇、昂秋香和段欣然，他们的研究成果有的和本书虽然没有直接关系，但是从不同的角度提供了研究的思路，同时也扩展了今后的研究方向。在参与课题项目的过程中，同学们均和我有合作论文的发表，在此表示祝贺。现在，大多数学生都已经顺利毕业，在自己的岗位上工作，祝愿他们工作顺利、生活开心。系统性地对汉语和英语韵律层级展开实验分析，在国内可算是先例，我们的研究结果无疑难以尽善尽美，仍有不少结构和观点存在值得商榷之处，在今后的研究中需进一步完善。

　　此外，还有很多在研究中提供过帮助的国内外的老师和朋友们，特别是同为石老师学生的同门，事无巨细，在需要的时候总是及时提供帮助。在此特表感谢。

　　最后，感谢南开大学出版社副编审王冰和责任编辑窦立婷，他们对本书的出版给予了大力的支持，以专业的素养和敬业的精神，对书稿用心编辑。期间稿件经历多次修订，新增添了不少编辑工作，在此，我向他们表达敬意和最衷心的感谢。

　　感谢在研究的生涯中，遇到了可敬的老师、可爱的学生，他们陪着我一起在研究的海洋中探索前行。感恩那份专注和沉静带来的快乐！

郭嘉

2024 年 10 月 10 日